교회,
내가 바로서야
교회가 바로선다

교회, 내가 바로서야 **교회**가 바로선다

1판 1쇄	2011년 12월 30일 발행
1판 2쇄	2014년 2월 15일 발행
지은이	박윤선
펴낸이	안만수
발행처	도서출판 영음사
주소	경기도 수원시 권선구 경수대로369번길 20(권선동, 연안빌딩) 401호
전화	031) 233-1401, 1402
팩스	031) 233-1409
전자우편	biblecomen@daum.net
등록	2011. 3. 1 제251-2011-14호

ISBN 978-89-7304-075-9   03230

값 12,000원   Printed in Korea

이 도서의 국립중앙도서관 출판시도서목록(CIP)은 e-CIP 홈페이지
http://www.nl.go.kr/cip.php에서 이용할 수 있습니다.
(CIP 제어번호 : CIP2011005649)

ⓒ 영음사 2011

이 책의 저작권은 도서출판 영음사에게 있습니다.
저작권법에 의하여 보호를 받는 저작물이므로 무단전제와 복제를 금합니다.

정암 메시지 시리즈 5

교회,
내가 바로서야
교회가
바로선다

박윤선

영음사

추천의 글   장희종 | 대구 명덕교회 담임목사

　『교회, 내가 바로서야 교회가 바로 선다』로 묶여진 박 목사님의 설교집을 옆에 둘 수 있어 행복하다. 목회의 전반에 관한 성경적이고 개혁주의적인 입장에 대해 자문 받을 수 있기 때문이다. 설교 말씀들은 순전하고 소박하여 어머니 손길처럼 영혼을 어루만져주는 듯 따뜻하다. 그래서 잘 맞는 옷처럼 거부감이 없이 마음에 배어든다. 성경 원어에 감추어진 심오한 진리를 끌어내어 천국에서 방금 가져온 청량음료처럼 시원함을 주고, 경건의 능력이 있어 그리스도를 위해 즐겁게 봉사하게 한다. 그러나 죄 문제에 대해서는 무섭게 추적하며 질타한다.
　이 설교문을 읽다보면 현세에서 내세까지, 자연주의에서 초자연주의까지, 내면의 평화에서 우주적 평화까지 영적 안목의 지평이 넓혀짐을 느끼게 된다. 그리고 비성경적인 신학사조와 시대풍조에 대해서는 단호하게 경고하며 선을 그어준다. 그리고 성경말씀에서 찾아낸 교회 섬김의 원리들을 손에 잡히도록 그러나 권위 있게 안내해 준다.
　교회의 모든 직분자들은 선포한 이 말씀들을 읽는다면 힘과 지혜를 얻어 주님의 교회의 아름다움을 온 세상으로 보게 할 것이다. 그리스도의 선지적인 직무를 수종 드는 종으로서 목사는 어떤 인격의 소유자가 되어야 하고 그리스도의 말씀을 설교하기 위해서 어떻게 준비해야 하며 그리스도 교회에 살아계신 하나님의 말씀이 있게 하기 위해서 무엇을 해야 할지를 얻게 될 것이다. 그리스도의 왕직을 수종 드는 종으로서 장로는 진리가 보존되고 평화로 다스려지기 위해서 어떤 원리와 자세로 주의 교회를 섬기며 감독할 것인지를 얻게 될 것이다. 그리고 그리스도의 자비의 사역을 수종 드는 종으로서 집사, 권사는 그리스도의 사랑을 교회에 드러나게 하기 위해서 어떤 자가 되어야 하며 무엇을 해야 할 것인지 그 지혜와 방법을 얻게 될 것이다.
　끝으로 박윤선 목사님의 설교문들을 남김없이 찾아내어 우리 모두 함께 그 소중한 유산을 누리며 즐길 수 있도록 계속 수고해 주실 것을 영음사에 부탁하고 싶다.

추천의 글 | 김병훈 | 화평교회 담임목사

교회와 관련한 정암 박윤선의 설교집이 나왔다. 기도, 부르심, 고난에 이어 나온 다섯 번째의 책이다. 읽는 동안 은혜의 감동과 기쁨이 한껏 충만히 다가온다. 이 세상에 있는 것들 가운데 정암이 그리스도의 교회보다 더 소중하게 여겼던 것이 있을까? 교회가 그리스도의 몸이라는 신학적 명제에 비추어 생각할 때 그리스도인이라면 누구라도 교회를 소중하게 여기는 것이 당연한 일이겠지만, 정암에게 있어서는 더욱 더 그러한 듯하다. 앞서 출간된 정암의 설교집들에서도 잘 드러나고 있듯이 정암은 교회의 머리이신 예수 그리스도를 깊이 사랑하고 충직히 섬겨온 신실한 종이었기 때문이다.

그를 아는 이들 가운데 성경 말씀에 대한 정암의 사랑이 특별한 줄을 부인할 사람은 없을 것이다. 그런데 성경에 대한 그의 사랑은 곧바로 교회에 대한 그의 사랑으로 이어진다. 교회는 성경말씀 위에 세워지며 그것으로부터 힘을 얻으며, 성경말씀은 교회를 통하여 해석되고 가르쳐지기 때문이다. 하나님의 말씀을 통해 하나님을 맛보았던 정암은 이렇게 힘주어 말한다. "우리 자신들이 하나님 말씀을 사랑하여 마음이 따스하고 이렇게 하나님 말씀을 먹고 마시는 수준으로 살아갈 때에 교회는 자동적으로 자라는 것이고 교회는 거기에서 과연 힘을 얻는 것입니다."

오늘날 우리 한국 교회가 하나님의 영광을 바르게 드러내지 못하고 있다면 그것은 바로 교회가 말씀을 먹고 자라지 못한 까닭이다. 정암은 교회의 타락을 경고하며 이렇게 외친다. "신학교는 교회와 같고 교회는 신학교와 같습니다. …성경은 하나님 말씀입니다. 우리가 성경 그대로 믿고, 성경 그대로 가르치며, 성경 그대로 살 때에 비로소 나 자신이 살게 되며 많은 하나님의 백성을 살리는 것입니다. 이런 위대한 경륜을 바로 깨닫지를 못하고 타락한 인간의 생각으로 교회를 인도하게 되니 교회는 결국 심히 타락하고 마는 것입니다."

우리 주 예수님께서 자신의 교회를 향하여 주시는 간절한 교훈을 이 한 권의 설교집을 통해 가슴 저리는 아픔과 감동 그리고 벅차오르는 열정으로 듣게 된다. 정암의 이 설교집을 읽은 이 어느 누가 다시 이 책을 다른 이들에게 권하지 아니할 수 있을까?

추천의 글   이찬수 | 분당우리교회 담임목사

    박윤선 목사님은 한국 교회에 균형 잡힌 목회 철학과 성경관을 전해주신 분입니다. 은혜를 통한 타오르는 열정이 한반도를 뒤덮던 때가 있었습니다. 우리 주변의 모든 것들을 바꿔버릴 만한 에너지가 차고 넘칠 때였습니다. 이 시기에 가장 중요했던 것은 성경에서 말하는 교회와 신앙의 목표와 균형 감각이었습니다. 생각과 방향성이 없는 열정과 진심은 상당히 위험한 것입니다. 박윤선 목사님께서는 하나님을 향한 순수한 열정과 진심 위에 바른 목표를 향해 바로 걸어갈 수 있도록 한국 교회에 안경을 씌워주셨습니다.
    그런 의미에서 이번에 출간되는 박윤선 목사님의 『교회, 내가 바로 서야 교회가 바로 선다』는 균형 잡힌 교회관을 형성하는 데 중요한 의미를 갖습니다. 이 책은 다음 세 가지의 도움을 줍니다.

    첫째, 성경에서 말하는 교회에 대하여 들을 수 있습니다.
    한국 교회의 역사가 100년을 넘은 이 시점에서 다시금 살펴보아야 할 것은 초기 한국 기독교에서부터 전해진 전통에 대한 해석과 평가입니다. 한 지역에 복음이 전해지면, 문화에 맞게 변화되는 토착화, 현지화, 상황화의 과정을 거칩니다. 교회가 세워지고, 시간이 지나면서 기준이 생기게 됩니다. 그것을 우리는 전통이라고 부릅니다. 교회의 역사와 전통을 기반으로 우리의 신앙을 이어가고 있습니다. 그러나 모든 가치 판단의 기준은 성경 말씀임을 다시금 기억할 때입니다. 성경 신학자로 알려진 박윤선 목사님의 교회론을 통해 전통적인 교회의 모습이 아니라, 성경에서 말하는 교회에 대하여 정리하는 것은 지금 이 시점에 매우 필요한 일입니다.

    둘째, 교회의 통일성과 순수성 논쟁에 대한 바른 시각과 대안을 모색할 수 있습니다.
    장로교의 잦은 분열을 교회의 순수성을 지키기 위한 노력이라고 표현하는 글을 읽은 적이 있습니다. 교회의 순결을 지키는 문제는 중요합니다. 하지만, 교회의 통일성을 바탕으로 하지 않고, 순수성을 고집하는 것은 더 이상 교회의 순결을 추구하는 하나님의 의가

아니라 자신의 의가 되고 맙니다. 또한 통일성만 주장하면, 성경의 가르침이 훼손될 수 있습니다. 이런 점을 극복하려고 노력하고, 대안을 제시하려고 한 것이 박윤선 목사님의 신학적 태도라고 생각합니다. 교회의 통일성과 순수성이라는 이 가슴 아픈 논쟁에 목사님의 관점을 들어보는 것만으로도 위안이 될 것입니다.

셋째, 개인과 공동체 사이의 관계를 잘 이해할 수 있습니다.

교회라고 하면, 쉽게 공동체를 생각합니다. 그러나 한 사람 한 사람이 바로 교회라는 점을 주목하여, 그 한 사람이 바로 세워지는 것이 교회가 세워지는 것임을 다시 생각하게 합니다. 이 논의는 더 나아가 공동체 안에서 개인이 바로 세워짐으로써 많은 문제들이 해결될 수 있음을 말하고 있습니다. 이러한 관점은 개인 신앙과 공동체 생활 어느 한 쪽에 치우친 시각을 교정해 줍니다.

이 땅의 마지막 소망이 되어야 할 교회의 모습을 다시금 회복해야 합니다. 그러기 위해서 우리는 성경에서 말하는 교회의 모습을 알아야 합니다. 『교회, 내가 바로 서야 교회가 바로 선다』를 통해 나 자신과 공동체, 한국 교회를 조명해 보는 기회가 되길 원합니다.

| 머리말 |

교회는 생명입니다.

교회는 주님의 몸이라는 말씀을 박윤선 목사님은 이렇게 재미있게 풀어 주십니다. 교회는 하나님의 아들의 생명을 우리에게 전달하기 위해 성령이 와 계시는 "하늘나라 영생의 출장소이다." 이처럼 생명과 불가분리의 관계에 있는 것이 바로 교회입니다.

생명이 있는 교회는 자라납니다.

교회가 일종의 생명체라는 사실을 알고 나면 교회가 바르게 자라나야한다고 거듭하여 강조하시는 박 목사님의 말씀을 보다 잘 이해하게 됩니다. 교회는 생명을 가진 유기체와 같습니다. 모든 생명체는 자라나기 마련입니다. 구약의 교회는 신약의 교회로 자랐습니다. 모든 성도들이 "증언 단체"로서의 교회의 사명을 잘 감당할 때 교회는 양적으로 성장하게 됩니다. 물론 양적인 성장보다 중요한 것이 질적인 성장입니다. 바다를 비추는 등대에게 빛이 없다면 무슨 소용이 있겠냐고 박 목사님은 물으십니다. 참 교회의 성장은 수효 자체에 있지 않고 얼마나 많은 이들을 "참 빛"으로 인도했느냐가 핵심적인 관건이라는 것이지요.

생명이 있는 교회는 진리의 말씀을 먹고 자랍니다.

이런 맥락에서 박 목사님은 모든 신자들이 성경의 바른 진리를 제대로 먹고 자라나야한다고 말씀합니다. 생명체를 자라나게 하는 음식의 종류에 대해서도 언급을 하십니다. 다 큰 성인이 젖이나 먹고 마시는 것을 상상할 수 없듯이 장성한 성도들에게는 반드시 "성경말씀의 깊은 것들"에 대한 풍성한 섭취가 있어야 한다고 박 목사님은 강조합니다. 같은 맥락에서 박 목사님은 오늘날 바른 교리는 도외시한 채 도덕적인 삶만을 강조하는 자유주의 신학자들의 교회관을 비판하십니다. 성경 진리 말씀에 대한 올바르고 깊은 이해 없이 (참된 의미에서) 바른 삶이란 불가능하기 때문이지요.

과연 무엇에 힘써야 하는가?

따라서 교회는, 성도이건 사역자이건, 하나님의 진리 말씀을 바르게 깨닫고 그것을 생명의 말씀으로 제대로 섭취하는 일에 힘써야한다고 박 목사님은 가르치십니다. 특히 주님의 몸 된 교회를 섬기는 사역자들은 그들 자신이 말씀의 종들로 부름 받았음을 기억해야 한다고 말씀합니다. 박 목사님은 젊은 교역자들이건, 나이 많은 그의 친구 목사들에게 매우 강한 어조로 이렇게 말씀하십니다. "죽기 내기를 하고 배워야 하겠습니다. 강단에 한 번 서기 위해서 죽을 애를 써야 하겠습니다. 정확하게 하나님의 진리를 알고 나서야 하겠습니다!"

필자가 이러한 박 목사님의 말씀을 처음 들은 것은 말 그 대로 "젊은 교역자"일 때였습니다. 어느덧 많은 세월이 흘렀습니다. 박 목사님의 표현대로 "나이 많은 사랑하는 친구들" 중의 하나가 되었습니다. 그러나 여전히 변치 않으신 박 목사님의 동일한 외침을 듣습니다. "나이 많은 사랑하는 친구들이여 내 말을 좀 용납해 주십시오. 나이 많을수록 더욱 새로워져야합니다. 그저 전에 했던 대로 중복하면 안 됩니다. 하나님의 백성이 불평을 말하지 않는다 하더라도 무사한 것은 아닙니다. 나이 많은 사람의 설교를 들을 때 마음에 만족이 없습니다. …우리가 진리는 바꾸어서는 안 되지만 옷을 바꿔 입을 수 있습니다!"

  도서출판 영음사의 도움으로 박 목사님의 살아 있는 메시지를 다시 한번 들을 수 있게 된 것은 정말 커다란 축복이 아니라 할 수 없습니다. 젊었을 때부터 지금 원로목사가 된 필자의 귓전과 가슴을 후려치시는 박 목사님의 파워풀한 외침을 이 책을 읽는 모든 독자들 역시 동일하게 경험하게 될 것을 상상하니 참으로 가슴 벅차오르는 감격과 큰 기대감이 일어납니다. 말씀이 육신이 되어 우리 가운데 함께 하심을 기념하는 성탄절에 박 목사님의 설교를 통한 임마누엘의 은혜가 모든 독자들의 마음에 함께하시길 간절히 소원합니다.

2011년 12월
펴낸이 안 만 수

차례

추천의 글_ 장희종, 김병훈, 이찬수   5
머리말   9

자라나는 교회
1. 구원에 이르도록 자라나자   17
2. 기쁨, 인내, 기도   31
3. 주일을 성수하자   47
4. 헌금에 모범을 보인 교회   61
5. 선지자 학교와 같은 교회   75
6. 세 가지 일에 모범을 보인 교회   91
7. 지식은 있으나 사랑이 식은 교회   103
8. 더럽히지 아니한 남은 자들   117
9. 믿음의 전승   127

차례

전파하고 섬기는 교회

10. 교회의 성립과 참된 목자 141
11. 증언하는 단체 161
12. 잃은 영혼 하나도 귀히 여기라 177
13. 인격 성숙과 긍휼 사역 191
14. 목회자는 세 가지 것에 집중하라 209
15. 다방면에 능한 목회자 235
16. 목사의 수고를 귀히 여기라 245
17. 평화의 나라, 하늘의 영광 259
18. 한국교회가 개혁해야 할 과제 273

성구색인 286

교회,
내가 바로서야
교회가
바로선다

자라나는 교회

C h u r c h

"우리 자신들이 하나님 말씀을 사랑하여 마음이 따스하고 이렇게 하나님 말씀을 먹고 마시는 수준으로 살아갈 때에 교회는 자동적으로 자라는 것이고 교회는 거기에서 과연 힘을 얻게 된다."

1.
구원에 이르도록 자라나자

¹ 그러므로 모든 악독과 모든 기만과 외식과 시기와 모든 비방하는 말을 버리고 ² 갓난아기들같이 순전하고 신령한 젖을 사모하라 이는 그로 말미암아 너희로 구원에 이르도록 자라게 하려 함이라 3 너희가 주의 인자하심을 맛보았으면 그리하라 ⁴ 사람에게는 버린 바가 되었으나 하나님께는 택하심을 입은 보배로운 산 돌이신 예수께 나아가 ⁵ 너희도 산 돌같이 신령한 집으로 세워지고 예수 그리스도로 말미암아 하나님이 기쁘게 받으실 신령한 제사를 드릴 거룩한 제사장이 될지니라. (벧전 2:1-5)

오늘은 2절에 나오는 말씀을 중심으로 상고해 보겠습니다. "갓난아기들같이 순전하고 신령한 젖을 사모하라 이는 그로 말미암아 너희로 구원에 이르도록 자라게 하려 함이라." 구원에 이르도록 자라야 하겠습니다.

하늘나라의 소망

우리가 처음 믿을 때 모두 결심을 잘한 줄 압니다. 오늘까지 이렇게 복잡한 세상에서 살아오는데 고민도 많았고 병으로 앓기도 했고 세상의 맛이 얼마나 쓰다는 것도 넉넉히 경험하셨을 것입니다. 이제 이렇게 세상을 살아가는 가운데 우리가 세상에서 해야 할 책임은 여전하고, 그것들을 참 힘써 잘해야 하겠다 하는 데는 변함이 없지만, 우리 영혼이 구원받을 소망은 이 세상에 없습니다. 우리 영혼이 구원받을 소망은 하늘나라에 있습니다. 하나님께 있습니다. 그런고로 우리가 믿은 후에 계속 잘 믿어 보려고 힘쓰는 것이 우리의 심정 아닙니까? 앞으로는 더 좋은 일을 하고 더 자라고 더 발전해야 하겠다는 생각을 우리가 가지지 않을 수 없습니다.

벗어버려야 할 모든 악

구원에 이르도록 자라나는 교회가 되려고 하면 첫째로 계속적으로 악을 내버리는 일이 있어야 합니다. 우리 인생이 이 세상 살아가는 것도 그렇습니다. 우리 몸이 건강하게 잘 지내려면 모든 노폐물을 내버려야 합니다. 영양분을 섭취하고 난 노폐물을 계속 분비하고 계속 내버립니다. 노폐물을 우리 속에 간직하고 있다가는 그것이 화근이 되겠고 마침내 병이 되겠습니다. 우리 모든 신자들 각자가 생각할 것은 내가 버려야 할 것이 무엇인가 하는 것입니다.

본문 1절에 "모든 악독과 기만과 외식과 시기와 모든 비방하는 말을 버리"라고 했는데, 버려야 자라납니다. 2절 하반부에 "너희로 구원에 이르도록 자라게 하려 함이라"는 말씀도 역시 1절과 통하는 말씀이올시다. 악독이라는 것은 어떤 것입니까? 악독이라는 것은 내가 아니고 남을 상대로 나도 모르는 가운데 대적하는 마음을 말합니다. 사람마다 그렇다는 것은 아니지만 사람들에게는 그런 경향이 아직 벗겨지지 않은 채 불행한 생활을 하기 쉬운 줄 압니다. 언제든지 남을 배척하는 마음, 남은 아무래도 유익이 없다 하는 마음을 가지고 자기도 모르는 가운데 적대하는 마음이 있다면 그것이 바로 악독이라는 말입니다. 우리가 다 아담의 자손인 만큼 사람이라면 이와 같은 심리를 지니고 있을 위험이 있습니다. 이 악독이라는 것이 몹시 좋지 못한 것이기 때문에 여기 초두에서부터 엄격히 다루고 있습니다.

악독이라는 것 다시 말하면 배타적인 악한 마음이 있는 사람이라면, 그런 마음이 신자들에게 남아 있다면 살아날 수가 없습니다. 사람이란 마음을 열고 살 때에 좋은 것을 받아들일 수 있고 특별히 하나님 앞에서 은혜를 받아서 잘 자라날 수 있습니다. 인간은 나 혼자 살도록 되어 있는 것이 아니라 사회생활을 하도록 되어 있고 특별히 교회가 그렇습니다. 이 교회 생활에서 우리는 누구에게서든지 내가 배워야 하겠다 하고 마음을 열고 있는 인격으로 살아갈 때에 발전이 있습니다. 하나님은 그런 마음의 소유자에게 은혜를 베푸십니다. 언제든지 독불장군식으로, 나는 내 나름대로 살 뿐이다, 어머니 뱃속에서 나온 이후 오늘날까지 나는 나대로다, 다른 외부의 것이 내게는 소용이 없다, 하는 마음을 가지고 언제든지 남을 싫어하는 마음의 경향이 있다면, 이는 참 매우 불행한 것입니다. 그래 가지고는 자라날 수가 없습니다. 악독이라는 것이 원인이 되어서 모든 기만과 외식을 그 무기로 사용합니다. 난 내 나름대로 살 뿐 여기에 무엇을 첨부하기 싫다, 난 여기 무엇을 섞어 가지기가 싫다, 하는 생각을 가지는 것이 자기를 속여 가면서 지키는 것입니다. 외식을 하면서 자기가 제일인 듯이 나타내 보인다 말입니다. 사실 속에는 겉에 나타난 것 같은 내용이 없는데 자기 속에 있는 것을 보호하느라고 이렇게 외식을 사용합니다. 착하지 못하면서 착한 모습을 나타내더라 말입니다. 속이는 것과 외식이 바로 그 악독을 보호하는 무기가 되어 버렸습니다.

시기와 비방을 버리라

뿐만 아니라 "시기와 모든 비방하는 말을 버리"라고 하였습니다. 시기라고 번역된 말은 사실상 투기인데, 이 투기라는 것은 시기보다 더 일보 전진한 죄악입니다. 시기란 마음에 좋지 않은 죄악이라 할 수 있으나 투기라는 것은 내놓고 남이 잘되는 것을 방해하는 죄악을 말합니다. 그렇게 투기하며 비방하는 말도 합니다. 비방이란 뒤에 가서 물어뜯는 죄악입니다. 대면하여 나설 때에는 그렇지 않은데 대면하지 않을 때 뒤에서 물어뜯는 것이 비방입니다. 이것이 모두 남이 잘되지 못하도록 끌어내리는 심리라 말입니다. 그러니까 투기와 비방이라는 것은 실은 한데 묶여 있는 것입니다. 투기가 남이 나보다 나은 것을 싫어하면서 끌어내리려는 행동이라면, 남이 나와 같아지는 것을 싫어하는 심리에서 또한 비방을 하게 됩니다. 그러니까 이 투기하는 죄야말로 나보다 나은 것이 있을 수 없다, 나만한 것이 있을 수 없다 하는 교만입니다. 나보다 못한 사람이 더 잘되어 나갈 때에 시기하는 심리로 나오는 죄악입니다. 이것이 다 나밖에 없다는 교만인 동시에 참된 것과 선한 것을 싫어하는 심리라 말입니다. 선한 것이 내 밖에 있을 때 즉 남들이 선하게 나갈 때 나는 모른다고 해서 방해하는 심리가 투기인데 이것이야말로 엄청난 교만입니다. 나밖에 없다, 무슨 방법으로든지 심지어 거짓말을 해서라도 나 하나를 보호한다 하고, 남을 비방해서 자기를 보호하는 이상스럽게 악한 심리를 가지고 산다 할 때는 거기에 장성이란 없습니다.

인간이란 어머니 모태에서 날 때부터 죄인인 것이 사실이고, 자라나면서도 죄를 많이 쌓은 것도 사실이고, 따라서 그의 속에는 죄가 많이 쌓여 있는 것도 사실입니다. 그런데 그것을 보호하느라고 기만하며 외식하며 투기하며 비방하니, 참으로 이것은 무엇보다 그 자신에게 불행을 초래하는 것이고, 말할 수 없는 불행을 안고 있는 것이라고 할 수 있습니다. 그야말로 모든 악독과 기만과 외식과 시기와 모든 비방하는 말을 버리지 아니하면 인생은 참된 방면으로 자라날 수가 없습니다. 우리 신자들도 그렇게 되면 잘되는 방향으로 진전이 있을 수 없고 장성할 수가 없습니다. 이런 죄악들은 갓난아기 같지 아니한 죄악들입니다. 사특하고 꾀를 부리며 음흉한 것을 무기로 삼는 것이니 이것이야말로 우리 조상 아담이 범죄할 때 마귀의 수법에 물들어 가지고 있던 형질입니다. 모든 아담의 자손들이 다 이 죄 가운데 살면서 그렇게 오랜 세월 동안 굳어져 온 악한 성질입니다. 이것이야말로 갓난아기다운 성질이 아닙니다.

영혼의 양식을 사모하라

"갓난아기들같이 순전하고 신령한 젖을 사모하라." 이것이 둘째로 우리에게 가르치는 말씀입니다. 우리가 자라나려고 하면 갓난아기같이 순전하고 신령한 젖을 사모하여야 한다는 말씀입니다. 우리 신자들은 아담 때부터 내려오는 그 늙은 뱀의 성질, 쌓이고 닳아서 굳어진 그 못된 성질을 버리고 참 이제 성령으로 말미암아 새로 났으니까 갓난아기같이 되는 소망이 있는 것입니다. 우리가 갓난아기를 길러봤지만 갓난아이가 무엇을 압니까? 갓난아기는 사실 젖을 빠는 것 외에 다른 무엇이 없습니다. 여기 말씀이 우리 신자들이 갓난아기같이 되어야 할 것을 강조하는데, 갓난아기처럼 도의 젖, 신령한 젖, 즉 성경 말씀밖에 모르는 인격으로 살아야 한다는 것입니다.

우리가 신령한 젖, 하나님의 말씀을 잘 먹으며 하나님 말씀에 맛을 들이며 하나님 말씀으로 자라나게 될 때는 벌써부터 우리가 천국을 맛보는 것이고 하나님 맛을 보는 것이고 영생의 맛을 보고 있는 귀한 성도들이 되는 것입니다. 그런즉 갓난아기같이 되는 것이 우리에게 보람된 일이라고 생각해야 합니다. 참으로 우리가 예수 믿은 후에 어느 정도로 성경을 사모하는가, 그것을 반성해 보아야 하겠습니다. 예수님을 믿는다는 것은 결국 성경 말씀을 믿는 것으로 이루어져 나가는 것입니다. 그런데 예수를 믿는다고 하면서도 아직 성경을 사모하지 못하고 갓난아기가 어머니 젖을 사모하는 것처럼 그렇게 사랑하는 마음이 아직 없고, 성경 말씀을 듣고 그 말씀을 알고자 하는 간절함이 없다 할 때는, 신자로서 지금 가장 우선시할 일을 잊어버린 것이 아닌가 생각됩니다.

우리가 성경 말씀 이외에 어디서 힘을 얻습니까? 성경 말씀 밖의 어디에서 우리가 소망을 느낍니까? 성경 말씀 밖의 어디서 우리가 과연 기쁨을 얻습니까? 이 성경 말씀만이 우리에게 소망을 보여주며 이 성경 말씀만이 우리의 심령을 밝혀주고 우리에게 참 생명을 주는 것이 아닙니까. 이 성경 말씀을 젖으로 비유한 이유가 무엇인지 우리가 잘 알고 있는 줄로 생각합니다. 성경 말씀이 젖, 다시 말하면 음식물이라는 비유인데, 하나님 말씀을 먹고 마시는 음식물로 비유한 말씀이 구약에는 예레미야 15장에 나오고, 또 신약에 히브리서 5장 마지막 부분에 나오며, 다른 데도 이런 말씀들이 있습니다. 그 이유는 성경 말씀이 우리 영혼의 양식이기 때문입니다.

우리의 육신은 밥을 먹고 물을 마시며 삽니다. 그렇지만 우리 영혼은 성경 말씀을 먹고 삽니다. 얼마나 감사합니까? 우리가 하나님 말씀을 하늘에 올라가서 가져오라 한다면 그것은 불가능한 일이올시다. 어떻게 하늘에 올라가서 하나님 말씀을 가져오겠습니까? 하지만 하나님께서 우리의 요구를 아시고 우리를 위해서 말씀을 내려보내 주셨습니다. 이것은 여러 천 년 동안 양심 분자들이 사랑한 말씀으로서 이 말씀으로 말미암아 기쁨을 얻었고 힘을 얻었으며 이 말씀으로 말미암아 죽을 때에도 기쁘게 죽었고, 과연 그들은 소망을 내다보면서 세상을 뜬 것이 아닙니까? 한두 사람이 아니라 참되게 진실하게 살려는 사람들은 다 이 말씀에서 보배를 발견했고 과연 이 말씀의 내용이 참으로 우리 영혼의 사는 양식이라고 생각해 온 것입니다. 오늘날 우리도 과연 그렇게 생각해야 하지 않겠습니까? 어떠한 분은 생각하길 일제 침략 시대에 이 성경으로 무수한 사람들이 은혜를 받았다고 합니다. 그렇게 셀 수 없을 만큼 많은 사람들이 이 성경을 진실하게 읽고 거기서 정말 좋은 것을 받으려는 마음으로 읽을 때는 다 받았는데 나도 그렇게 될 것이 분명하지 않은가? 이렇게 생각을 바로 해서 자신이 성경 말씀을 깊이 생각하고 정성스럽게 생명을 얻으려고 연구하는 가운데 크게 깨닫고 그 자신 역시 많은 사람에게 은혜를 끼치며 간증을 하고 많은 사람들에게 이 성경의 알속이 얼마나 좋은지를 증언한 역사가 많은 것을 기억합니다.

과연 성경 말씀은 우리가 믿음으로 성의를 다하며 사모하여 찾을 때 거기서 힘을 얻게 해 줍니다. 우리 영혼이 힘을 얻어서 살게 되니 이것을 양식이라고 말하는 것이 옳지요. 뿐만 아니라 이 말씀은 언제든지 깨달을 때에 우리가 형용할 수 없는 그런 맛이 납니다. 이 말씀을 깨달을 때에 시원해지고 마음이 평안해지고 참 즐거움이 옵니다. 이 세상의 다른 무엇과는 도저히 비교가 안 되는 것이 내 영혼에 베풀어지는 것을 볼 때 그것이야말로 영혼의 양식이 아닙니까? 우리가 몹시 배고플 때에 밥을 한 번 적당히 섭취하면 얼마나 기운이 납니까? 참 굶주렸을 때는 힘이 없어지고 실망이 되고 괴롭지만 이제 밥을 맛있게 먹은 다음에는 힘을 얻게 되고 모든 유쾌함이 오지 않습니까? 그와 꼭 마찬가지입니다. 우리가 성경 말씀을 깨달을 때에 그 맛을 발견하게 됩니다. 그래서 우리는 이 성경 말씀이 젖과 같다고 생각할 수밖에 없습니다.

말씀을 사모한 이들의 사례

여러분이 잘 아시는 조지 뮬러 George Muller, 1805-1898라고 하는 분이 성경을 꿇어앉아서 100번을 보았다고 합니다. 꿇어앉지 않고 100번 읽었다 해도 참 얼마나 신령한 도의 젖을 사모했는지 우리가 짐작할 수가 있는데, 그만큼 진실하게 이 성경 말씀을 사모했던 것입니다. 그런 만큼 그에게 하나님의 크신 역사가 함께 하신 것이지요. 많은 고아들을 미리 준비된 돈도 없이 하나님 앞에 기도하여 먹여나가는 일은 보통이 아니고 이것은 특별한 능력인데, 참으로 하나님의 말씀을 먹은 사람이라야 할 수 있는 일입니다.

무디 D. L. Moody 1837-1899 선생의 사역에서 그 능력의 역사가 어디서 나왔습니까? 무디 선생은 성경을 사랑하는 사람들 중에 아마 첫째로 꼽을 만한 인물일 것입니다. 그가 설교할 때 성경을 그저 고요히 해석해서 전하는 정도요 다른 무엇을 하지 않는 분이라고 무디 선생의 전기가 말하고 있습니다. 무디 선생 자신이 무슨 일을 한 것이 아니라 그에게 역사하시는 하나님의 말씀이 힘이 되어서, 그러니까 하나님이 그를 사랑하여 그를 쓰시니까 과연 그 시대에 참 말할 수 없는 큰 능력으로 역사하신 것입니다.

많은 이들이 스코틀랜드에 가면 로버트 머리 맥체인 Robert Murray McCheyne 1813-1843 목사님, 그분이 목회하던 교회를 찾아가 보곤 한다고 합니다. 한번 어떤 사람이 찾아가니까 그 교회의 사찰되는 분이 말없이 인도해가더니 그의 서재에 가서 하는 말이 "그분은 이 방에서 늘 울었답니다" 그 한마디로 맥체인 목사에 대해 소개한 것입니다. 맥체인 목사는 성경 말씀을 알기 위해서 울었다고 합니다. 그는 성경 말씀을 알기 전에는 삶을 사는 것이 아니라고 생각할 만큼 성경을 사랑했습니다. 성경 말씀을 모르고는 도무지 마음이 편치 않고 사는 것 같지도 않아서 그는 울었던 것입니다.

　이렇게 성경 말씀을 사모하는 자마다 힘을 얻었으며 성경 말씀을 사랑하는 자마다 이 말씀을 통해 능력을 나타냈습니다. 그렇게 여기에 능력이 있는데 나라고 해서 그런 능력의 말씀을 맛보지 못하겠는가? 내가 진정으로 열렬히 사모하지 않아서 못 받는 것이니, 이제부터라도 비록 믿은 지 오래지 않았더라도 나도 역시 이 말씀을 사랑하고 이 말씀을 사모하며 알기 위해서 참 눈물을 흘리는 자리에까지 갈 수 있어야 합니다. 그러할 때에 반드시 좋은 일이 있을 것이라는 신념을 가지고 성경을 사모하고 사랑하는 신자가 한번 되어 보자 말씀입니다. 우리가 하나님 말씀을 사랑해서 하나님 말씀을 먹음으로 맛을 느끼며, 하나님 말씀을 마심으로 내 속이 시원하게 되도록 공급을 받는다면 참 얼마나 귀하고 좋은 일입니까? 이것이 바로 이 세상에서 하나님을 맛보는 일입니다. 천국을 맛보는 일인데 그것을 안 하고 우리가 무엇을 할 것입니까? 우리 자신들이 하나님 말씀을 사랑하여 마음이 따스하고 이렇게 하나님 말씀을 먹고 마시는 수준으로 살아갈 때에 교회는 자동적으로 자라는 것이고 교회는 거기에서 과연 힘을 얻는 것입니다.

맺는말

오늘 한번 각자 스스로를 반성해 보시기 바랍니다. 나는 이 두 가지를 하고 있는지 말입니다. 과연 모든 악독과 기만과 외식과 시기와 모든 비방하는 말을 버리는 노력을 하고 있는지 말입니다. 나 자신을 깊이 살펴보면서 내게 혹시 모순된 악한 죄악들이 없는지 살펴보면서 그야말로 총알을 맞은 몸에서 총알을 뽑듯이 내가 이 몸에서 악을 뽑아내야 하겠다면서 얼마나 진지하게 힘쓰고 있는지를 반성할 일입니다. 내가 하지 않으면 누가 할 것인가? 남이 내 죄를 뽑아줄 수가 없습니다. 그뿐만 아니라 우리가 다 함께 한번 갓난아기같이 되어 봅시다. 성경은 우리가 갓난아기같이 되라고 여러 번 말씀하고 장려했습니다. 갓난아기같이 순전하고 신령한 젖을 사모하는 심령으로 한번 앞날을 살아 봅시다. 우리가 비로소 거기에서 행복하게 되며 우리 각자의 신앙이 장성하게 될 것입니다. 그래서 그야말로 영적인 폭발로 나타나 큰 증언이 펼쳐지게 되기를 바랍니다.

기도

지극히 거룩하신 아버지여, 오늘 이와 같이 예배를 드리며 하나님께 영광을 드리고자 지금 이렇게 엎드렸사오며 주님께 기도를 드리오니 우리를 긍휼히 여기사 과연 우리의 생활이 잠깐 지속되는 이 세상에서 보람된 생활이 되고 주님이 기뻐하는 생활이 되며 우리가 주님을 사랑하는 시간으로 우리의 모든 시간을 사용하도록 아버지 은혜를 베풀어 주시고 우리의 생활이 한번 참되게 하여 주시옵소서. 예수 그리스도의 이름으로 비옵나이다. 아멘

2. 기쁨, 인내, 기도

[12] 소망 중에 즐거워하며 환난 중에 참으며 기도에 항상 힘쓰며 [13] 성도들의 쓸 것을 공급하며 손 대접하기를 힘쓰라. (롬 12:12-13)

오늘은 12절에 있는 말씀을 중심으로 보겠습니다. "소망 중에 즐거워하며 환난 중에 참으며 기도에 항상 힘쓰며"라는 말씀입니다. 비록 본문에는 없는 말씀이지만 본문이 간접적으로 교회의 살 길에 대하여 가르치고 있어서 교회의 살 길이 무엇인지 생각해 보겠습니다.

 소망 중에 즐거워하라고 했습니다. 이 소망이란 말은 베드로전서 1장 3절에는 산 소망이라고 말씀했습니다. 우리가 받은 소망은 죽은 소망, 죽을 소망이 아니라 살 소망이고 산 소망입니다. 예수 그리스도께서 다시 살아나셨으니 우리가 믿는 예수님의 살리시는 역사가 우리에게 영원히 함께 하십니다. 그 소망입니다. 또 "환난 중에 참으며"라고 했는데, 환난을 참는 것이 생명의 면류관을 받는 방법이라고 말씀했습니다. 야고보서 1장 12절에 "시험을 참는 자는 복이 있나니" 하고서 조금 더 내려가서는 "생명의 면류관을" 상급으로 받는다고 말씀했습니다.

　이렇게 소망 중에 즐거워하며 환난 중에 참아야 합니다. 이렇게 말씀을 한 다음에 본문을 보면 곧 이어서 "기도에 항상 힘쓰라"고 말씀합니다. 이 기도의 문제는 아모스 5장 4-6절에 보면 삶의 문제와 떼어놓고 생각할 수가 없습니다. "너희는 여호와를 찾으라 그리하면 살리라." 이렇게 기도와 삶의 문제가 밀접하게 관계되어 있음을 밝히고 있습니다. 그래서 오늘은 로마서 12장 12절에 나오는 이 말씀의 한 방면, 산다는 것, 산 소망, 생명의 면류관, 살리라 이런 말씀들을 취해서 '교회의 살 길'이 무엇인지 잠시 생각해 보겠습니다.

소망 중에 기뻐하라

　첫째로 교회는 기쁨이 있어야 삽니다. 산 소망이 우리의 살 길입니다. 소망으로 기뻐해야지 세상으로 기뻐하면 죽습니다. 이 소망은 예수입니다. 장차 오실 예수를 우리는 소망으로 가집니다. 유일한 소망입니다. 그것만이 소망이겠냐, 성경을 보면 다른 소망도 말하지 않았나 하고 생각할 수도 있겠습니다. 하지만 성경이 중점적으로 말씀하시는 것은 재림하실 예수님이 우리의 소망이라는 것입니다. 교회는 이 확실한 소망을 가지고 기뻐해야 합니다. 그 기쁨이 없어서는 안 되겠습니다. 사람이 염려와 걱정만 해서는 이 세상에서도 살 수가 없을 것입니다. 염려를 하자면 끝이 안 납니다. 누구든지 염려를 끝까지 하지는 않을 것입니다. 불신자들도 마찬가지입니다. 염려하다가도 뭐 소용이 없구나 하고 염려를 중단하는 일들이 많은 것입니다. 염려와 걱정에 사로잡혀서 하나하나 다 염려하고 산다면 우선 계속 살 수가 없을 것입니다.

더욱이 믿음 생활에는 염려가 금물입니다. 염려하면 신앙이 시들어 빠집니다. 염려하면 신앙이 맥을 못 추는 것입니다. 염려와 걱정은 신앙생활을 크게 방해합니다. 그러기에 기쁨이 있어야 과연 우리 신앙이 삽니다. 고기가 물에 있어야 팔딱팔딱 돌아다니며 사는 것처럼 우리의 신앙은 기쁨 속에서 지내야 신앙이 자라나고 신앙이 커지고 신앙이 힘을 얻습니다. 기쁨이 이렇게 중요한데 본문이 말한 것같이 참 기쁨이란 것이 있습니다. 참 기쁨이란 소망을 가지고야 생성됩니다. 물도 더러운 데서 흘러내려오는 물은 먹지 못합니다. 더러운 데서 내려오는 물을 다 걸러 가지고 정화시켰다 하더라도 그런 물은 기분이 좋지 않습니다. 그러나 바위틈에서 솟아나는 샘물은 먹고 싶을뿐더러 사실 먹으면 우리에게 유익합니다. 그런 물을 보통 약수라고까지 말을 합니다.

기쁨에도 종류가 여럿 있습니다. 세상을 좋아하는 기쁨이란 부작용이 거의 전면에 걸쳐서 나타납니다. 기쁨이 없으니 극장에 가서 영화를 보고 기쁨을 얻자고 합니다. 믿음에도 유익할 것 같아 거기 가서 기쁨을 좀 얻어 보고자 합니다. 그러나 부작용이 많은 기쁨도 있습니다. 전체가 해로운 기쁨도 있어요. 극장에 가서 기쁨을 얻었다고 해서 믿음이 좋아지느냐? 아니지요. 또 누가 돈을 한 뭉치 가져다주어 기뻐한다고 해서 믿음이 좋아지느냐? 그런 것이 아닙니다. 도리어 조금 살아 있던 믿음조

차도 싹 죽어버릴 수도 있습니다.

　모양은 몹시 흡사한데 성질이 아주 정반대로 다른 것도 있습니다. 기쁨이란 것도 마찬가지지요. 하나님 말씀을 알고 기뻐하는 기쁨은 성령님으로 말미암아 생기는 기쁨인데 그런 기쁨이야말로 참 기쁨입니다. 그것이 우리에게 올 때에 참으로 살 것 같습니다. 그 기쁨이 올 때는 이 세상의 어떠한 것도 염려와 걱정을 끼치지를 못합니다. 염려와 걱정이 있던 사람도 그런 기쁨을 받은 다음에는 능히 염려와 걱정을 다 막아낼 수가 있습니다. 그러한 기쁨이 있는 것입니다.

　그동안 살아온 경험을 통해 만나본 많은 신자들이 있습니다. 그 가운데 어떤 신자는 사업에 실패하고도 기쁨을 잃어버리지 않습니다. 사업에 실패했다면 그가 불신자 같으면 염려와 걱정에 사로잡혀 가지고 어쩔 줄 모를 터인데, 기쁨을 잃어버리지 아니하고 기도하고 성경 보며 계속 신앙으로 뛰어 간다 말입니다. 그런 사람들을 여러 번 보았습니다. 그런 기쁨은 이 세상의 기쁨이 아닙니다. 돈이 주는 기쁨도 아니고 명예가 주는 기쁨도 아니고 무슨 구경거리가 주는 기쁨도 아닙니다. 이것은 아주 딴 종류의 기쁨입니다.

　이렇게 소망 중에 기뻐하는 참 기쁨을 누리는 것이 신자에게 자동적으로 되는 것은 아닙니다. 힘도 안 썼는데 예수 믿은 후 기쁘다 하는 일이 혹시 있을 수도 있겠지요. 그러나 보통으로는 그렇지 않고 무엇을 알아야 기쁩니다. 다시 말하면 진리를 알아야 기뻐합니다. 느낌이 있고 깨달음이 있어야 기쁜 느낌도 절실하지 않겠어요? 고린도전서 13장

6절에 진리와 함께 기뻐한다는 말씀이 그런 뜻입니다. 진리를 기뻐하십니까? 여러분, 진리로 더불어 기뻐하는 기쁨이 있다면 그것은 굉장한 보배입니다. 잃지 마십시오. 그것은 보통 기쁨이 아니에요. 성경 읽어보면 모든 진리가 무엇을 보여줍니까? 소망을 보여줍니다. 하나님을 보여줘요. 하나님은 어떠한 하나님이십니까? 이제도 계시고 전에도 계시고 장차 오실 분이십니다. 우리의 소망으로는 그것이 최고봉이고 그것이 전부라고 말해도 좋습니다.

성경을 집중적으로 배워야 합니다. 목사님이 설교하실 때 기억력이 부족해서 다 기억하지는 못한다 하더라도 설교의 대지 大늘 만이라도 붙잡아서 그것을 기억하고 그 대의에 관계된 성경 장절을 집에 가서 찾아보기도 하고 어떻든지 이 성경 말씀을 알도록 힘쓰셔야 합니다. 힘쓰지 않고서 깨닫는 법이란 없습니다. 성경을 알고 잘 믿는 사람이 바르게 잘 믿는 사람입니다. 성경을 잘 모르고 진리 문제에서 비뚤어진 말을 하는 사람들 가운데도 열심은 굉장한 경우들이 없지 않습니다. 하지만 그것이 그다지 좋은 것은 아니에요. 하나님 말씀을 분명하게 알아가지고 그것을 즐거워하고 좋아하고 건사하고 파수하고 전파해야 합니다. 목사님에게 들은 설교 가운데 몇 가지라도 붙잡아 가지고 집에 가셔서 오늘 출석하지 못한 식구가 있다면 그에게 말도 해주고 또 이웃에게라도 전하는 것이 우리 신자가 마땅히 해야 할 일입니다. 그렇게 함으로 자기가 진리를 더 사랑하는 사람이 되는 것이고, 진리란 사랑할수록 맛이 더 좋아집니다. 그러니까 진리와 함께 기뻐하라는 말을 명심하셔야 합니다. 기쁨이 얼마나 귀합니까!

　데살로니가전서 5장 8절에 "소망의 투구"라는 말이 나옵니다. 투구라는 것은 왜 씁니까? 화살이 날아와도 머리를 다치지 못하게 하려고 이 투구를 썼습니다. 화살이 날아와도 그 화살이 투구를 다치면 다쳤지 머리는 다치지 않게 하였습니다. 소망의 투구란 말을 우리가 기억해야 합니다. 그러면 어떤 상태가 소망의 투구를 썼다는 것입니까? 그리스도의 구원을 바라보고서 그리스도로 말미암아 나는 구원받았다, 이제 주님 재림하실 때에 언제든지 그 영광의 구원을 내가 받는다, 그 영광의 세계에 나는 들어간다, 이것을 믿는 것이 투구를 쓴 상태입니다. 이 투구를 쓴 상태에서는 세상의 총알, 곧 이 세상의 염려와 걱정이 뚫고 들어오지를 못합니다. 이 세상의 어떠한 명예심이나 유혹이 뚫고 들어오지를 못합니다. 구원의 소망을 딱 믿으니까 이 세상의 어떤 유혹이라도 다 물리치게 됩니다. 이게 다 뭐야 하고서 내팽개치는 것입니다. 오직 그 소망으로 만족하고 그 소망으로 기뻐하니까 살전 5:8 소망의 투구를 쓰는 것입니다. 교회는 그렇게 나아가야 합니다.

　교회가 돈이 많아야 기뻐할 수 있는 교회라고 할 사람은 우리 가운데 없는 줄 압니다. 큰 건물이 있어야 기뻐할 수 있는 교회라고 할 사람이 없는 줄 압니다. 재림하실 주님에게 관심을 집중하고 이 세상의 다른 것들을 신통하게 보지 아니하는 신자들의 모임이 힘 있는 모임입니다. 이런 신자들의 모임을 하나님은 사랑하십니다. 그런 모임은 모일 때마다 은혜가 있습니다.

환난 가운데 참으라

둘째는, 환난 중에 참아야 교회는 잘 살아갑니다. 여기 환난이란 말을 조금 상세히 살펴보십시다. 이 환난이라는 헬라어는 '쓸립시스'인데 환난이란 우리말 번역은 비교적 잘 된 줄 압니다만 다소 미흡하다는 생각도 듭니다. 이 단어가 환난이란 뜻도 있지만 그 외에 여러 가지 뜻으로 쓰입니다. 고난, 곤란, 아픔, 누름, 좁은 길, 역경 등 다양한 뜻으로 사용됩니다. 흔히 환난 하면, 전쟁이 나서 사람이 옆에서 무수히 죽어 넘어지는 상황이나 또는 무서운 전염병이 돌아 사람들 다수가 죽어 나가는 상황을 떠올리게 됩니다. 혹은 핍박 시대에 예수 믿는 사람을 집집이 조사해 가지고 잡아가거나 가두는 시절을 환난의 때라고 얼른 생각하게 됩니다.

그러나 여기의 이 환난이란 그렇게만 생각할 것이 아닙니다. 개인이 어떤 고민이나 난관에 빠진 것, 혹은 개교회적으로 어떤 역경이나 딜레마에 빠져서 이러지도 못하고 저러지도 못할 난국에 처한 상황도 '쓸립시스'에 해당합니다. 그런데 그렇다고 해서 이 말을 아픔이나 고통이라고 번역하더라도 무슨 큰 재앙들을 연상하지 못하게 되는 점도 생각하지 않을 수 없습니다. 그러니까 이 '쓸립시스'란 말을 번역하기가 참 어렵습니다. 부득불 설교할 때 설명할 수밖에 없습니다. 이것은 국가적인 큰 재앙이라든지 혹은 교계가 전반적으로 당하는 어려운 일도 의미하지만 개인적으로나 개교회적으로 당하는 난처하고 괴로운 일들도 가리키는 말입니다. 그런고로 우리가 환난 중에 참아야 교회가 살아간다 하는 생각을 할 때 교회로서 가다가 만나는 난관, 시험거리도 다 포함해야 할 것입니다.

교회라는 것은 참 이상한데, 시험을 당하곤 합니다. 이 세상에 시험 당하지 않는 교회가 어디 있습니까? 시험 안 당하는 교회는 하나도 없습니다. 이 대답이 명답입니다. 이 세상에 있는 많은 교회들 중에 어떤 특별한 교회들은 시험을 안 당합니까? 아닙니다. 예수님의 이름을 붙인 교회라고 하면 다 시험을 당한다는 것을 우리가 명심해야 합니다. 참 이상하죠. 하나님이 사랑하는 단체인데 왜 어려움이 옵니까? 하나님이 사랑하는 조직체인데 어째서 역경이 옵니까? 어째서 심각한 문제 앞에 서게 됩니까? 이상합니다. 그렇지만 그것이 진리입니다.

사도행전 14장 22절에 보면, 너희가 천국에 들어가려면 환난을 겪어야 한다고 했습니다. 거기에 "반드시"라는 글자가 있어야 합니다. 영어로는 머스트 must, 우리말로는 '반드시'라는 말입니다. 베드로전서에 있는 대로 우리는 이 환난을 위하여 부름을 받았습니다. 이상한 말씀이지요? 이 환난을 당하게 하려고 뽑아냈다 그랬습니다. "선을 행함으로 고난을 받고 참으면 이는 하나님 앞에 아름다우니라 이를 위하여 너희가 부르심을 받았으니 그리스도도 너희를 위하여 고난을 받으사 너희에게 본을 끼쳐 그 자취를 따라오게 하려 하셨느니라" 벧전 2:20-21.

그러면 환난이 무엇이기에 그것을 하나님께서 그렇게 귀하게 여기시는가? 하나님은 이렇게 귀히 여기는데 교회가 어려움을 당했다고 해서, '아 이것 안 되겠다' 그렇게 생각하면 되겠습니까? 그것은 잘못된 생각입니다. 교회가 어려운 문제를 만나 가지고서 이러지도 못하고 저러지도 못할 때 '이젠 틀려먹었다'고 할 것이 아닙니다. 하나님의 교회가 어려움에 봉착됐다고 해서 틀려먹은 것은 아닙니다. 뭔가 된 듯싶다가 어려움이 또 오니까 금방 못쓰게 되는 것이 아니라 말입니다. 교회란 환난을 붙들고 살아갑니다. 왜 교회라는 것은 역경과 난관과 딜레마를 가지고 살아갑니까?

현재의 고난과 장차 나타날 영광

가장 먼저 생각할 것은 어려움을 당해야 신자가 정신을 차린다는 사실입니다. 성경 말씀을 가지고 설교를 하고, 또 가르치고, 또 사경회를 하지만, 깨어 있지 못한 형편에 떨어지는 일이 많습니다. 말씀을 듣고서 은혜 받았다고 하지만 아직도 깨어 있지 못하는 경우가 있을 수 있습니다. 깨어 있다는 것이 무엇이냐 하면, 야 이것 큰일 났다 하고 이제야말로 죽을 판 살 판 하나님의 어느 한 말씀을 붙들어야 하겠구나 해서 자기 경우에 맞아 떨어지는 그 말씀을 찾게 되는 것입니다. 이제 정신을 차려 가지고 성경을 읽고 찾을 때 그 성경이 와서 딱 명중이 되니까 탁 붙잡고 늘어지는 것입니다. 그렇게 할 때에 하나님의 역사가 임하는 법입니다. 하나님을 붙잡고 늘어질 때 하나님이 역사를 하시지, 그저 하나님이 계신다고 입으로는 말하지만 그 심령은 졸고 잔다면 어떻겠습니까? 그 심령은 졸고 자는데 거기에 하나님께서 기쁨으로 역사하시겠습니까. 하나님의 살아 계신 역사는 깬 사람에게만 있는 것입니다.

고린도전서 16장 13절에 "깨어 믿음에 굳게 서서 남자답게 강건하라" 했는데, 깨어 있으려면 어려움이 있어야 합니다. 어려움이나 난관, 시험, 이런 것들은 우리가 감당할 정도로 오는 법이지 그 정도를 넘어가는 시험은 하나님이 허락하시지 않습니다. 고린도전서 10장 12-13절에 "하나님은 미쁘사 너희가 감당하지 못할 시험 당함을 허락하지 아니하신다"고 했습니다. 그렇기 때문에 반드시 벗겨질 시간이 옵니다. 어려운 시험거리, 그 난관이 벗겨질 시간이 반드시 온다 말입니다. 하나님께서 살아 계셔서 조절하시고 역사하셔서 그것이 벗겨지는 때가 올 것을 내다보고 우리가 재미를 보아야 할 것입니다. 승리를 재확인하고 찬송을 부를 수가 있습니다. 하나님은 이러한 일을 위해서 난관을 가지고 우리를 키우십니다.

칼빈 선생은 이것을 아주 잘 알았습니다. 로마서 8장 18절에 "생각하건대 현재의 고난은 장차 우리에게 나타날 영광과 비교할 수 없도다"라고 하였습니다. 칼빈은 세상 뜨는 시간에도 이 말씀을 계속 읊조리며 세상을 떠났다고 합니다. 이 18절 말씀에서 "생각하건대"라는 헬라어 원문은 '로기조마이'라는 단어인데, 이 말은 진실한 사실들을 가지고 확실한 결론을 내린다는 뜻으로 사전에 나와 있습니다. 그러니까 '생각하건대'란 말은 확실한 사건들을 가지고 종합적인 결론을 내린다는 뜻입니다. 우리말의 "생각하건대"는 그냥 지나가기 쉬우나 '로기조마이'라는 헬라 원어를 읽을 때에는 그 생각이 깊어지는 것입니다. "생각하건대 - 모든 확실한 기독교의 사실들을 가지고 수학적으로 결론을 정확하게 맺는다면 - 현재의 고난은 장차 우리에게 나타날 영광과 비교할 수 없도다." 이렇게 현재의 고난은 뜻이 있는 것이요, 장차 우리에게 나타날 그 영광에 비교할 수 없는 것입니다. 그러기에 우리는 참고 견뎌야 합니다. "참는 자가 복이 있나니 생명의 면류관을 받으리라."

기도에 항상 힘쓰라

셋째는, 기도를 힘써야 삽니다. 아모스 5장 4절과 6절에 같은 말이 나왔습니다. "여호와를 찾으라 그리하면 살리라." 즉 기도하라는 말씀입니다. "그리하면 살리라." 오늘 본문에는 "기도에 항상 힘쓰며"라고 했는데, 우리를 살려주는 기도를 항상 힘써 행하라는 말입니다. 맥을 놓으면 안 된다 말이지요. 항상 힘써야 게으름을 이깁니다. 우리가 기도를 왜 못합니까? 게을러서 하지 못합니다. 하겠다, 하겠다 하면서도 안 합니다. 그 속에는 하기 싫은 성질도 자리 잡고 있습니다. 그렇게 우리는 부패했습니다. 예레미야서 17장 9절이 말씀한 것입니다. "만물보다 거짓되고 심히 부패한 것이 마음이라." 우리 속이 그렇게 썩어서 하나님께 기도하는 것을 싫어하고 또 게으릅니다.

잠언 26장 14절 말씀입니다. "문짝이 돌쩌귀를 따라서 도는 것같이 게으른 자는 침상에서 도느니라." 문짝이 그 돌쩌귀를 따라서 도는 것같이 어제도 돌고 오늘도 돌고 하루 종일 돌고 영구히 그렇게 돈다 말입니다. 그처럼 게으른 자는 침상에서 구를 뿐 게을러서 힘을 쓰지 않습니다. 기도를 안 해요. 육신의 일을 게을리 하는 사람도 있지만 영혼의 일을 게을리 하는 것은 너무 많습니다. 항상 힘써야 게으름을 이길 수 있습니다. 게다가 항상 힘써야 분주함도 이깁니다. 사람이 너무 분주해서 기도를 하지 못합니다. 사업을 하느라고 기도를 못해요. 사업이 원수가 아니라 그 사람 자신이 원수입니다. 사업이 분주하지만 할 일은 해야지요. 사업보다 중요한 일이 기도인데 더 중요한 일을 착실히 해야 합니다. 사업 때문에 분주해서 기도를 못 하는 것은 하나님을 업신여기는 죄까지 범하는 것입니다.

그뿐 아니라 항상 그렇게 힘써야 기도 응답을 분별합니다. 기도 안 하는 사람들의 심리 가운데는 정말 응답이 되나 하는 심리가 있습니다. 기도해도 응답이 안 됩니다, 하는 주장은 무서워서 못 내세우지요. 마음속으로는 기도를 하는데도 응답이 없다든지, 많은 사람들이 기도했지만 응답된 것이 무엇이냐, 하고 속으로 생각하는 경향이 있다고 봅니다. 왜 그런 생각을 합니까? 항상 힘써 기도를 안 하니까 그런 생각을 하게 됩니다. 항상 힘써 기도하면 반드시 응답 체험이 있습니다. 항상 힘써 기도하는 사람이 몇 사람 안 됩니다. 그러니까 기도한다는 사람들의 대부분이 기도 응답을 체험하지 못합니다. 사람은 거짓되기 때문에 하나님과 관계되는 일에 대해서는 그저 힘 안 들이고 어떻게 하는 모양만 내고 지나가는 일이 많습니다. 사람은 부패하여서 보이는 것만 중시하지 보이지 않는 세계의 깊은 내용에 대해서는 찾아 들어가지를 않습니다. 주님을 믿는다, 예배를 드린다 하지만 너무도 피상적이고 너무도 에누리하여 모양만 내는 일이 많습니다. 하나님은 진실하지 않은 자는 상대를 안 하십니다.

시편 51편 6절에 여호와는 중심의 진실함을 원하신다고 말씀하셨는데, 항상 힘써 기도해야 기도 응답에 대해서 분별할 수가 있습니다. 기도해온 가운데 어떤 것은 응답이 됐다, 또 어느 것은 응답이 안 됐다, 하고 분별을 하는 것입니다. 확신 있게 분별해야 한다 말이에요. 왜 응답 받은 것보다 응답 못 받은 기도가 더 많다는 결론을 확실성 있게 하게 됩니까? 자신이 항상 힘써 기도하는 사람이니까 그것을 분별한다 말입니다. 어떻게 기도를 하면 내 양심도 그 기도가 인정이 안 되더라. 내 양심이 인정 안 하는 것을 하나님이 인정하시겠느냐? 내가 기도하는 가운데 한두 시간 기도한 적도 있지만 그 기도 가운데 어떠어떠한 기도는 하나님께 상달이 안 된 줄 확실히 안다, 이런 말을 할 수 있는 것입니다. 항상 기도에 힘쓰는 사람은 이런 내용들을 아니까 하나님의 살아계심을 느낍니다.

하나님께서 무슨 기도든지 다 이루어 주신다면 하나님의 살아 계심이 증명이 안 됩니다. 꼭 들을 만한 기도를 아시고 응답할 것만 하시니까 하나님이 살아 계신 증거가 되는 것입니다. 어떤 기도가 응답되었으니 하나님 살아 계시다 그것만이 참이 아니지요. 어떤 기도들은 응답이 안 됐으니 하나님이 살아 계시다 하고도 말해야 합니다. 우리가 기도하는 재미를 제해 버린다면 무슨 재미로 살겠습니까? 이 세상에서 하나님과 대화하고 하나님과 속사정을 통하고 하나님과 교제하는 것을 없애고 무슨 재미로 살겠습니까? 우리가 사는 방법은 기도에 있습니다. 기도를 항상 힘써야 합니다. "여호와를 찾으라 그리하면 살리라."

맺는말

오늘 여러분에게 말씀드린 것, 이 교회는 소망 중에 즐거워하는 기쁨이 넘치는 교회로 전진해야 할 것입니다. 환난 중에 참는 교회가 되어야 합니다. 교회란 가다가 시험과 난관에 봉착하게 되는데 그렇다고 해서 일이 틀렸다는 식의 말을 해서는 안 됩니다. 난관이 올수록 더 정신을 차리고, 가만히 계시는 하나님이 아니로구나, 하나님은 우리를 다스리신다, 하나님은 우리를 거느리신다 생각하고 힘을 얻어야 할 것입니다.

히브리서 13장 8절에 "예수 그리스도는 어제나 오늘이나 영원토록 동일하시니라"고 하였습니다. 살아 계신 예수님이 변하십니까? 아닙니다. 어제나 오늘이나 영원토록 동일하신 예수님이십니다. 우리가 그렇게 믿어야 합니다. 예수님이 계셔서 교회가 되는 그것이 참이지요. 우리는 예수님만 바라보고 그 소망으로 즐거워하며, 역경과 난제 앞에서 오히려 정신을 가다듬고 또 다시 힘을 써야 하겠구나, 하고 나아가야 합니다. 그뿐 아니라 기도에 항상 힘쓰는 교회, 기도가 하나님께 상달이 되는 교회가 되어야 하겠습니다. 이 말씀을 여러분이 친히 실행하시고 잘 지켜서 오늘 설교한 이 목사도 여러분 덕택으로 좀더 열심을 내고 좀더 기도 많이 하는 일이 있기를 바랍니다.

기도

무한히 자비하신 하나님 감사하옵나이다. 우리가 땅에 있지만 하늘의 소식을 받아서 교회를 이루어 주님을 모시는 움직임을 가지며 모든 활동을 하게 된 것을 감사하옵나이다. 하나님 아버지, 우리의 육신은 시들어가고 또 가다가 병들고 마침내 우리의 육신은 세상 뜰 날도 있습니다. 하지만 주님께서는 어제나 오늘이나 영원토록 동일하시니 우리는 주님을 믿고 주님을 바라보며 주님께 우리의 모든 것을 맡기고 또 주님이 하라고 하시는 대로 그저 행하도록 된 우리의 귀한 이 위치를 생각할 때 다시 감사를 드립니다. 원컨대 하나님께서 이 교회를 장중에 붙잡으시고 인도하사 길이길이 그리스도의 평강을 누리는 교회가 되게 하여 주옵소서. 아버지 하나님이여, 오늘까지 이 장막에 모인 사랑하는 성도들 한 사람 한 사람 간섭하시어 주님이 기뻐하시는 뜻대로 늘 인도하여 주시고 파수하여 주시며 보호하여 주셔서 아버지, 그 앞길들이 과연 형통하도록 도와주옵소서. 주여, 우리는 사나 죽으나 주의 것이오니 우리가 전적으로 주님의 것이 된 것을 믿을 뿐만 아니라 그대로 살아가도록 도와주시기를 바랍니다. 소망 중에 기뻐하며 환난 중에 참으며 기도에 항상 힘쓰는 귀한 교회를 하나님이 길이길이 세워주시고 왕성하게 하여 주시옵소서. 예수 그리스도 이름으로 비옵나이다. 아멘

3. 주일을 성수하자

[8] 안식일을 기억하여 거룩하게 지키라 [9] 엿새 동안은 힘써 네 모든 일을 행할 것이나 [10] 일곱째 날은 네 하나님 여호와의 안식일인즉 너나 네 아들이나 네 딸이나 네 남종이나 네 여종이나 네 가축이나 네 문안에 머무는 객이라도 아무 일도 하지 말라 [11] 이는 엿새 동안에 나 여호와가 하늘과 땅과 바다와 그 가운데 모든 것을 만들고 일곱째 날에 쉬었음이라 그러므로 나 여호와가 안식일을 복되게 하여 그 날을 거룩하게 하였느니라. (출 20:8-11)

이제 우리가 같이 생각하고자 하는 것은 주일을 거룩히 지키는 문제입니다. 십계명이 다 하나님이 우리를 사랑하여 주신 특이한 법입니다. 제4계명에도 핵심적으로 담긴 것이 사랑입니다. 우리가 엿새 동안 힘써 일하고 제7일에는 쉬도록 하신 것이 얼마나 기쁜 일입니까? 엿새 동안 힘써 일하는 것도 기쁜 일이고 제7일에 쉬는 것은 더 기쁜 일입니다.

노동과 안식

우리 신약시대에는 7일 중 첫날에 쉬고 나머지 6일은 힘써 일합니다. 순서가 신약시대 와서는 바뀌었습니다. 주님께서 부활하신 날이 우리의 안식일로 정해져 내려오기 때문입니다. 주님께서 다시 사신 날을 우리가 즐거워하며 모여서, 하나님의 말씀을 들으며 지친 우리의 영혼을 회복합니다. 사람이 일을 안 하고 살면 죽을 지경입니다. 사람은 일하는 재미에 삽니다. 일 안 하고 가만히 있으면 좋을 것 같아도 양심 있는 사람은 기쁨이 없습니다. 또 삶을 제대로 아는 사람은 거기에서 크게 부조리를 느끼며 불안도 느낍니다. 사람이란 몸을 움직여야 강건해지고, 어떤 목표를 가지고 일을 해야 그 목표를 이뤄 가는 재미를 느끼면서 건강하게 살아갑니다. 하나님께서 우리에게 주일을 주신 것은 사랑의 결과입니다. 우리가 그 사랑을 지킬 때에 마땅히 기쁨으로 지켜야 하고 사랑으로 지켜야 합니다.

우리가 이 날을 왜 지켜야 하느냐? 본문을 8절부터 읽어보면 "안식일을 기억하여 거룩하게 지키라 엿새 동안은 힘써 네 모든 일을 행할 것이나 일곱째 날은 네 여호와의 안식일인즉…" 하나님의 안식일입니다. 주일은 주님의 날입니다. 주님의 날이지 우리의 날이 아닙니다. 살아가다 보면 이상한 날을 보지요? 이렇게 주님의 날이라는 것이 있습니다. 주님의 날! 주님의 날은 어떤 날인가? 주님의 날은 일을 안 하는 날입니다. 일은 사업을 의미하는 글자입니다. 히브리 원문에는 일이라는 글자의 발음이 '멜라카'인데, 그것을 왜 여기서 발음해 보느냐 하면 연상되는 것이 있기 때문입니다. 주일날 일하지 말라는 것은 몸을 일체로 움직이지 말라는 것이 아니고, 사업 work 을 하지 말라는 것입니다. '멜라카', 그렇게 사업으로서의 일은 힘들고 정신을 그리 쏟아야 합니다.

들은 얘기지만 어떤 교역자가 주일날 한복을 입었는데 고름이 떨어졌지만 그것을 달지 않고 나가서 설교를 했다고 합니다. 옷고름 다는 것을 일이라 생각했어요. 주일날 일을 안 하는 이유, 즉 사업을 안 하는 이유가 예배에 방해되기 때문에 안 하는 것입니다. 일 자체가 죄라는 것은 아니에요. 옷고름이 떨어졌으면 그것을 달고 나가서 설교를 할 때 단정하고 예배가 더 잘되지 않겠습니까? 다른 사람들이 바라볼 때도, 저 목사님 왜 두루마기 고름이 떨어진 채로 나와서 저러나 하지 않겠습니까? 예배에 도리어 방해가 되지요. 두루마기 고름을 안 달아서 떨어진 채로 나와 설교를 하니 자신도 역시 거기에 마음이 쓰일 것입니다. 쳐다보는 사람도 정신이 다른 데로 가서 예배가 흐트러질 수 있는 것이지요. 하나만 알았지 둘은 몰랐던 것입니다.

추운 겨울날 문짝이 떨어졌는데 오늘 주일날이 되어 문을 못 달겠다고 하면 되겠습니까? 문을 쳐들어서 조금 손보면 달을 수 있으니 실내 보온도 될 터인데 그냥 떨어진 채로 놔두는 것이 잘하는 것입니까? 하나님이 금한 것은 그것이 아닙니다. 예배드리는 데 방해될만한 것을 하지 말라는 것입니다. 사업하지 말라! 주일날까지 사업하면서 어떻게 예배를 드립니까? 우선 시간이 나지 않지요. 뿐만 아니라 주일날 11시 전까지는 사업을 하다가 정확히 11시부터 12시 반까지 예배를 드리고, 그리고 12시 반 지난 다음에는 다시 사업하러 부지런히 나간다면 성실하게 예배가 드려지겠습니까? 예배드리기 직전까지 노동을 하다 왔으니 그 마음은 여전히 사업에 있을 것이고, 또 피곤도 하겠지요. 엿새간 노동을 했는데 또 주일날 아침에도 일을 하고 피곤하니 예배가 잘되겠습니까? 사람이 피곤하면 예배를 보기 힘들지요. 힘이 나지도 않고 우선 졸음이 옵니다. 몸에 병이 든 것은 아니지만 유쾌하지 않고 피곤하니까 신경이 쓰입니다. 거뜬한 마음으로 주님께 사로잡히지 못하고, 정신도 옹글게 예배드리지를 못합니다. 이것은 우리의 느낌과 경험으로만 아는 것이 아니라, 성경이 그렇게 말씀했습니다.

 왜 주일날은 사업을 안 하느냐? 신명기 16장 8절과 레위기 23장 8절 및 36절, 민수기 29장 35절 등을 읽어보십시오. 성회로 모일 텐데 그 날은 일을 하지 말라 했습니다. 너희가 대회로 모이되 아무 노동도 하지 말라 하였습니다. 그것은 구약시대 절기를 지킬 때에 따르도록 내려진 명령인 동시에, 신약의 주일날에 대해서도 다 관계된 말씀입니다. 성회로 모이는데 노동하지 말라! 주님의 날이니까 전적으로 바치라! 내 마음대로 시간을 쓰지 말고, 그날은 자초지종 주님을 생각하고 묵상하며 또 회중으로 나아가 경배드릴 때 더욱 힘써서 예배드릴 것을 신구약 성경이 가르치고 있습니다.

 언제나 진리만 전하는 하나님의 말씀이 옛적부터 이렇게 주님의 날을 지키도록 소리치는데 우리가 주일날을 제 마음대로 보내려고 생각한다면 참으로 큰 문제입니다. 하나님께 예배드리는 일에서 벗어나 바깥의 사업에 정신을 쏟아 부으며 몸을 바칠 때에, 그것은 하나님이 우리를 사랑해서 주신 사랑의 계명을 위반하는 것입니다. 동시에 하나님의 사랑을 외면했으니 하나님의 사랑을 못 받는 것이고 그의 일에서도 형통함이 없는 것입니다.

안식일의 정신

8절을 잘 기억하시기를 바랍니다. "안식일을 기억하여 거룩하게 지키라. 엿새 동안은 힘써 네 모든 일을 행할 것이나 일곱째 날은 네 하나님 여호와의 안식일인즉 너나 네 아들이나 네 딸이나 네 남종이나 네 여종이나 네 가축이나 네 문안에 머무는 객이라도 아무 일도 하지 말라." 그 날은 다 사업을 하지 말라 하는 말씀이에요. 전에 공과를 가르치면서 이야기를 한 기억이 납니다.

6·25 때에 거창교회의 교인 배추달 1926-1950 선생이라는 분에게 있던 일입니다. 인민군이 와서 시험을 하고 괴롭히려고 주일날 돼지를 지고 십 리인지 몇 리인지 가라고 할 때에 그분이 가지를 않았어요. 두 가지 이유로 안 갔습니다. 돼지를 지고 갔다 오면 예배를 못 보는 것이 아닌가? 사람이 무서워서 하나님이 몇 천 년 가르친 말씀을 내가 배반하겠는가? 예배를 드리는 것이 내게 귀하지 돼지 지고 몇 십 리 가는 것이 대수인가 하는 생각이 있어서 응종 應從 하지 않았을 것입니다. 또 하나는 인민군이 시험하느라고 그랬을 것이니까 응하지 않았던 것입니다. 너 예수쟁이지 어디 정말 믿나 보자, 주일을 범하나 아니 범하나 시험해보자 했던 것입니다. 그렇게 강퍅한 사람이 시험하는 때에 힘을 내서, 내가 예수님을 믿는다고 할 때 이렇게 하는 것이 내 양심이고 그것이 내 생명의 표현이라 생각했던 것입니다. 네가 날 죽여도 나는 주일을 범하지 않겠다고, 돼지를 지고 가라는 명령을 끝까지 듣지 않고 총살을 당했습니다.

하나님의 사랑의 표현으로 주신 계명을 등한히 한다면 이것은 하나님의 사랑을 외면하는 것입니다. 구약의 다른 데를 보면 안식일을 지키는 것은 하나님의 백성 된 표라고 했습니다. 하나님의 사랑을 받는 계명을 외면하고 성의가 없을 때에 그것은 하나님이 구원해 주신 백성의 표를 상실하는 것이라 말입니다. 그러기에 우리 믿는 사람들은 이 주일을 조심스럽게 지킵니다. 우리가 주일날 음식물을 사다 먹지 않는 이유도 있습니다. 그것이 노동인가요? 아니지요. 그러면 사업입니까? 아닙니다. 그럼 왜 배고픈데 음식 사다 먹는 것을 금하는가, 하고 생각하기 쉽습니다. 그것은 주일을 지키는 데 관련이 있기 때문에 주일날 음식을 사다 먹는 것을 안 하는 것입니다. 왜지요? 음식 파는 집이 주일을 범하는 처지인데 거기에 가서 음식물을 사오는 것은 거기에 협력하는 것과 같다는 것입니다.

주일을 범하며 사업하고 그 날 매매를 하면서 예배를 모르고 사는 사람들의 생활 모습에 대해서 마음에 근심이 있어야 하고 상처를 받아야 신자가 아니겠습니까? 아, 참 도무지 모르는구나. 하나님의 날인데 이 사람들이 사업을 하는구나, 하고 마음이 상처를 받아서 거기에 협력하지 않는 뜻으로 그 날 매매를 안 하는 것입니다. 주일을 지키고 안 지키는 데 대해서 심령이 마비되었다면 모르지만, 주일을 지키는 문제에 조심하고 예민한 심령이라면 관련된 일도 안 하는 것이 주일을 지키는 뜻에 부합하는 일이 되는 것입니다. 과연 우리는 이런 일에서도 조심을 해야 하겠습니다.

그러면 시장해서 죽어가는 사람을 볼 때 주일날이라고 해서 사다 먹이지 않을까요? 당연히 사다 먹이는 것입니다. 예수님께서 말씀하시기를 안식일에 사람을 살려야 하겠느냐 말아야 하겠느냐? 양이 구덩이에 빠진 것을 건지려면 상당한 노동력이 들어가지만 건져내야 하지 않겠느냐고 하신 것입니다. 그런데 사람이란 이와 같이 부득이한 경우를 헐값에 팔아먹기를 잘합니다. 부득이해서 그랬다면 그것은 자기 양심과 하나님이 아시는 일이니까 판단은 하나님께서 하실 것입니다. 이제 성경에 있는 대로 부득이한 일과 불쌍히 여기는 일은 할 수 있다는 원리가 분명히 존재합니다. 예배드리다가 화재가 나서 불이야 합니다, 옆집에 불이 붙습니다. 소방관을 기다리고 있겠습니까? 나가서 불을 꺼야지요. 이러한 부득이한 일과 불쌍히 여기는 일은 우리가 할 수 있지만, 그 외의 예배에 방해되는 모든 일들은 안 하도록 하는 것입니다. 간단히 말해서 주일은 하나님의 날입니다. 그러기에 내 마음대로 못하고 예배에 열쇠가 있습니다. 주님께 예배드리는 정신과 노력이 방해를 안 받는가, 이것이 중점이 됩니다.

우주적 화평을 위한 안식일 규례

둘째, 안식일을 지키는 이유를 11절이 분명히 말합니다. "이는 엿새 동안에 나 여호와가 하늘과 땅과 바다와 그 가운데 모든 것을 만들고 일곱째 날에 쉬었음이라 그러므로 나 여호와가 안식일을 복되게 하여 그 날을 거룩하게 하였느니라." 하나님이 천지 만물을 지으시고 이레째 되는 날은 쉬셨으니 너희도 쉬라 그것인데, 너희도 쉬라는 것이 중대한 말씀입니다. 하나님께서 이레 되는 날에 쉬셨다는 말은 활동이 없다는 뜻이 아닙니다. 하나님께서 여러 가지로 노력을 하셨지만 다 지은 후에는 평안으로 돌아가셨다 그것입니다. 여기 안식이란 말은 아무것도 안 하고 나태하게 가만히 앉아 있다는 말이 아니라 평안한 상태를 의미합니다. 평안이란 것은 활동하면서도 느끼는 것이고, 활동할수록 더 평안이 올 수도 있습니다. 활동하면 평안하지 못하다 그것은 아니지요. 창조 사역 후 안식에 들어가셨다, 즉 영광 세계에 계속 계신다는 말씀입니다. 내가 안식하였으니 너희도 안식하라 하는 명령과도 같습니다.

안식일을 지켜라! 얼마나 큰 사랑입니까? 주님이 무궁한 안식의 세계에 즐거워하시며 영광중에서 지내시는 것처럼 너희 인생들도 나와 같이 되라 하십니다. 이것은 너희에게도 안식을 주겠다는 약속보다 더 강한 것입니다. 왜지요? 안식해야 한다고 하셨습니다. 명령으로 받들어야 해요. 즉 이것은 하나님과 함께 사는 그 상태를 말하는 것입니다. 영원한 구원이 바로 그 내용이고, 영광의 기업이 바로 그 내용이며, 하나님과 함께 사는 것이 바로 안식이라는 것입니다.

네덜란드의 유명한 변증학자 스킬더 Klass Schilder, 1890-1952 는 성경을 정통적으로 믿으며 칼빈주의로 철학을 가르친 위대한 학자였는데, 그는 이 세상에서 우리가 안식을 지키는 것 다시 말하면 주일날 쉬는 규례를 지키는 것을 우주적 화평을 바라보는 행사라고 하였습니다.

혹은 범우주적 평화를 바라보는 예배라고도 했습니다. 사람이 영원한 나라에 들어가는 규례만이 아니라 만물이 새로워지며 만물이 장차 구원 받을 인간과 함께 하나님과 무궁히 안식할 것을 내다보는 규례라 했습니다. 얼마나 우리의 본문을 바로 해석한 것입니까. 우리가 주일의 안식을 지키는 것은 하나님이 명령한 것으로서 하나님께서 무궁한 안식을 누림같이 믿는 사람들도 무궁의 안식으로 들어오라는 명령이고, 동시에 그것을 늘 기억시키기 위해서 이 안식일을 정했다는 말입니다. 따라서 우리가 이 점에서 결론내릴 수 있는 것은 주일날에 안식을 위해서 모이는 것은 저 무궁의 안식 세계에 들어가기 위한 연습이라고 생각할 수 있습니다.

영원한 안식과 주일

하이델베르크 요리문답서는 또한 제4계명에서, 하나님께서 원하시는 것은 무엇입니까, 라는 질문에 대하여 이러한 답을 내놓았습니다. "첫째, 하나님께서는 말씀의 봉사와 그 봉사를 위한 교육이 유지되기를 원하시며, 특히 안식의 날인 주일에 내가 하나님의 교회에 부지런히 참석하여 하나님의 말씀을 경청하고 성례에 참여하며 주님을 공적으로 부르고 가난한 자들에게 기독교적 자비를 행하기 원하십니다. 둘째, 나의 일생 동안 악한 일들을 그만두고, 주께서 그의 성령으로 내 안에서 일하시게 하며, 그럼으로써 영원한 안식이 이 세상에서부터 시작되기를 원하십니다."

우리가 주일날 모여서 육신을 위한 노동은 다 제쳐놓고 우리 영혼이 살기 위하여 예배를 드리며 성경을 읽고 배우며 기도하고 회개하며 우리 신앙의 인격을 연마하는 이 행사가 바로 저 무궁한 세계에 들어가는 공부라고 했습니다. 우리가 본문을 분명히 기억해야 합니다. 왜 안식일을 지키는가 하니, 11절, "이는 엿새 동안에 나 여호와가 하늘과 땅과 바다와 그 가운데 모든 것을 만들고 일곱째 날에 쉬었음이라" 이것이 이유라 말입니다. 그러니까 너희도 안식해야 한다. 하나님의 형상으로 지음을 받지 않았느냐? 하나님과 같이 영원히 살도록 경륜하시지 않았느냐? 하나님이 이렇게 했으니 너희도 그렇게 해야 한다는 말씀입니다. "그러므로 나 여호와가 안식일을 복되게 하여 그 날을 거룩하게 하였느니라." 너희도 하나님을 닮아가는 의미에서 안식하는 훈련을 받는다 그것입니다.

저 영광의 세계에 대한 계시는 벌써 창조부터 나왔습니다. 이레째 되는 날에 쉬셨다고 사실은 히브리서 4장에 잘 밝혀줍니다. 히브리서 4장 4절 보면, "제 칠일에 관하여는 어딘가에 이렇게 일렀으되 하나님은 제 칠일에 그의 모든 일을 쉬셨다 하였으며", 안식에 들어가셨다 말입니다. 또 8절 보면 "만일 여호수아가 그들에게 안식을 주었더라면 그 후에 다른 날을 말씀하지 아니하셨으리라 그런즉 안식할 때가 하나님의 백성에게 남아 있도다." 다음에 10절입니다. "이미 그의 안식에 들어간 자는 - 하나님이 만물을 창조하신 후에 들어가 계시는 그 안식 세계입니다. 다시 말하면 이제 그가 세상 떠나서 들어갔다 말입니다 - 하나님이 자기의 일을 쉬심과 같이 그도 자기 일을 쉬느니라." 여기 분명히 우리 믿는 사람들이 하나님처럼 저 영원한 안식 세계에 들어가는 일을 밝히 말씀했습니다. 영원한 안식 세계에 들어가는 것을 목표로 하고 우리가 이 세상에서 주일의 안식을 지키는 것입니다.

다같이 10절을 읽겠습니다. "이미 그의 안식에 들어간 자는 하나님이 자기 일을 쉬심과 같이 그도 자기의 일을 쉬느니라." 평강의 안식에 들어갔다 말입니다. 여기 히브리서 4장 3절부터 11절까지가 안식일론입니다. 안식일이 이 세상에 제정되어 있는데 그것은 하나님의 명령입니다. 하나님께서 자기가 사랑하는 신자들, 자기와 똑같이 되도록 하기 위해서 이 세상에서도 안식일을 정해서 안식일을 지키면서 과연 장차 들어갈 영원한 안식의 세계에 대한 훈련을 받도록 한 것입니다.

우리가 이 세상에서 교회를 통하여 주일을 지키는 중에 은혜를 받았다면 그 은혜가 바로 하나님 맛이요 무궁한 안식의 맛입니다. 우리가 이미 그 맛을 즐긴다고 하면 벌써 저 무궁한 안식의 맛을 보는 것입니다. 이 세상에서 은혜를 받아야 하겠다는 것이 무엇입니까? 교회가 모일 때마다 은혜로워야 하겠다는 것이 무엇입니까? 모일 때마다 무궁한 안식 세계의 맛을 보아야 하겠다는 말과 같습니다. 이미 세상을 뜬 신자는 벌써 그 안식에 들어갔습니다. 이 세상에서 그 안식에 들어가는 훈련을 받다가 마침내 목표한 대로 거기에 들어간 것을 말합니다.

맺는말

오늘 주일, 곧 안식일을 지키는 이유 두 가지를 말씀했습니다. 첫째, 이 날은 주님의 날이라 예배드리는 날이요 예배를 예배답게 드리려면 모든 사업은 제쳐놓아야 한다는 말씀을 했습니다. 둘째는, 주일의 안식은 저 무궁한 안식에 들어가는 훈련을 받는 날이라고 했습니다. 이것은 제 나름대로 설명한 것이 아니라 성경이 많이 가르친 내용을 추려서 말씀드렸습니다. 하나님의 백성 된 표는 무엇입니까? 주일의 안식을 성의 있게 지키는 것이요 마음의 준비를 잘했다가 하나님께 나와서 아름답게 예배드리고 전심전력으로 예배드리는 것이 바로 안식을 주시는 하나님의 사랑을 받는 자세입니다. 주일의 뜻이 무엇인지 분명히 아시고, 또 주일의 뜻을 잘 받들어서 모두 하나님께 영광 돌리는 예배를 드리기를 바라며 말씀을 드렸습니다.

기도

하나님 우리 아버지 감사하옵나이다. 하나님은 사람을 지으시되 귀하게 지으시고 사랑하사 주님이 계신 곳에 영원히 같이 살게 하기 위하여 안식의 제도를 내시었습니다. 주님이 안식하신 것같이 우리도 안식하기를 원하셔서 안식의 날로 주일날을 정하여 주심을 감사드리옵니다. 주님 이 세상에서 특별하게 날을 지키면서 잠깐 지나가는 세상에서 주님 닮아가며 살도록 경륜하여 주심을 감사합니다. 그런 아버님의 사랑이 바다보다 깊고 하늘과 같이 높지만 우리가 그 사랑을 바로 느끼지 못하고 너무도 이 세상에 도취되어 썩어 없어질 몸만을 위해서 전심전력하는 죄를 짓는 일이 얼마나 많이 있습니까? 주님, 우리의 죄와 허물을 용서하시고 원컨대 이 교우들이 한마음 한뜻이 되어 이 땅에서 참된 안식을 전파하는 귀한 성도가 되게 하여 주시옵소서. 주님이여 모든 형제자매들을 장중에 붙잡으시고 보호하시며 함께 하시옵소서. 예수 그리스도의 이름으로 비옵나이다. 아멘

4. 헌금에 모범을 보인 교회

[1] 형제들아 하나님께서 마게도냐 교회들에게 주신 은혜를 우리가 너희에게 알리노니 [2] 환난의 많은 시련 가운데서 그들의 넘치는 기쁨과 극심한 가난이 그들의 풍성한 연보를 넘치도록 하게 하였느니라 [3] 내가 증언하노니 그들이 힘대로 할 뿐 아니라 힘에 지나도록 자원하여 [4] 이 은혜와 성도 섬기는 일에 참여함에 대하여 우리에게 간절히 구하니 [5] 우리가 바라던 것뿐 아니라 그들이 먼저 자신을 주께 드리고 또 하나님의 뜻을 따라 우리에게 주었도다. (고후 8:1-5)

오늘 본문은 연보에 대한 마게도냐 교회의 아름다운 태도가 나옵니다. 그들은 가난한 중에도 풍성한 연보를 했습니다. 또 헌금하는 일에 자원하여 참여했습니다. 그리고 먼저 자신을 주님께 드리고 헌금했습니다. 이런 사실들이 참으로 귀합니다.

풍성한 드림

첫째로 생각할 것은 가난한 중에도 풍성히 바친 사실입니다. 1절부터 읽으면 "형제들아 하나님께서 마게도냐 교회들에게 주신 은혜를 우리가 너희에게 알리노니 환난의 많은 시련 가운데서 그들의 넘치는 기쁨과 극심한 가난이 그들의 풍성한 연보를 넘치도록 하게 하였느니라" 이렇게 말씀합니다. 마게도냐 교회들은 참 가난한 가운데서 오히려 풍성하게 하나님 앞에 드렸다는 것이 우리에게 큰 은혜가 됩니다. 사람이란 것이 가난하면 헌금할 용기가 없어지는 것이 보통입니다. 가난한 처지에서는 보통 자기를 불행하게 생각을 합니다. 기쁨이 없습니다. 언제 이 가난을 면할까 하는 생각이 지배적입니다. 그래서 푼돈을 위해서 다투기도 하고 푼돈이라도 쥐려고 하는 심리에 사로잡히기 쉬운 것이 흔한 일입니다. 그러나 마게도냐 교회들은 그런 심리에 사로잡히지 않았습니다.

우리가 이런 아름다운 사례를 생각할 때에 어떻게 그럴 수 있었을까를 헤아리면 참 배울 것이 많습니다. 가난이란 것이 대번에 사람을 비관으로 끌어가는 것이지만 사실상 따지고 보면 가난이 그렇게 못된 것만은 아닙니다. 마게도냐 신자들이 가난에 대하여 올바른 평가를 한 것이 무엇보다 중요합니다. 가난에 대한 바른 평가는 성경의 가르침대로 생각해야 할 것입니다.

야고보서 2장 5절 보면 "하나님이 이 세상에서 가난한 자를 택하사 믿음에 부요하게 하시고 또 자기를 사랑하는 자들에게 약속하신 나라를 상속으로 받게" 하신다고 하였습니다. 부자라고 해서 신앙생활을 잘하지 못한다는 것은 아니지만 신앙생활에서 가난이 유리한 면도 있다는 말입니다. 하나님이 특별히 그것을 아십니다. 이 세상의 가난한 자들, 다시 말하면 가진 것이 없어요. 그러나 하나님께서는 그런 사람들을 택하셔서 믿음 안에서 부유한 자들이 되게 하신다고 말씀했으니, 그 가난이란 것이 참 유익한 면이 있다 말입니다. 가난하다고 해서 덮어놓고 비관한다든가 그저 불행한 일이라고만 생각하는 것은 성경적이 아닙니다.

과연 가난에 대한 올바른 평가가 마게도냐 신자들에게 있었습니다. 그런 만큼 2절의 내용이 달리 와 닿습니다. "환난의 많은 시련 가운데서 그들의 넘치는 기쁨과 극심한 가난이 그들이 풍성한 연보를 넘치도록 하게 하였느니라." 기쁨이 있더라 말이에요. 얼굴을 찌푸리고 근심하며 우울해하고 벌벌 떨기만 하는 그런 생활이 아니라 기뻐했다고 하니, 이것은 가난에 대한 정당한 평가를 가지고 생활하는 사람들에게나 가능한 일입니다.

재물의 주인은 하나님이라는 깊은 철학 때문에 그들은 용단을 내릴 수 있었습니다. 재물의 소유에서 많건 적건, 이것은 내 것이 아니고 하나님의 것이라는 진리의 빛 속에서 살고 있으니 그와 같은 결단이 생긴 것입니다. 그들은 표면적으로, 외형에 나타나는 대로 무엇을 판단하는 사람들이 아니었습니다. 그들은 깊이 생각하여 판정을 내리고 마침내 행하는 사람들이었습니다.

욥의 경우 "내가 모태에서 알몸으로 나왔사온즉 또한 알몸이 그리로 돌아가올지라 주신 이도 여호와시요 거두신 이도 여호와시오니 여호와의 이름이 찬송을 받으실지니이다 하고 이 모든 일에 욥이 범죄하지 아니하고 하나님을 향하여 원망하지 아니하니라" 욥기 1:21, 22 라는 기록이 남아 있습니다. 이 말씀은 언제든지 우리 신자들에게 읽을 때마다 경종을 울려 줍니다.

저는 이 말씀을 읽을 때마다 마음이 시원합니다. "내가 모태에서 알몸으로 나왔사온즉 또한 알몸이 그리로 돌아가올지라 주신 이도 여호와시요 거두신 이도 여호와시오니 여호와의 이름이 찬송을 받으실지니이다." 욥의 이 표현은 그야말로 깊은 사색의 결과라고 할 수 있습니다. 이런 사상은 참 깊은 사색을 가진 기독교 철학이라고 할 수가 있습니다. 욥은 사리 事理를 표면으로 판단하지 아니하고 깊은 사색을 통해 핵심을 깨닫고 마침내 큰 결단을 내린 사람입니다. 본디 깊은 사색은 큰 결단을 하게 합니다. 우리는 어떤 일에 대해서 평가할 때 표면을 보고 말하고 외형을 따라서 판단하는 일이 많습니다. 이렇게 생각하는 사람들에게는 욥의 표현이 하나의 이상주의라든지 그저 재미있는 말이라고 치부될 것입니다.

가난에 대한 올바른 평가

그렇지만 우리는 인생의 문제를 생각하면 생각할수록 이 말이 옳습니다. 결국은 알몸으로 왔고 알몸으로 가는데, 가운데 토막이란 것도 내가 만든 것이 아니라 말입니다. 이 가운데 토막이란 것 즉 옷가지라도 얻어 입고 밥술이나 먹으며 이런저런 소유물을 가져보는 생활 토막도 사실상 내 본연에 속한 것은 아니라 말입니다. 나는 적신이요 벌거숭이요 알몸뚱이지 내가 가지고 온 것 뭐 있나! 내가 갈 때에도 가지고 가는 것이 있나! 우리는 이런 말을 하나의 이상일 뿐이라고 소홀히 넘긴다면 그것은 큰 실수입니다. 사람이 진리를 액면 그대로 받지 아니하고 그대로 따라 살지 아니하며 늘 제자리에서 뱅뱅 돌면 결국 진리로

부터 멀어지는 것입니다. 그것은 하나의 이상이지 현실이 아니다, 우리의 현실 생활과는 너무 거리가 멀다, 하고 우기면서 우리는 우리의 갈 길을 간다고 말씀과는 정반대로 살아가더라 말입니다.

욥의 이와 같은 말이 이상론으로만 비취는 이유는 우리가 진리를 너무 멀리 떠났고 또 떠난 지가 오래되어 비진리를 진리인 양 고집하기 때문입니다. 비진리를 가지고 그 안에서만 뱅뱅 돌 뿐이니 진리는 도리어 이상처럼 느껴집니다. 진리가 현실 중의 현실이요 바로 우리의 피와 같은 것이고 인간의 본연이라는 것을 잊어버린 것입니다. 우리는 욥이 말한 이 진리를 떠난 지 너무 오래 됐기 때문에 읽을 때에 좋아하긴 하면서도 잘 실감을 하지 못하는 비참한 실정이 되어 버렸습니다. 욥이 말한 핵심을 들여다보면 인간 자신은 아무 소유가 없다는 것이 아닙니까. 주신 이도 여호와시요 취하신 이도 여호와시라고 하면서 찬송하였는데, 거기에 중대한 진실이 있는 것 아닙니까. 결국 재물을 주장하시는 이가 하나님이시라는 말입니다. 주신 이도 여호와시요 취하신 이도 여호와시라, 하나님이 주인공이라는 진리를 말하였습니다.

유명한 존 웨슬리 John Wesley 1703-1791 는 화재로 인하여 자기 집이 불탔을 때에 대번 말하기를, 주님의 집이 타버렸구나, 했답니다. 자기가 살고 있는 집이 화재로 인하여 없어졌을 때 진리를 모르는 사람들은 그야말로 통곡할 처지에서 망연자실할 줄로 압니다. 그렇지만 그에게서는 도리어 우리가 쾌감을 느낄 만한 표현이 나왔습니다. 주님의 집이 타버렸구나. 집을 주신 이도 여호와시요 집을 도로 취해 가신 이도 여호와라는 내용과 같은 말 아닙니까. 사실상 우리가 그렇게 살아야 하지 않겠습니까. 재물 문제로 우리가 평생 떨며 살아야 합니까. 재물에 포로가 되고 재물의 종이 되어 늘 얼굴 찌푸리고 살아서야 쓰겠습니까? 내 것이 아닌 것을 내 것으로 우겨대려니까 마음도 편치 않고 얼굴에 주름살도 펴지질 않습니다. 주님의 것을 당연히 주님의 것이라고 마음 깊이에서 절실히 인정해야 하지 않겠습니까. 우리의 양심이 그렇게 생각하고 인정해야 합니다. 우리도 이 마게도냐 사람들처럼 가난에 대하여 올바른 평가를 하고 재물의 주인공이 하나님이라는 것을 명확히 기억하고 살아가노라면 그렇게 환난과 어려움을 당하면서도 넘치는 기쁨으로 살 수가 있는 것입니다.

자원하는 마음으로

둘째, 자원하는 마음으로 하나님께 물질을 바쳤습니다. 다음 3,4절 읽습니다. "내가 증언하노니 그들이 힘대로 할 뿐 아니라 힘에 지나도록 자원하여 이 은혜와 성도 섬기는 일에 참여함에 대하여 우리에게 간절히 구하니." 헌금을 하라고 하기 전에 미리 찾아와서 헌금하기를 간구하는 심정이란 어떠한 심리라고 할 수 있을까요. 헌금하는 일을 그렇게 갈급해 하고 그렇게 사모하고 좋아하는 참으로 귀한 마음을 우리가 보게 됩니다. 자원하는 마음, 이것은 하나님께 무엇을 바치는 데서 핵심적인 요소입니다. 하나님은 무엇보다 우리의 마음을 원하십니다. 가난한 과부의 헌금을 볼 때 그는 렙돈 둘을 바쳤습니다. 렙돈이란 그리스의 동전입니다. 극히 소액의 돈입니다. 하지만 누가복음 21장 3-5절을 보면 그 돈은 자기의 생활 밑천이라고 합니다. 그렇게 적은 돈이 어떻게 생활 밑천이 될까 생각하게 됩니다. 이 말씀은 과장이 아닙니다. 결국 이 과부는 아주 극빈자라는 것을 알 수 있습니다. 그날 벌어서 그날 먹고 사는지, 조그만 분량의 돈을 마련해 가지고 그때그때 살아가는 형편입니다. 그런즉 비록 동전이지만 자기에게는 그것이 큰 돈입니다.

그런데 두 렙돈을 하나님께 바치는 그 마음을 예수님이 칭찬하십니다. 그 심리는 어떠한 마음입니까? 하나님을 즐거워하는 심리입니다. 내게는 하나님밖에 좋은 것 없다, 하나님을 한번 기쁘시게 해드리는 것 이상의 요구가 없다는 것입니다. 그야말로 하나님과 나 사이의 긴장된 교통, 하나님과 나 사이에 있는 살아 움직이는 사귐, 내가 굶어죽는 한이 있더라도 그분이 만족하시면 그것이 전부라고 여긴 여인이었습니다. 이 과부야말로 남이 모르는 기쁨을 가진 사람입니다. 남모르는 고귀한 유쾌함을 누리는 자였습니다. 남들이 볼 때에는 형편없는 소액의 금전이지만 자기에게는 엄청나게 큰 물질을 아끼지 않고 드렸습니다. 우리는 이 말씀을 읽을 때 비록 그 여인처럼 행하지는 못하면서도 기쁨이 옵니다. 자기의 생활 밑천을 다 드렸다! 4절 보세요. "저들은 그 풍족한 중에서 헌금을 넣었거니와 이 과부는 그 가난한 중에서 자기가 가지고 있는 생활비 전부를 넣었느니라 하시니라." 자원하는 마음으로 하나님 앞에 물질을 드리는 것이 얼마나 중요한가 하는 말씀입니다.

　참으로 우리가 하나님 앞에 물질을 드리는 일을 원해야 하지 않겠습니까. 간절히 사모해야 하지 않겠습니까. 하나님 앞에 바치라고 하기 전에 찾아가서 도리어 바치게 해 주기를 구하는 마음을 가져야 하겠습니다. 왜 그렇습니까. 땅 위에 사는 인류들 중에 다대수가 수전노입니다. 돈을 지키는 종이라서, 돈을 지키기 위해서 발발 떨고 늘 근심하며 잠도 제대로 못 잡니다. 어떤 부자는 돈을 지키기 위해서 세퍼드와 함께 산다고 합니다. 미국에 있는 부자인데 도둑이 오면 세퍼드가 나가서 해치우도록 하기 위해서 무서운 개를 한 마리 데리고 있다 합니다. 사람이 제 할 일 하지 못하고 포로가 되어 있는 것입니다. 많은 사람들이 수전노가 되어 한평생 고생하다가 죽는다 말입니다.

　그런데 여기에서 풀려나는 것이 얼마나 행복한 일입니까. 돈에 대해서 좀 너그러워져 가지고 이런 결박에서 풀려난다면 그것이 얼마나 기쁜 일입니까. 얼른 생각할 때는 아깝다고도 하겠지만 돈에 대한 정당한 철학을 토대로 생각해 볼 때, 다시 말하면 깊이 생각하는 입장에서 보자면 쇠사슬에서 풀려나 자유인이 되는 것입니다. 일시적인 충동에 따라 움직이지 않고 사색에 의해서 처신해 가는 기독신자라면 수전노의 포로 상태에서 갇혀 있을 수가 없습니다. 하나님 앞에 자신을 드리는 연단을 받을수록 이 수전노의 쇠사슬은 끊어져 가는 것입니다. 사도행전 20장 35절에 "주는 것이 받는 것보다 복이 있다 하심을 기억하여야 할지니라"고 주님께서 말씀하셨는데, 그것이 헛된 말입니까. 주는 것이 받는 것보다 복이 있다고 하나님의 진리는 외치고 있습니다. 주는 일을 제대로 실행하는 사람들이 복 있는 사람입니다. 이것이 얼마나 좋은 일입니까. 우리가 다 그런 길을 가도록 해야 할 것입니다.

기쁨으로 드리라

저는 대학교 시절에 영어를 가르치면서 학비를 벌어 썼습니다. 그 때에 한 달에 30원 받았는데 초등학교 교사 월급입니다. 한번은 장대현 교회에 가니까 정인과 鄭仁果 1888-1972 목사가 설교를 하고 모금 운동을 합니다. 지금은 잊어버렸는데 무슨 선한 사업을 위해서 헌금해 달라고 하는 저녁이었어요. 나는 그것이 좋은 일인 줄 알고 5원을 헌금했습니다. 고학생이 30원 받아 5원을 헌금한 것이니 굉장히 큰돈이었습니다.

그 헌금을 한 후에 마음이 기쁘질 않아요. 얼른 그 돈을 가져다 드리지 아니하고 오랫동안 끌었지요. 그 때는 몰랐지만 지금 회고해 볼 때에 헌금을 했으면 기쁜 마음으로 해야지요. 기쁜 마음으로 했다면 유쾌하게 생각하고 살아가야 하지 않겠습니까. 그런데 마음이 기쁘지도 않았으니 그것은 하나님을 기쁘게 하지 못한 행동이었습니다. 후에 그 돈을 내긴 했지만 지금 회고해 볼 때에 그것이 큰 죄라고 생각됩니다.

제가 꼭 그 사건으로 운 것은 아니지만 해방 직후에 평생 잘못한 것들을 생각하면서 크게 울었던 적이 있습니다. 꼬집어서 무엇을 지적한 것은 아니지만 그렇게 슬펐습니다. 나의 이때까지의 생활이라는 것이 누더기 생활이었구나, 생각하면서 눈물을 쏟으면서 울었습니다.

잘했다고 자랑하는 것이 아니라 참으로 나라는 사람이라는 것이 너무 한심했더라 말입니다. 헌금을 유쾌하게 하지 못하고 기쁨으로 못하는 것은 하나님 앞에 범죄가 되는 것이고, 그것을 회개하지 않는 동안에는 손해를 보지 않을 수 없는 것입니다. 무엇보다 영혼이 재차 수전노의 쇠사슬에 묶이는 것인즉 신앙생활이 후퇴하고 따라서 육신 생활도 기쁨이 없어집니다. 하나님 앞에 바치는 일에 착실하지 못하면 인생이 파산이라는 것을 느낍니다.

우리는 주의 사랑을 입었습니다. 신앙생활을 해 가며 좀더 장성한 자리에 이르면 그 사랑이 더욱 느껴집니다. 주님은 우리에게 그분의 몸을 희생했습니다. 그렇게 몸을 희생한 그 사랑에 대해서 우리가 생각을 해볼 때 비록 억만 분의 일도 못되는 비유이겠으나, 어머니의 사랑으로 비교를 해봅니다. 어머니는 그의 어린 자식을 생각할 때에 자기 생명과 바꿀 각오가 되어 있습니다. 어려서는 자기의 모유를 먹였습니다. 그리고 언제든지 아이가 위태하면 자기 생명과 바꿀 태세입니다.

이용원 목사라고 성결교 목사님 얘기를 아들 되는 장로님에게서 들었습니다. 이 목사님의 갓난아기적 일인데 세상을 뜬 자기 어머니의 젖을 빨고 있었더라고 합니다. 아이들은 어머니를 파먹을 줄만 알지 어머니가 얼마나 귀하다는 것을 평가할 줄은 모릅니다. 그런 어머니를 위해서 내가 생명을 바쳐도 아까움이 없다는 생각은 아직 못하는 것입니다. 사랑도 너무 크면 사랑을 받은 사람이 잘 이해를 못합니다. 예수 그리스도의 사랑은 우주보다 큰 사랑입니다. 형용할 수가 없습니다.

우리가 그런 주님의 사랑을 받았는데 어찌하든지 그 열매를 맺어야 하지 않겠습니까.

자신을 주께 드림

셋째로, 물질보다 먼저 자신을 주님께 드렸습니다. 5절입니다. "우리가 바라던 것뿐 아니라 그들이 먼저 자신을 주께 드리고 또 하나님 뜻을 따라 우리에게 주었도다." 물질을 바치는 것도 중요하지만 순서가 있다 말씀입니다. 먼저 자신을 주님께 바칩니다. 나 자신을 주님께 바치는 것이 얼마나 유쾌한 일입니까. 내가 나 자신을 살려 나가려니 힘들고, 내가 내 생명을 보호하려니 늘 발발 떨고 있습니다. 내가 나의 앞길을 헤쳐 나가려니 태산과 같이 무거운 것입니다. 어떤 때는 멍청히 앉아서 어찌할 바를 모르고 한숨만 쉬고 있습니다. 그런데 나 자신을 주님께 바친다, 주님이 나를 받아서 건사해 주신다, 나는 이제 주님의 것이 되었다, 말만 해도 얼마나 기쁘고 유쾌합니까.

잘 아시는 로마서 14장 8-9절 말씀입니다. "우리가 살아도 주를 위하여 살고 죽어도 주를 위하여 죽나니 그러므로 사나 죽으나 우리가 주의 것이로다 이를 위하여 그리스도께서 죽었다가 다시 살아나셨으니 곧 죽은 자와 산 자의 주가 되려 하심이라." 우리가 살았을 때에도 주의 것이 되었다는 것이 바로 구원입니다. 죽어도 주의 것이 되었다는 것이 또 사후의 구원입니다. 사나 죽으나 우리가 주의 것이로다! 이 얼마나 귀한 말입니까. 이 얼마나 기쁜 사실입니까.

오늘 본문인 고린도후서 8장 5절 하반절 보면, 그들은 먼저 자신을 주님께 드렸다고 했는데 그렇게 하는 것이 주님의 뜻이라고 했습니다. 주님이 우리에게 바라시는 것은 우리가 주의 것이 되는 것입니다. 주님의 뜻이 거기에 있습니다. 마귀는 도둑이기 때문에 우리에게 있는 것을 어느 한 부분이라도 가져가려 합니다. 우리의 생각하는 기관인 머리라도 어떻게 해서든 자기 손에 넣으려 하고 성공하면 크게 만족해합니다.

맺는말

그렇지만 하나님은 우리의 주인이십니다. 없던 가운데서 우리를 창조하셨고 모든 것을 만들어서 우리 주위에 두심으로 우리를 채우시고 우리를 인도해 주시는 주인이십니다. 그러기에 그분은 우리의 한 부분만 가지고는 만족을 하지 못하십니다. 그분은 우리 전체를 가지려고 하십니다. 예수님은 말씀하시기를 "네 마음을 다하고 목숨을 다하고 뜻을 다하여 주 너의 하나님을 사랑하라"고 하셨습니다 마 22:37. 오늘 우리가 마게도냐 신자들이 헌금하는 데서 보여준 모범을 잘 기억합시다. 첫째는 가난한 중에 풍성히 헌금하였다는 것, 둘째는 자원하는 마음으로 하였다는 것, 셋째는 자기들의 몸을 다 드리고서 물질도 바쳤다는 것입니다. 이 귀한 헌금의 모범을 본받아야 할 줄로 알아서 잠깐 말씀드렸습니다.

기도

하나님 우리 아버지, 감사합니다. 주님이 우리의 소망이시며 우리의 주인이시며 우리에게 전부가 되시건만 우리가 걸어온 생활은 여러 가지로 모순되고 주님을 모르는 사람처럼 살아 왔사옵니다. 주님, 혹여 주님을 따라 바로 살았다고 해도 너무 허물이 많습니다. 저희는 밤낮 울고 회개해도 시원치 않을 만큼 참으로 안타까운 실정입니다. 그러나 우리가 눈물로써 회개할 때에 주님은 위로하시고 용서하시며 다시 기쁨을 채워 주시고 갈 길을 보여주시는 것을 믿습니다. 원컨대 이 사랑하는 형제자매들이 이미 결심이 있지만 재결심하고 또 다시 다짐하여 하나님이 기뻐할 만한 일을 하게 하시옵소서. 주님을 따라가는 데 총력을 기울이는 귀한 성도들이 되도록 은혜 주옵소서. 하나님이여 우리에게 무엇이나 기쁨으로 바치려는 마음을 주시옵소서. 예수 그리스도 이름으로 비옵나이다. 아멘

5. 선지자 학교와 같은 교회

¹ 선지자의 제자들이 엘리사에게 이르되 보소서 우리가 당신과 함께 거주하는 이 곳이 우리에게는 좁으니 ² 우리가 요단으로 가서 거기서 각각 한 재목을 가져다가 그 곳에 우리가 거주할 처소를 세우사이다 하니 엘리사가 이르되 가라 하는지라 ³ 그 하나가 이르되 청하건대 당신도 종들과 함께 하소서 하니 엘리사가 이르되 내가 가리라 하고 ⁴ 드디어 그들과 함께 가니라 무리가 요단에 이르러 나무를 베더니 ⁵ 한 사람이 나무를 벨 때에 쇠도끼가 물에 떨어진지라 이에 외쳐 이르되 아아, 내 주여 이는 빌려온 것이니이다 하니 ⁶ 하나님의 사람이 이르되 어디 빠졌느냐 하매 그 곳을 보이는지라 엘리사가 나뭇가지를 베어 물에 던져 쇠도끼를 떠오르게 하고 ⁷ 이르되 너는 그것을 집으라 하니 그 사람이 손을 내밀어 그것을 집으니라.
(왕하 6:1-7)

우리가 읽은 본문을 보면 거기에 엘리사를 중심으로 한 선지자 학교의 이야기가 나옵니다. 이 말씀을 읽을 때에 자연히 교회를 생각하게 됩니다. 선지자 학교 같은 교회입니다.

구약의 선지자 학교

구약시대에는 선지자가 선생이 되고 제자들이 모여서 영적 교훈을 받았습니다. 엘리야 선생님을 통해서 영적 교훈을 배운 사람들이 많았는데, 하나님을 공경하는 법과 또 영적 감동을 받는 진리에 대해서 엘리사 선생님에게 교훈을 받은 것입니다. 엘리야는 엘리사를 가르쳤습니다. 엘리야가 승천하기 직전에 엘리사는 부탁하기를 "당신의 성령이 하시는 역사가 갑절이나 내게 있게 하소서" 왕하 2:9 라고 했습니다. 성령님의 감동을 받는 일에서 제자 된 저는 갑절이나 받기를 원합니다라는 소원을 표백한 것입니다. 이것을 보면 그 때 선지자 학교에서는 성령님의 감동을 받기 위해서 사모하며 교훈을 받는 일이 있었다는 것을 확실히 알 수 있습니다. 하나님의 일을 하는 사람들은 성령님의 감동을 받지 않고는 일을 제대로 하지 못합니다. 세상 수단과 세상의 지식과 세상의 방법으로는 교회를 돕지 못하며, 하나님의 진리를 사람들이 믿도록 해 줄 수가 없습니다. 선지자 학교는 신령한 감동을 받는 교과서로 수업하는 학교입니다.

가족적인 합심

선지자 학교와 같은 교회를 생각하면서 첫째로 보아야 할 바는 여기 나오는 말씀대로 가족적인 합심입니다. 1절에 나온 대로 선지자의 생도가 선생님을 모시고 살았는데, 선지자의 제자들이란 말은 히브리 원문에서 '선지자의 아들들'이라 되어 있습니다. 선지자들의 아들들이라는 표현은 그 시대에는 제자들을 아들이라고 칭한 사정 때문일 터인데, 그야말로 스승과 제자 사이에 부자 관계의 가까움이 있으며 가족 관계처럼 단단한 결속이 있었던 것을 봅니다. 선지자 학교의 가족과 같은 아름다운 풍조를 느끼게 됩니다. 그 아래 이어지는 말씀을 보아도 얼마나 단합되어 있었던가 하는 것이 드러납니다.

제자들이 엘리사에게 말하기를 "보소서 우리가 당신과 함께 거하는 이 곳이 우리에게 좁으니 우리가 요단으로 가서 거기서 각각 한 재목을 가져다가 그 곳에 우리가 거주할 처소를 세우사이다" 했는데, 그 때에 엘리사가 이르되 "가라" 했습니다. 반대가 없어요. 또 3절 보면 "그 하나가 이로되 청하건대 당신도 종들과 함께 하소서 내가 가리라." 반대가 없습니다. "드디어 그들과 함께 가니라" 하는 말씀이 나와 있습니다. 잘 단합하는 분위기가 현저하게 그려져 있습니다. "하자" 하면 "합시다" 하고 동조하는 것이에요. 그야말로 가족적인 결속의 분위기라고 할 수 있습니다. 교회는 결국 원천적인 선지자 학교의 영향력을 받아 가지고 이어져가야 합니다. 오늘날 신학교 역시 그런 영향을 그대로 받아야 합니다. 신학교에서 성경을 하나님의 말씀이라고 가르치면 교회도 그대로 성경은 하나님의 말씀이라고 믿게 되는 것입니다.

그러나 잘못된 신학자들이 나와 세계적으로 영향을 끼치는 것이 참으로 우려스러운 현실입니다. 어떤 이는 "성경이 모두 하나님 말씀은 아니다"라고 합니다. 고등 비평가들에 따르면 "성경은 다만 인간의 저술이다" 하는 주장을 폅니다. 이런 책자를 내서 가르치면 그 지도를 받은 교역자와 교회들이 다 그런 영향을 받습니다. 서양에서는 성경이 모두 하나님 말씀은 아니라고 하고 성경에 그릇된 말들도 포함되어 있다고 주장합니다.

고등 비평가들은 성경의 오경이 모세의 작품은 아니라고 하며 그 밖의 다른 부분 저작자들도 옛날부터 믿어오던 선지자나 사도의 저술 사실을 부인하고 어떤 이름 모를 사람들이 지었다고 하는 등 딴소리들을 책으로 써서 세계적으로 퍼뜨렸습니다. 제 책장에도 독일에서 펴낸 구약주석들이 있는데 읽어보면 그야말로 성경과 반대되는 소리를 많이 해 놓았습니다. 그러면 이러한 책들을 읽고 가르치는 교회가 어떻게 되겠습니까? 유럽이나 미국이나 그런 식으로 가르친 결과 수백 년에 걸쳐 교회들이 계속 쇠약해졌으며 불신앙으로 흘러가고 말았습니다.

신학교와 같은 교회가 되어야 합니다. 우리는 엘리사 선생님이 가르치는 교회가 어떠한 교회였을 것이라 짐작을 할 수가 있습니다. 가족적인 합심이 되어 있는 교회였습니다. 합심이란 교회의 심장과 같은 귀한 요소입니다. 마태복음 18장 19-20을 보면 "진실로 다시 너희에게 이르노니 너희 중의 두 사람이 땅에서 합심하여 무엇이든지 구하면 하늘에 계신 내 아버지께서 그들을 위하여 이루게 하시리라 두세 사람이 내 이름으로 모인 곳에는 나도 그들 중에 있느니라"고 하였습니다.

이 두 구절은 합심의 방법이 무엇인지 알려줍니다. 합심의 방법은 예수 그리스도 이름으로 모이는 것입니다. 예수의 이름으로 모일 때에 합심을 가져와야 해요. 예수님의 이름을 게시판에 써 붙이고 다 이리로 오시오 할 때에 모이면 예수님이 그 가운데에 계시고 동시에 거기 모이는 사람들이 다 합심이 된다는 것입니까? 그렇지 않으면 모이는 사람마다 카드에 예수라는 이름을 써서 가슴에 붙이고 모이면 합심이 된다는 것입니까? 혹은 우리 기억 속에 예수 그리스도를 잊지 않고 마음속에 상기할 때에 거기에 예수님이 계셔 주시고 모이는 사람들이 다 합심이 된다는 것입니까? 그것이 아니지요. 먼저 예수의 이름이 무엇인지 우리가 명확히 알아야 합니다.

예수의 이름은 예수라는 글자로 다 나타나는 것이 아니지요. 그리스도라는 글자나 관념으로 다 나타나는 것이 아닙니다. 예수님이 무슨 일을 하셨는가를 아는 것, 즉 예수는 우리 죄를 담당하기 위하여 십자가에서 죽으셨다는 사실이 우리 머릿속에 있는 정도도 아닙니다. 그리스도의 대속의 사실이 우리 기억 속에 있는 정도가 아니라 우리의 살과 피에 젖어 있을 정도가 되어야 합니다. 나는 예수님이 나를 대신하여 죽은 것 때문에 산다, 예수님이 나를 대신하여 죽으신 것이 나에게 전부가 된다, 나의 존재나 나의 생명이나 나의 모든 움직임은 바로 예수님이 나를 대신하여 죽어 주신 데 있다 하고 이렇게 생동적으로 우리 심령이 움직여야 합니다. 이렇게 구주님이 하신 일이 성립되고 과연 그러한 사람들이 모이게 되면 합심이 일어납니다. 선지자 학교와 같은 교회는 합심이 그렇게 중요합니다. 합심할 때에 주님이 계셔 주시니 그렇게 귀중하다는 말씀입니다. 과연 예수님이 나를 대신하여 죽으신 사실이 내 가슴 속에서 뛰고 있어야 합니다. 그 사실을 생각할 때 감격하여 울 수 있어야 합니다.

  스탠리 캘빈이라는 사람이 책에 써 놓은 것을 여러분에게 한마디 소개합니다. 그분이 만나본 학생이 대학생이었는데 그 학생이 여자들을 보면 운다고 했습니다. 왜 우는가 하면 자기가 어머니의 뱃속에 있을 때 문제가 생겼더랍니다. 의사에게 진단을 받으니 아무래도 태아가 죽든지 모친이 죽든지 둘 가운데 하나는 죽는다는 이야기였습니다. 그때 모친은 내가 죽겠으니 이 아이를 살려주세요, 했답니다. 그래 개복수술을 하여 아이는 꺼냈으나 모친은 죽었습니다. 그리고 아기는 자라났습니다. 아기는 자라서 나중에 그 사실을 알았습니다. 그는 마음이 늘 이상한 감정으로 꽉 찼습니다. 눈물이 저절로 줄줄 나오는 형편이었습니다. 여자를 볼 때마다 어머니 생각이 납니다. 여자를 볼 때마다, 내 어머니는 나를 살리기 위해서 대신 죽었다 하는 생각을 하면서 운다는 것입니다. 눈물이 안 나겠습니까? 내 어머니가 나를 살리기 위해서 자신은 죽으셨다는 생각이 늘 그 마음속에서, 그 피 속에서, 그 살 속에서 움직이고, 그 인격을 점령하여 지배하고 있으니까 여자를 볼 때마다 어머니 생각이 나서 울었다는 것입니다.

우리는 얼마나 우리 각 사람을 대신하여, 나를 대신하여 죽으신 예수님을 심각하게 생각하고 있습니까? 나를 대신하여 죽으신 예수님이 내 인격의 가장 요긴한 자리에 앉아 계십니까? 우리 주님께서 나를 위해서 죽어 주신 사실을 그야말로 피가 끓고 눈물이 쏟아지도록 하는 가장 깊은 감동으로 느끼고 있는지요. 우리가 그와 같이 절실하게 느낄 때에 우리의 마음은 비범한 정서가 동행하는 그런 상태가 될 것입니다. 주님의 이름을 이렇게 기억을 하고 모이는 곳이라야 합심이 된다는 것이올시다. 가족적 합심입니다. 뜨거운 합심입니다. 움직이는 합심인 것입니다. 우리 주님의 교회라고 하면서 이러한 합심의 경험이 없으며 주님이 나를 대신하여 죽으신 사실에 대하여 무엇을 얼마나 알고 느낍니까? 그런 데 대한 아무런 느낌이 없다면 우리는 무엇인가 고쳐야 할 큰 단점이 있다고 생각해야 할 것입니다.

자급자족의 체제

둘째로 생각할 것은 자족자급의 체제입니다. 여기 말씀을 보니까 엘리사의 제자들이 다 합심해 가지고 나무를 한 개씩 찍어오도록 했습니다. 선지자 학교의 장소를 넓히기 위해서, 증축하기 위해서 산림 속에 찾아들어가 목재를 하나씩 지고 오도록 결의를 한 사실에서 알 수 있습니다. 엘리사는 엘리야보다 이적을 많이 행한 선지자였습니다. 그런데도 제자들은 손쉬운 방법이 없을까 하고 자기 선생님을 쳐다보지 않았습니다. 차제에 선생님이 무슨 기적을 행해서 없던 목재가 생겨나지 않겠나, 맛이 써서 마실 수 없던 물을 달게도 해 주신 우리 선생님인데 희한한 능력을 행해서 증축을 못하겠나, 하는 그런 생각을 안 한 것 같습니다. 적어도 표면에 나타난 대로는 그런 것이 없습니다. 그들은 이적보다 수고를 택했던 것입니다.

사람들은 흔히 이적을 구하기 좋아합니다. 수고하지 아니하고 기이한 방식으로 무엇이 생기기를 원합니다. 그러나 하나님의 법은 그렇지 않습니다. 하나님이 하시는 일에는 이적의 방식도 있지만, 그것은 하나님이 홀로 판단하시고 필요한 경우에 쓰시는 방식입니다. 하나님의 법은 우리 인생들이 수고하고 봉사해서 일이 되는 것을 원하십니다. 수고는 이적보다 존귀합니다. 과연 선지자 학교가 그와 같이 했다면 교회는 마땅히 그 정신을 본받아야 할 것입니다. 허영을 좋아하는 것은 교회에 금물입니다. 수고하지 아니하고 무엇이 되기를 원하는 태도는 마귀적인 사고방식입니다. 수고를 통해서 진리를 깨달으며 수고를 통해서 하나님을 기쁘시게 하고 수고를 통해서 참으로 알찬 일이 이루어지는 것입니다. 선지자 학교의 제자들은 자기들이 자급하여 교사校舍를 증축하려고 했습니다. 이러한 정신이 하나님의 교회의 정신 체제여야 합니다. 일조일석에 큰 것을 얻으려고 하기보다 오랜 세월 동안 무엇을 이루는 것을 오히려 더 좋은 것으로 생각하는 사상이 바른 신앙이고, 하나님을 기쁘시게 하는 생활입니다.

디모데전서 6장 6-7절 보면 "자족하는 마음이 있으면 경건은 큰 이익이 되느니라 우리가 세상에 아무것도 가지고 온 것이 없으매 또한 아무것도 가지고 가지 못하리라"고 말씀했습니다. 이것이 하나님의 말씀이요 사도 바울을 통하여 그때 교회에 전달한 편지인데 누구든지 예수님을 믿는 사람은 이렇게 사는 것입니다. 자족하는 마음이 있습니다. 자기 처지에서 자기의 노력을 통해서 되는 것으로 만족해야지 허영심으로 쉽게 무엇을 얻고자 바라지 말라는 것입니다. 자족하는 사람에게 경건은 큰 이익이 된다, 자족하는 마음이 있으면 경건이 동반한다는 말이지요. 하나님으로 족한 줄 아는 마음이올시다. 하나님으로 족한 줄 아는 마음이 있으니 영적 생활이 부요해지고 신앙생활이 완전을 향하여 전진하고 장성하는 줄 압니다. 이 자족하는 마음이 무슨 소리를 발해서 우리에게 가르치는 것은 아니지만, 침묵의 사건으로 우리에 보여주는 것이 있습니다. 그것은 경건을 큰 이익으로 삼으라는 것입니다. 하나님만 믿고 하나님만 쳐다보고 하나님만 사랑하고 하나님만 의지하라는 말없는 교훈입니다. 아무것도 가지고 가지 못하는 것입니다. 이 세상에서 이것도 소유했고 저것도 소유했고 다 소유하였지만, 우리가 갈 때에 그것들을 가지고 그 나라에 가서 형통하는 것은 아닙니다. 가지고 갈 필요가 없으니 버리고 가는 것이고 또 가져갈 수도 없습니다. 이 말씀은 설명이 없는 침묵으로 우리에게 영적 교훈을 깨우쳐 줍니다. 우리는 여기서 엘리사의 선지자 학교에서 그 제자들이 자기의 수고를 통해서 학교를 증축하려는 모습을 보면서 교회로서 그것을 본받아야 할 것입니다.

남에 대한 책임감

셋째로 볼 것은 남에 대한 책임감입니다. 5절을 보십시다. "한 사람이 나무를 벨 때에 쇠도끼가 물에 떨어진지라 이에 외쳐 이르되 아아 내 주여 이는 빌려온 것이니이다." 너무 가난해서 남의 도끼를 빌려와서 나무를 찍다가 도끼날이 자루에서 빠져 물에 들어갔습니다. 그 때 이 사람 엘리사의 제자는, 야 이것 큰일 났구나, 우리 선지자 학교의 연장도 아니고 다른 사람의 것인데 어쩌면 좋으냐, 하였던 것입니다. 우리는 여기서 이 선지자 학교의 생도가 남의 것에 대하여 책임을 지는 책임감이 얼마나 예민하고 분명한가를 볼 수가 있습니다. 남의 것이니 뭐 괜찮다는 사상과는 정반대입니다. 남의 것을 분실했으니 이거 큰일 났다 말입니다. 남을 해롭게 하는 것이 큰 문제였던 것입니다. 땅 위에 사는 사람들이 자기가 손해를 보면 크게 통곡을 하지만, 자신으로 인해 남이 손해를 보는 데서는 아무런 느낌이 없는 괴이한 모습이 이즈음의 세상이라는 것을 우리가 볼 수 있습니다. 가만히 생각해 보면 참 이상합니다. 똑같은 사람인데 다른 사람이 손해를 보는 데는 마음의 아픔이 없습니다. 심지어는 내가 남에게 손해를 끼치고도 마음에 아픔이 없고, 나 자신이 손해를 볼 때는 크게 통곡한다 말입니다. 이상한 심리가 아닙니까? 남을 해롭게 한 다음에는 잠을 못 자야 하지 않겠어요? 내가 손해를 보고는 잠을 잘 수 있어도 남을 해롭게 하고는 잠을 못 자야 정상이지 않습니까? 남에 대한 존중심을 액면 그대로 느낄 줄 아는 사람, 그가 과연 하나님의 사람입니다.

저는 부족하지만 여러분에게는 계속 이 말을 합니다. 여러분이여, 나는 부족하지만 여러분은 바로 되십시오. 어느 교회에 가서 시무하게 될 때에 선임 목사님을 모시고 있으면 결단코 목사님에게 손해되는 일을 하지 마십시오. 나는 부족하지만 여러분이 바로 되기를 원합니다. 그런 말을 계속합니다. 무엇을 조금 배웠다고 해서 남은 그것을 모르는 줄로 알고 덤벼들면서 윗사람을 판단하고 윗사람을 해롭게 하는 말을 한다면 그것은 망동妄動입니다. 자기 할 일이나 할 것이지 내가 무엇이기에 윗사람을 비평합니까? 윗사람을 비판해서 윗사람에게 손해를 끼치면 마음이 평안합니까? 그것이 하나님의 사람의 마음입니까, 마귀의 사람의 마음입니까? 어째서 남을 해롭게 하고 좋다고 합니까? 어느 교회에 가서 시무할 때에 다른 일에 상관하지 말고, 남을 두고 이러쿵저러쿵 할 것 없고 내 할 일이 태산 같으니 자기 할 일을 잘하도록 힘써야 옳습니다. 내 책임을 충실히 감당해서 주님을 높이고, 내가 맡은 분야에서 교회에 유익을 주려는 것으로 만족해야 합니다. 그렇게 해서 주님을 영화롭게 함으로써 책임을 다하는 것입니다. 딴짓을 하면 안 됩니다. 나는 비록 부족해도 형제들에게 이런 말을 자주 합니다.

선지자 학교는 교회와 같습니다. 교회는 선지자 학교와 같습니다. 신학교는 교회와 같고 교회는 신학교와 같습니다. 우리가 선진 국가에 가 보면 너무나도 기막힌 일이 많습니다. 물론 그들의 일반 사회는 우리보다 우수한 장점들이 많습니다. 이 세상적인 그런 장점 때문에 그렇게 타락했는지 몰라도 적어도 교계는 참 한심합니다. 성경을 하나님 말씀이라고 가르치지 않는 신학교가 많다는 말입니다. 기도하지 아니하는 신학교들이 많습니다. 성경에 너무나도 굵게 써 놓은 진리들을 부인하니 결국 거기에서 나오는 지도자들이 가르친 교회들이 어떻겠습니까? 심히 타락한다 말입니다.

성경은 하나님 말씀입니다. 우리가 성경 그대로 믿고, 성경 그대로 가르치며, 성경 그대로 살 때에 비로소 나 자신이 살게 되며 많은 하나님의 백성을 살리는 것입니다. 이런 위대한 경륜을 바로 깨닫지를 못하고 타락한 인간의 생각으로 교회를 인도하게 되니 교회는 결국 심히 타락하고 마는 것입니다.

기적이 함께 하는 신앙

넷째로 생각할 것은 기적의 문제입니다. 여기 6-7절을 보세요. "하나님의 사람이 이르되 어디 빠졌느냐 하매 그 곳을 보이는지라 엘리사가 나뭇가지를 베어 물에 던져 쇠도끼를 떠오르게 하고 이르되 너는 그것을 집으라 하니 그 사람이 손을 내밀어 집으니라." 하나님의 교회에는 기적이 있습니다. 사도와 선지자 같지는 못하지만 하나님의 간섭으로 되는 일이 수없이 많습니다. 우리가 기적을 중심에 둘 것은 아니지만 기적을 믿습니다. 기적을 위주로 믿음을 유지하다가는 마귀가 하는 이상한 일도 하나님이 한 것으로 착각을 해서 마귀 편이 되는 일도 많으니까 주의해야 합니다. 그런 식으로 교회가 하나님을 영화롭게 하지 못하는 면이 많습니다.

과연 이처럼 기적을 중시할 것은 아니지만 우리는 기적을 믿습니다. 자유주의자들과 신학교를 비뚜로 운영하며 잘못 가르치는 학자들은 이런 기적 사건에 대해서도 딴 소리를 합니다. 예를 들자면 이것도 엘리사가 마술적으로 행했던 사건이라고 설명한다 말입니다. I.C.C 주석 International Critical Commentary 은 세계적으로 널리 읽히는 책인데도, 여기 6-7절 기록을 두고 이것은 일종의 마술 magical 이라는 것입니다. 이 얼마나 엄청나게 성경을 모독하는 말입니까? 이런 글을 세계적으로 널리 펴내는 주석에 끼워 넣는 것 자체가 얼마나 큰 잘못입니까? 어떤 독일 학자는, 그것은 다른 것이 아니라 엘리사가 나뭇가지를 하나 찍어서 물속에 들이밀어 가지고 도끼날의 자루 구멍에다 작대기를 꽂아서 집어낸 것이라는, 이따위 소리를 합니다. 성경이 어디 그렇게 말합니까. 끄집어냈다는 말이 전혀 없습니다. "엘리사가 나뭇가지를 베어 물에 던져 쇠도끼를 떠오르게 하고" 그랬습니다. 하나님의 말씀을 그대로 읽어야 하지 않겠습니까? 원문을 보아도 다르게 생각할 아무런 표현이 없습니다. 게다가 지금 엘리사가 처음으로 이런 이적을 행한 것인가요? 벌써 많은 이적 행한 기록이 엄연히 있습니다. 그런 이적들을 이미 행한 분과 관련된 사건을 대하면서 이상스러운 해석을 할 필요가 무엇입니까? 성경에 기록된 그대로 읽어야 합니다.

교회에는 기적이 있습니다. 무엇보다도 영적 기적이 있어요. 다시 말씀드리자면 우리가 가장 중심에 두어야 할 것은 오직 하나님 말씀, 성경 말씀입니다. 기적을 본 사실에 대하여 제가 얘기하지는 않습니다. 혹 내가 했다고 여러분이 오해할까 봐 언급하지 않지만 저는 오늘까지 기적으로 살아가는 사람입니다. 그러나 성경을 보면 기적을 중시하지 말도록 경계하였습니다. 기적이 하나님의 말씀보다 앞자리에 있는 듯이 기적을 위주로 말을 많이 할 때 그것은 듣는 사람에게 잘못된 인상을 줄 수가 있습니다. 그렇다고 해서 우리가 기적을 믿지 못한다면 믿는 맛을 제대로 누리지 못하게 됩니다. 우리가 기도하는 이유는 하나님이 간섭하여 주시고 역사하여 주시기를 바라는 뜨거운 소원 때문입니다.

맺는말

오늘 이 말씀을 명심하시기 바랍니다. 선지자 학교와 같은 교회가 되어야 합니다. 우리나라의 교회가 이제 십 년 후에 어떠한 모습으로 나타나게 되겠는가? 20년 후에는 또 어떻게 되겠는가? 우리가 그런 생각도 해 보아야 합니다. 이렇게 나가다가는 장차 어찌 될 것인가를 생각해야 합니다. 여기 열왕기하 6장 1-7절까지 있는 말씀의 내용을 잘 기억하십시오. 그리하여 우리 각 개인의 생활에서 또 우리가 소속된 교회에서 과연 우리 자신이 은혜로운 존재로 장성하기를 구하며 전진해야 할 것입니다. 또한 우리의 교회들이 하나님 말씀대로 바로 서 나아가기를 원합니다.

기도

지극히 거룩하신 아버지, 감사하옵고 감사하옵나이다. 나타난 여러 변화의 모습 가운데 좋은 일들도 많이 보이긴 합니다만 그것이 과연 진짜 좋은 일인지요? 드러나지 않은 면에 또 무엇이 숨어 있는지 우리는 다 모릅니다. 저희는 모든 것을 아시고 판단하시는 주님을 따를 뿐이요 주님 한 분을 모신 것으로 만족할 뿐입니다. 주님이여, 우리가 개인으로나 단체로서 성경 말씀이 우리에게 지시하여 보여준 대로 그대로 깨달으며 또 순종하여서 주님을 기쁘시게 하고 주님을 영화롭게 하며 우리 자신의 영적 생활이 부요하여지도록 은혜 주시기를 바라옵나이다. 사랑하는 주님, 살든지 죽든지 과연 이 교회가 합심 단결하여 주님 한 분을 사랑하며 주님을 기억하는 데서 건실하게 서 가도록 은혜 주시기를 바랍니다. 주님이여 날이 갈수록, 달이 갈수록 더욱 교회는 장성하며 더욱 진실하여 가고 과연 영적으로 깨달음이 깊어지고 주님을 체험하는 일이 넓어지도록 은혜 주시기를 바랍니다. 주님, 세계 각국에 주님을 알지 못하는 인류들을 긍휼히 여겨서 회개하고 주님께로 돌아오도록 하여 주시옵소서. 삼팔선 장벽을 무너뜨려 주시옵소서. 우리 민족이 전체적으로 진리대로 사는 날이 오게 하여 주시옵소서. 주님이여 하나님께서 한번 심판을 내려서 우리 민족의 마음과 마음들이 변화를 받으며 새로워지도록 하여 주시옵소서. 여리고 성을 손도 대지 않고 무너지게 하였사오니 주님이여 성도의 기도가 있을진대 손을 대지 않고도 삼팔선 장벽이 무너질 수 있는 것을 믿습니다. 사랑하는 아버지여 우리를 긍휼히 여겨 주시고, 이 남한의 모든 교회들과 성도들이 서로 한 자리에 모이지는 못했다 할지라도 각기 앉아 있는 그 자리에서 참되이 하나님 앞에 회개하고 새로워지며 주님을 믿는 데서 더욱더욱 새로워지도록 하여 주옵소서. 주여 곳곳에 회개운동이 일어나도록 하여주시기를 바랍니다. 이 모든 말씀을 예수 그리스도의 이름으로 비나이다. 아멘

6.
세 가지 일에 모범을 보인 교회

[19] 그 때에 스데반의 일로 일어난 환난으로 말미암아 흩어진 자들이 베니게와 구브로와 안디옥까지 이르러 유대인에게만 말씀을 전하는데 [20] 그 중에 구브로와 구레네 몇 사람이 안디옥에 이르러 주 예수를 전파하니 [21] 주의 손이 그들과 함께 하시매 수많은 사람들이 믿고 주께 돌아오더라 [22] 예루살렘 교회가 이 사람들의 소문을 듣고 바나바를 안디옥까지 보내니 [23] 그가 이르러 하나님의 은혜를 보고 기뻐하여 모든 사람에게 굳건한 마음으로 주와 함께 머물러 있으라 권하니 [24] 바나바는 착한 사람이요 성령과 믿음이 충만한 사람이라 이에 큰 무리가 주께 더하여지더라 [25] 바나바가 사울을 찾으러 다소에 가서 [26] 만나매 안디옥에 데리고 와서 둘이 교회에 일 년간 모여 있어 큰 무리를 가르쳤고 제자들이 안디옥에서 비로소 그리스도인이라 일컬음을 받게 되었더라. (행 11:19-26)

우리가 잘 아는 대로 안디옥 교회는 모든 이방 나라에 선교하는 선교 중심지가 되었습니다. 안디옥에서 이방 선교가 출발해서 복음은 마침내 온 지구에 퍼져나갔고 오늘날 우리에게도 와 닿게 됐습니다.

주와 함께 있는 교회

안디옥 교회는 매우 중요한 교회입니다. 오늘 본문 말씀 23절에 "그가 이르러 하나님의 은혜를 보고 기뻐하여 모든 사람에게 굳건한 마음으로 주와 함께 머물러 있으라 권하니" 하고 말씀했습니다. 바나바는 은혜를 잘 식별하고 여기 참 은혜가 있구나, 하고 결론 내리고 지금 믿은 대로 주님께 붙어 있으라는 명확한 말을 우선 해주었습니다.

그 때는 이방 사람에게 복음을 전하여야 하는가 말아야 하는가, 하는 문제가 있을 때입니다. 또 유대인 신자들이 복음을 이방 사람에게 기쁘게 전하지 못하던 시절입니다. 두어 사람이 안디옥으로 와서 이방 사람에게 복음을 전했는데 꽤 모험적이라고 할 수가 있습니다. 사람들이 무엇이라고 하든지 우리는 이렇게 믿는다, 복음은 유대 사람만이 아니라 이방 사람도 마찬가지로 상대한 것이라, 하는 확신을 가지고 담대히 안디옥에 와서 헬라 사람들에게 복음을 전한 것입니다. 그런데 거기에 하나님의 은혜가 있었습니다. 하나님의 은혜가 있는 것을 보니 더욱 '이것이 하나님의 뜻이라' 확신하게 된 것입니다.

바나바가 안디옥에 파견을 받아서 하나님의 은혜가 거기 있는 것을 보고 정말 이방 사람에게도 복음 전하는 것이 하나님의 뜻이라 확신을 하게 됐습니다. 그래서 부탁하길, 너희는 주께 붙어 있으라, 지금 이렇게 예수를 믿었는데 주님께 붙어 있어라, 동요하지 말고 이대로 나가라, 하고 부탁을 한 것입니다. 우리는 하나님의 은혜가 있는지 없는지 그것을 늘 식별하고 살아가야 합니다. 개인 신자의 문제에서도 역시, 내가 지금 이렇게 가는 길이 옳은가? 과연 의심 없이 형통하는 길인가? 그것을 알려면 내게 지금 은혜가 있나 없나를 생각해 볼 필요가 있습니다. 여기 안디옥 교회의 모범은 다른 것이 아니라 예수께 붙어 있는 교회라는 것이었는데, 바나바가 그렇게 지도를 했으니 그렇게 된 것입니다.

교회는 결국 그 교회를 인도하며 섬기는 인도자가 지도하는 대로 갑니다. 그래서 목사는 교회의 온도계라는 말도 있습니다. 목사를 보면 그 교회를 알 수 있다, 교회의 온도가 어느 정도인지 목사를 보면 알 수 있다는 것입니다. 바나바가 안디옥 교회에 부탁한 것이 그것입니다. 됐다, 예수를 믿었으니 이제 그렇게 믿은 대로 굳게 서서 흔들리지 말고 잘 나아가라 한 것입니다. 우리가 예수를 믿고 마음에 은혜를 느낀 것은 한두 번이 아닌 줄 압니다. 예수 믿어서 나는 잘됐다, 다 그렇게 생각할 것입니다. 무엇보다도 심령이 잘살고 있습니다. 그렇다면 이 신앙에 굳게 서는 것이 지혜가 됩니다. 굳게 서는 것이 사는 비결입니다.

우리는 인간인지라 때로는 믿음에서 힘을 잃어버리는 때도 있습니다. 혹 의심이 섞이는 때도 있습니다. 이것들은 다 우리를 죽이는 병폐입니다. 굳게 붙어 있는 것이 우리가 사는 길이고 주님을 기쁘시게 하는 길입니다. 사람끼리 서로 교제하며 살아갈 때에도 한때는 친근한 친구였는데 어떤 때 친구가 아닌 상태가 되면 그것이 얼마나 불행합니까. 배신이라는 것이 얼마나 악합니까. 또 아첨이라는 것이 얼마나 나쁩니까. 의심이라는 것이 얼마나 우리 신앙에 치명적인 해를 줍니까. 우리 주님을 믿는다 하지만 일관성이 없고 동요하면 그것은 주님에 대한 배신입니다. 내가 여러분을 배신했다 할 때 여러분은 얼마나 고통을 당하겠습니까.

우리 주님에 대한 믿음의 태도가 일관되어야 하겠습니다. 믿는다고 했으면 계속 그대로여야 하지요. 믿음이 약해지면 됩니까. 우리가 주님을 굳게 붙잡지 못하고 떨어지기도 하고 약해지기도 하는 것은 일종의 아첨입니다. 무엇을 얻으려고 주님에게 좋은 낯으로 대하다가 달라지는 것이라 말입니다. 또 그것은 의심입니다. 의심은 우리의 신앙에 독약이 되는 것을 잘 압니다. 의심은 우리 신앙의 원수입니다. 의심의 기미가 조금만 있다 하더라도 큰일 났다고 생각하고 그것을 물리쳐야 합니다. 우리는 늘 한 길로 나아가되 주님을 믿는 데로 더 깊이 들어가고 더 굳게 붙어 살아야 합니다. 안디옥교회는 굳은 마음으로 주께 붙어 있는 교회였습니다.

착한 교역자가 있는 교회

둘째, 안디옥교회는 착한 교역자가 시무하는 교회였습니다. 24절 보면 "바나바는 착한 사람이요 성령과 믿음이 충만한 사람이라"고 했습니다. 교역자가 착하다는 것이 얼마나 귀합니까. 교역자는 자기를 위해서 사는 사람이 아니고 우선 하나님을 위하여 사는 사람이고, 겸하여 다른 사람들을 위해서 사는 사람입니다. 다른 목적이 없습니다. 참, 사람이 생각하는 대로 보면 교역자는 불쌍한 사람입니다. 그러나 진리를 생각할 때 그렇게 행복한 인격이 어디 다시 있겠습니까. 하나님이 사람을 내실 때에 사람 저 자신을 위해서 살라고 내신 것이 아니라 하나님을 위하여 살라고 지으셨고, 하나님께서 인류를 위해서 자기 피를 흘리신 것과 같이 사람도 인류를 위하여 피 흘리기까지 희생하라고 땅 위에 지어놓은 것입니다.

과연 참된 교역자는 살든지 죽든지 주를 위하여 사는 자요 인류를 위하여 사는 자니 얼마나 행복합니까. 그러기에 교역자의 별명이 착한 사람이 되어야 할 것으로 압니다. 우선 이기적이지 않은 사람을 착한 사람이라고 생각하게 됩니다. 이기주의가 없는 사람이 되는 것은 하나님이 주신 은혜이고, 또 그렇게 착한 사람이 되었으니 성령과 믿음이 충만한 것입니다. 착한 사람이 아니고는 도저히 성령과 믿음이 충만할 수가 없습니다. 착한 사람이 되었다는 것은 물론 하나님이 주신 은혜입니다.

사람이라는 것은 전부 나면서부터 이기주의자입니다. 그렇지만 하나님이 어느 순간에 은혜 주시면 이기주의를 버리는 은혜를 받습니다. 이렇게 은혜로 착해지면 은혜가 더 많아집니다. 그릇이 올바르게 되어 있어야 거기에 무엇을 담습니다. 우리가 은혜를 풍성히 받으려면 착해야 합니다. 고린도전서 10장 마지막 부분에 말하기를 "그런즉 너희가 먹든지 마시든지 무엇을 하든지 다 하나님의 영광을 위하여 하라" 31절 했는데, 하나님의 영광을 위하여 사는 사람은 이기주의자로 살지 않습니다. 하나님의 영광을 위하여 사는 사람은 희생하는 착한 사람입니다. 그러기에 풍성한 은혜를 받았습니다.

여기 바나바는 성령과 믿음에 충만하다고 했습니다. 우리가 지금까지 신앙생활을 해왔으니 다 경험이 있습니다. 이기주의로 기도하면 기도가 꽉 막히고 도무지 받지 못합니다. 그러나 착한 마음으로 기도할 때 하나님께서 귀히 보시고 은혜를 주십니다. 우리가 은혜를 받았다면 착한 마음을 가졌을 때 받은 것입니다. 나, 나, 오직 나밖에 없는 생각으로 기도할 때에 은혜를 받을 수가 없습니다. 착한 사람이 되고 비로소 무엇을 할지 생각해야 합니다.

조나단 에드워즈 Jonathan Edwards 1703-1758 라는 유명한 신학자를 다 아실 것입니다. 그분이 얼마나 착했던가를 역사상의 기록으로 우리가 볼 수 있습니다. 그분이 교회를 봉사하다가 어떤 이유로 중단하게 됐습니다. 교회 근방에 살면서 사모님이 뜨개질을 하면서 어려운 가운데 지내며 살아갔습니다. 그러나 그 후 교회가 다시 도와달라고 하므로 또 다시 갔습니다. 착한 사람입니다. 교회 봉사를 그만두라고 해도 마음에 크게 상처 받지 않고, 다시 와달라고 할 때 역시 마음에 이상한 생각을 하지 않았는데, 이와 같이 착한 것이 얼마나 귀합니까.

그리스도를 배우는 교회

셋째는 배우는 교회입니다. 26절 보니 바나바가 사울을 찾아 다소에 가서 만났습니다. "만나매 안디옥에 데리고 와서 둘이 교회에 일 년간 모여 있어 큰 무리를 가르쳤고 제자들이 안디옥에서 비로소 그리스도인이라 일컬음을 받게 되었더라"고 했습니다. 바나바와 바울이 함께 안디옥 교회서 일 년간 성경을 가르친 것입니다. 둘이 교회에 일 년간 함께 있었는데, 여기서 교회라는 것은 물론 건물을 의미하지 않고 믿는 사람의 단체를 의미합니다.

신약의 어디에 교회란 말이 건물을 의미했습니까? 교회에서 가르쳤다고 했는데 즉 교회와 함께 있으면서 가르쳤습니다. 주님께서는 모이는 것을 기뻐합니다. 두세 사람이 모여도 내가 그 가운데 있겠다고 하신 약속은 최소한도의 모임이라도 기뻐한다는 말씀입니다. 혼자 있는 신자에게도 주님이 함께 하시지만, 모임으로 경배 드리며 모임으로 말씀을 연구할 때에 주시는 은혜가 또 특이하다 말입니다.

일 년 동안 바나바와 바울이 성경을 가르칠 때에 그 은혜가 풍성하여서 안디옥의 신자들에게 별명을 붙여서 불러주었습니다. 그리스도인이라는 별명입니다. 성경 공부를 바로 해서 바로 깨닫게 된 결과로 그 별명을 받게 됐습니다. 그리스도인이라 했으니 '그리스도'라는 말로 그 분위기가 팽창해 있던 것을 알 수 있습니다. 그리스도 제일주의로 알려진 것입니다. 하나님이란 말보다 그리스도란 말을 많이 쓰고 하나님에 대하여 말씀하는 것보다 그리스도에 대해서 더 말씀하고 실생활에서도 하나님보다 그리스도를 먼저 접촉하는 생활이라 말입니다.

물론 하나님 제일주의지만 하나님 제일주의가 성립하도록 보내신 그리스도를 또한 생각한 것입니다. 먼저 그리스도라 말입니다. 우리가 그리스도와 함께 있으면 하나님 아버지가 우리 아버지가 되는 것이지요. 우리에게 가까이 찾아오셔서 무덤에까지 들어가 주셨던 그분, 나의 사언행 즉 생각과 말과 행실을 점령하신 그분이 바로 나의 전부가 되실 때에 하나님 아버지가 내 하나님이 되시는 것입니다. 하나님이 구원 운동을 그렇게 이루셨기 때문에 이 순서를 우리가 밟는 것입니다. 보내신 그리스도에게 우리가 전속해야 한다 그 말입니다.

사람이란 누구를 믿고야 삽니다. 하나님만 믿지 다른 누구를 의지할 수 있겠나 하지만, 누군가를 의존하는 것은 부인할 수 없는 사실입니다.

하나님을 믿는 데서도 방법이 있더라 말입니다. 누구를 믿고야 산다는 것은 너무도 절실한 일입니다. 교우들도 목사님을 믿어요. 마음에 목사님을 늘 생각하더라 말입니다. 조금 어려운 일이 있어도 목사님 찾아갈 마음이 일어납니다. 교우들이 목사님을 의지하고 있다는 말이 사실입니다. 어렸을 때는 부모를 믿고 살았습니다. 부모의 품을 벗어날 단계에 와서는 친구를 믿고 삽니다. 이 세상에 의지하는 인물이 꼭 있어야 합니다. 국민은 애국자를 그렇게 믿습니다. 그런 애국자를 믿고 가슴에 그분을 그리고 있습니다. 그에게 무엇을 받았건 안 받았건 그것을 문제시하지 않고 우선 그분을 그렇게 늘 생각하더라 말입니다. 이것이 인생입니다. 이 세상에서는 참 믿고 살 사람이 있어야 합니다. 믿고 살 수 있는 지도자가 있어야 합니다.

그런데 그분이 누구시지요? 예수예요 예수. 그분이 하늘에 계시다가 이 땅에 오셨습니다. 지금은 그분이 멀어졌습니까? 아닙니다. 제일 가까운 분이 예수님입니다. 그것을 우리가 못 느낀다면 우리 탓입니다. 진실하지 않은 탓이지요. 어떻게 정신이 그만 흩어져버린 까닭입니다. 믿는다 믿는다 하지만 정말 믿는 것 같지 않기 때문에 그렇습니다. 바르게 믿고 살아야 합니다.

예수님밖에 믿을 이 없으면 우리가 그분과 늘 생각이 통해야 하고 그분과 늘 연락을 가지고 있어야 합니다. 가장 높은 데 계셔서 우리가 감히 접촉하기 어려운 아버지 하나님을 우리들이 바로 모시는 방법은 하나님께서 마련해 놓으신 과정을 따르는 것입니다. 그 길은 우리가 예수님을 따르는 것입니다. 안디옥 교회가 성경 배워서 깨달은 것이 무엇인가? 그리스도, 예수 그리스도였습니다. 그 때에 바울과 바나바가 성경을 가르칠 때에 그리스도, 그리스도라는 말을 계속한 줄로 생각합니다. 구약에 예언한 대로 오신 분이 바로 이분이다! 예수가 그리스도이시다고 연락시켜주는 전도가 바로 초대의 전도였습니다. 우리가 그리스도를 생각하는 가운데 눈물이 흘러나온다면 복이 있습니다. 우리의 가슴이 그리스도로 인하여 뛴다면 복이 있습니다.

맺는말

오늘 우리가 안디옥 교회의 모범을 살펴보았습니다. 안디옥 교회는 굳건한 마음으로 그리스도에게 붙어 있던 교회입니다. 안디옥 교회는 착한 사람 바나바라는 교역자를 모시고 있던 교회였습니다. 안디옥 교회는 적어도 그 때 일 년 동안 모여 성경을 공부하였습니다. 성경이 그리스도를 중심으로 하고 있음을 깨달았습니다.

기도

하나님 아버지 감사하옵나이다. 죄대로 받으면 망할 것밖에 없지만 불쌍히 여겨서 오늘까지 그리스도를 따르며 그리스도에게 붙어서 살게 하신 것을 감사하옵나이다. 하나님께서 우리를 붙들어 주사 그리스도에게 굳게 붙어 있어서 땅 위에서 어떠한 어려움이 있다 하더라도 문제시하지 아니하고 그리스도 안에서 늘 살아가도록 도와주시고 아버지 이 교회를 통해서 안디옥 교회처럼 은혜를 많은 교회에 베푸시며 과연 복음을 널리 전파하여서 주님이 영광을 받으시는 일이 앞으로도 더 많아지도록 은혜주시기를 간절히 빕니다. 저희는 아무 공로 없으나 예수 그리스도 이름으로 비옵나이다. 아멘

7. 지식은 있으나 사랑이 식은 교회

¹ 에베소 교회의 사자에게 편지하라 오른손에 있는 일곱 별을 붙잡고 일곱 금촛대 사이를 거니시는 이가 이르시되 ² 내가 네 행위와 수고와 네 인내를 알고 또 악한 자들을 용납하지 아니한 것과 자칭 사도라 하되 아닌 자들을 시험하여 그의 거짓된 것을 네가 드러낸 것과 ³ 또 네가 참고 내 이름을 위하여 견디고 게으르지 아니한 것을 아노라 ⁴ 그러나 너를 책망할 것이 있나니 너의 처음 사랑을 버렸느니라 ⁵ 그러므로 어디서 떨어졌는지를 생각하고 회개하여 처음 행위를 가지라 만일 그리하지 아니하고 회개하지 아니하면 내가 네게 가서 네 촛대를 그 자리에서 옮기리라 ⁶ 오직 네게 이것이 있으니 네가 니골라 당의 행위를 미워하는도다 나도 이것을 미워하노라 ⁷ 귀 있는 자는 성령이 교회들에게 하시는 말씀을 들을지어다 이기는 그에게는 내가 하나님의 낙원에 있는 생명나무의 열매를 주어 먹게 하리라. (계 2:1-7)

에베소 교회에 대해서 잠깐 말씀드리겠습니다. 에베소 교회의 사자에게 편지를 하는 것인데 누가 편지했습니까? 예수님께서 편지하셨습니다. 예수님께서 지상에 계실 때에 편지하신 일이 있나요? 편지라는 말이 당시에도 있었으니까 사람들이 편지를 한 것은 사실입니다. 하지만 예수께서 땅에 계실 때에 누구에게 편지했다는 말은 내가 읽지를 못했습니다. 그런데 예수님께서 십자가에서 죽으셨다가 다시 살아나셔서 하늘에 올라가서 편지를 했습니다. 바로 이 편지가 그 편지입니다. 그런데 무슨 편지를 했나 봅시다.

교회들 가운데로 거니시는 이

여기 "오른손에 있는 일곱 별을 붙잡고 일곱 금 촛대 사이를 거니시는 이가 이르시되", 이것은 비유입니다. 오른손에 일곱 별을 쥐었다고 할 때 일곱 별은 일곱 천사를 말합니다. 그리고 금 촛대는 구약 스가랴에서부터 하나님의 교회를 비유합니다. 촛대 사이에 다니신다 하는 것은 교회들 가운데로 다니시면서 역사하시는 예수님을 말합니다. 주님께서는 하늘에 올라가 계시지만 지금도 땅에서 성령을 대언자로 세우셔서 성령을 통해서 역사하십니다. 성령이 하시는 것은 바로 우리 주 예수님께서 하시는 것과 똑같은 것입니다. 예수님이 보혜사 즉 성령님을 보내셔서 지금 역사하시니까 성령님은 대리자이십니다.

교회 가운데로 다니시는 이가 있는데 우리 눈에 보이지는 않지만 그가 활동하시며 교회를 늘 다스려 나가십니다. 2절 보면 "내가 네 행위와 수고와 네 인내를 알고 또 악한 자들을 용납하지 아니한 것과 자칭 사도라 하되 아닌 자들을 시험하여 그의 거짓된 것을 네가 드러낸 것과…" 다 합해서 생각하면 거짓 스승을 용납하지 아니한 것을 말하고 있습니다. 거짓 스승들이 많이 다녔다는 것을 알려주는 것입니다. 2절 한복판에 "자칭 사도라 하되 아닌 자들을 시험하여…"라고 했습니다. "아닌 자들"이 한두 사람이 아니에요. 많다는 말입니다. '자칭 사도'라, 자기들이 스스로 우리는 사도라 말하지만 내용은 아니라 말입니다. 거짓 스승들이 밖에서 들어오고 있습니다. 현대에 이르러 신학교에서 잘못 가르치면 거짓 스승을 양성하는 양성소가 됩니다. 예수는 그리스도가 아니라 하는 교훈이 사도 요한 시대에만 있었던 것이 아니고, 오늘날도 많이 돌아다니는 교훈입니다.

예수는 그리스도가 아니라는 말이 어떻게 가르치는 교훈인지 아시지요? 예수와 그리스도가 다르다 하면서 예수와 그리스도를 구분해 놓는 것입니다. 예수는 예수이고 그리스도는 그리스도라 하는데, 여러분 지금 이런 말을 처음 듣는지 모르겠습니다만 오늘날 현대의 동서양을 막론하고 신학교라는 울타리 속에서 속닥속닥하며 가르치는 그런 가르침들이 많습니다. 일반 교우들이야 예수 다르고 그리스도 다르다는데 무엇이 틀렸소, 하며 잘 알지도 못합니다. 혹여 그런 것 가지고 문제 삼을 것 있나 하는 경우도 있지만, 그것은 전혀 모르기 때문에 그렇게 말하는 것이지요.

그리스도는 살아 계신 말씀입니다. 요한복음 1장 1절부터 보면, "태초에 말씀이 계시니라 이 말씀이 하나님과 함께 계셨으니 이 말씀은 곧 하나님이시니라 그가 태초에 하나님과 함께 계셨고 만물이 그로 말미암아 지은 바 되었으니 지은 것이 하나도 그가 없이는 된 것이 없느니라" 이렇게 나오지 않습니까? 그렇게 내려가다가 14절에 와서 "말씀이 육신이 되어 우리 가운데 거하시매"라고 하였습니다. 그 말씀은 산 말씀입니다. 인격이십니다. 하나님의 아들이십니다. 그분이 바로 그리스도입니다. 하늘에 계신 그리스도, 영원부터 하나님 아버지와 함께 계신 분입니다.

말씀이 육신이 되어 우리 안에 거하신다, 육신이라는 것은 사람을 말하는데 말씀이 사람이 되었다는 것입니다. 말씀이 육신에게 와서 무슨 교제를 한다는 것이 아닙니다. 말씀이 육신이 되었는데 그분이 바로 그리스도라는 말입니다. 그리스도가 바로 예수라는 말이지요.

한 인격이 되었습니다. 그런데 이것을 갈라서 예수는 예수이고 그리스도는 그리스도라 한다면, 그것은 이단 사설 異端邪說 인 것입니다.

텅 빈 유럽의 교회들

예수님이 이 세상에 나실 때에 도성인신 道成人身 하여 육신이 되었습니다. 예수님은 하나님이십니다. 예수님은 하나님이시기 때문에 예수님의 죽음은 억만 성도를 구원하고도 남는 큰 죽음이지요. 예수님이 다만 사람일 뿐이라면 그분의 죽음이 어떻게 큰 효과를 내겠습니까? 예수님의 얼굴을 보지 못하였던 나 같은 사람도 예수님을 진실히 믿기만 하면 그 예수님의 죽음이 바로 내게도 혜택을 끼치는 것입니다. 그분의 죽음이 바로 내 죽음이 돼서 비록 내가 죽는다 해도 그 죽음은 침이 뽑힌 벌과 같아서 나를 해롭게 하지 못하고 도리어 영생의 세계로 들어가게 하는 문이 됩니다. 그런데 예수가 단지 사람이라면 그것이 다 공연한 소리가 되고 맙니다. 예수는 그리스도가 아니라서 예수와 그리스도를 구분해야 한다! 그러면 그것은 얼마나 잘못된, 무서운 교훈입니까? 여러분에게 좀 무거운 말이 될는지 모르겠으나, 알고 보면 아무것도 아닌데, 소위 바르트주의라는 것입니다.

오늘날 세계의 신학교뿐 아니라 우리 한국에서도 바르트주의를 아주 높이 평가하고, 바르트 Karl Barth 1886-1968 사상을 직수입하는 것이 현실입니다. 이러한 문제들에 대해서 일반 교우들이 신학교에 가서 들을 리도 없고 또 그렇게 가르치는 사람들도 실은 밖에 나와서는 그렇게 말을 하지 않습니다. 그런 사상을 딱 마음에만 두고 요긴하게 신학생들을 가르칠 때만 그 소리를 하니 누가 어떻게 잘못 가르친다고 지적할 수도 없는 형편입니다. 신학교가 바로 가르치면 참된 하나님의 사람들을 양성하는 곳이 되지만 그릇 가르치면 거짓 스승들을 기르는 양성소가 됩니다. 그런데 어떤 울타리 안에서 이런 사람들을 계속 길러내서 노회가 교역자들을 파송하기도 하고 혹은 거두기도 하는데 노회마저 타락하면 참 큰 문제라 말입니다. 노회까지 타락하면 거짓 스승들을 보내 주는 노회가 되는 것입니다.

이제 여기 있는 본문 말씀이 "자칭 사도라 하되 아닌 자들을 시험하여 그의 거짓된 것을 네가 드러냈다"고 하였습니다. 자칭 사도들을 용납하지 아니하였다 말입니다. 다른 데서 오는 교역자들을 시험하여 참된 지도자인지 거짓 지도자인지를 구별해서 받을 자를 받고 안 받을 자는 배척한 교회가 에베소 교회였습니다. 이처럼 교회는 파수꾼이 있어야 합니다. 이것은 되지만 저것은 안 된다, 하고 바깥에서 오는 바람을 막을 수 있는 진실한 종이 있어야 합니다. 유럽의 큰 교회들이 지금 텅 비어서 골동품처럼 건물들을 구경하는 장소로 전락한 사실에 대해서는 여러분이 이미 많은 얘기를 들었을 것입니다.

제가 스위스에 갔을 때에 개혁자 츠빙글리 Zwingli 1484-1531 가 설교하던 예배당에 가보았는데 굉장히 크게 예술적으로 지은 곳이었습니다. 그러나 텅 비었어요. 왜 그렇게 됐습니까? 유럽에 자유주의와 신신학이 널리 퍼진 결과입니다. 성경은 하나님의 말씀이 아니라는 사상이 지금

주도적으로 유행하고 있는 곳이 거기인데, 그렇게 된 지가 벌써 오래 되었습니다. 그래 놓으니 결국 처음에 잘 이루어 가던 교회들이 오늘날은 그만 고건물이 되고 말았습니다. 다 그렇다는 것은 아니지만 미국도 마찬가지입니다. 도시 안에 있는 큰 건물의 교회들 안에 노인들만 몇 사람 앉아 있고 청청한 젊은 교인들은 없습니다. 그 교회가 소속되어 있는 신학교가 성경을 하나님의 말씀이라고 하지 않는 신학교들이니까 그렇게 된 것입니다.

"아닌 자들을 시험하여 그의 거짓된 것을 네가 드러내었도다." 거짓 스승들 막아 내느라고 수고한 것을 칭찬하는 내용입니다. 여러분, 설교를 듣고 은혜를 받는 것도 중요하게 생각해야 하겠지만, 성경을 깨닫는 것을 더 중요하게 여기세요. 댁에 계실 때도 성경을 읽으면서 이 말은 내가 모르겠다, 내가 모르고 지나가도 되겠는가, 아니 물어 보아야 하겠다, 이렇게 생각을 해서 그 말씀의 뜻을 꼭 알아보시기 바랍니다. 그러면 은혜가 되고 힘을 얻습니다. 성경을 내가 깨달을 때에 성경이 비로소 내 성경이 되는 것이지, 깨달음이 없으면 그저 입술로만 내 성경이지 아직 내 성경이 안 된 것입니다. 하나하나 깨닫는 재미를 좀 보아야 합니다. 잘못 가르치기도 하지만 좀 그러한 방향으로 마음을 기울여야 합니다. 이제까지 에베소 교회의 장점을 말씀했습니다.

처음 사랑이 왜 식었을까

본문 4절에서는 에베소 교회의 단점에 대해서 말씀합니다. "그러나 너를 책망할 것이 있나니 너의 처음 사랑을 버렸느니라." 처음 사랑을 버린 것이 단점입니다. 왜 처음 사랑을 버렸을까요? 교회를 처음 이루어 갈 때에 교역자도 신실히 사역해서 잘 나가고, 사랑이 충만한 교회로 잘 장성하던 교회인데 왜 처음 사랑이 식었습니까? 이것은 우리가 상식적으로도 깨달을 수 있습니다. 첫째는, 겸손하지 못해서 사랑이 식습니다. 처음에는 별로 많이 아는 것이 없고 체험도 없으며 신앙적으로 무엇을 경험해 본 바도 없으니까 마음이 백지 상태입니다. 진리를 잘 아는 바 없으니 진리를 알아보려고 힘쓰며 애쓰는 데서 배우려는 간절한 생각이 통일되어 있습니다. 마음에 선입관념도 없고 자기를 주장하는 것도 없어서 참 열심을 냈던 것입니다. 앞에서 이끄는 대로 잘 따라가고 기쁨도 있었습니다.

하지만 신자들이 무엇을 조금 알 때에 조심해야 합니다. 무엇을 조금 알고 또 은혜를 좀 받았다 할 때에 조심해야 하는데, 그 때에 조심하지 못하면 교만이 들어앉습니다. 난 좀 알았다! 안다면 얼마나 알았습니까? 또 체험을 했다면 얼마나 했나요? 창해일속 滄海一粟 과 같지 않은가요? 태평양 바다에 좁쌀 하나만한 지식이고 그런 체험일 뿐입니다. 하늘나라의 실내용을 생각해 볼 때에 무궁무진하지 않습니까? 조금 알았으면 더욱 겸손해야 합니다. 알면 알수록 책임이 따릅니다. 책임을 다하지 않으면 망하는 것입니다. 알고 행하지 않으니까요. 많이 준 자에게는 많이 찾는다고 했는데, 은혜를 많이 받은 자에게는 책임이 더 따른다 말입니다.

그러니까 알수록, 체험할수록 더 겸손하고 더 열심을 내야 합니다. 내가 조금 배웠지만 이런 책임을 또한 걸머졌으니 그대로 행해야 할 판인데 과연 내가 행하고 있는가. 계속 낙제하고 있다. 이렇게 생각할 때에 어떻게 교만합니까. 그런데도 우리 신자들은 조금 알면 내가 좀 안다고 생각하고, 무엇을 조금 행했으면 내가 좀 행했다 생각하며, 또 무슨 작은 체험을 했으면 내가 이런 체험을 했는데 다른 사람들도 했을까. 이런 생각을 하게 됩니다.

이렇게 인생이란 것은 약하기가 짝이 없고 믿을 수 없는 존재입니다. 겸손하지 않으니 자기가 살아서 제 주장을 내세우는 것이고 그런 데서 무슨 사랑이 있을 수가 있습니까. 없어요. 그렇게 자기중심적이요 자기의 이익을 구하는 사람이 됐으니 어떻게 됩니까. 고린도전서 13장에 "사랑은 자기의 유익을 구하지 않는다" 하지 않았습니까. 그런데 이제는 그의 마음에 사랑이 있을 자리가 없습니다. "너의 처음 사랑을 버렸느니라 그러므로 어디서 떨어졌는지를 생각하고 회개하여 처음 행위를 가지라."

눈물이 없는 굳은 마음

사람은 생각이 있는 존재입니다. 생각하는 것이 있어서 일반 동물과 다르다는 말입니다. 과연 자기의 잘못을 발견하기 위해서 더듬는 사실이 있어야 참된 사람으로서 온전한 삶을 유지해 가는 것입니다. 자기의 잘못을 도무지 생각하지 아니하고 그저 자기는 잘한다고 여기며 아무런 반성 없이 지낼 때 악을 쌓고 또 쌓아서 죄 무더기가 되는 것입니다. 에베소 교회에 보내는 주님의 편지를 보니 "어디서 떨어진 것을 생각하라" 하십니다. 우리는 과거를 생각해야 합니다. 어디서 떨어졌는가? 언제 무엇이 어떻게 되었나? 우리가 그것을 생각할 때 마음에 슬픔이 옵니다.

우리에게 제일 안타까운 단점은 눈물이 없는 것입니다. 믿은 지 오래 됐다고 하고 경험도 있고 성경도 좀 안다고 하는데 눈물이 없습니다. 자신이 받은 은혜와 그에 비해 영 이르지 못한 처지 등을 생각할 때 좀 울먹울먹하고 그야말로 비애의 슬픔을 느껴야 하는데, 마음이 돌처럼 굳어서 무감각하다 말입니다. 말은 그렇게 안 하지만 실은 가슴이 시멘트가 되었습니다. 마음에 감각이 없는 죽은 사람입니다. 특별히 무서운 것은 자기의 잘못을 깨닫지 못합니다. 남의 잘못보다도 내 잘못 때문에 내가 망하는 것인데, 이것이 제일 무서운 것인데, 거기에 대해서 도무지 감각이 없습니다.

그렇기 때문에 거듭거듭 생각하라고 하는 것입니다. 특별히 과거를 회상해 보라는 것입니다. 사람이 둔해서 현재에는 잘 모릅니다. 나쁜 짓을 하면서도 나쁜 줄을 제대로 모릅니다. 한참 그러고 사는 가운데서는 도무지 잘못인 줄 몰라요. 하지만 세월이 흐르고 흔른 다음에 과거 일을 생각해 보면 가슴속에 슬픔이 일어날 수 있습니다. 사람이라는 것은 종합적으로 결산해 볼 때에 역시 안목이 단기적短期的이요 근시안적입니다. 어떤 사람은 좀 여유가 있게 행한다는 정평도 나지만 그래도 역시 인간입니다. 단기적이라는 것은 인간의 특징입니다. 멀리 내다보지 못하고 큰 것을 볼 줄 모르는 것이 사람입니다.

처음 했던 일을 다시 하라

그런데 세월이 흐르고 흐른 다음 어느 시점에 가서 흘러간 세월을 소급해서 생각할 때 과거에 잘못한 행동의 면모가 좀더 밝히 드러납니다. 아, 내가 그 때 왜 그렇게 했을까? 내가 그 때 한참 열심을 낼 때 그것이 옳은 줄로 알았는데, 그것이 잘못이었구나 하고 깨닫는 일이 생기는 법입니다. 역사는 흐르고 흘러서 역사의 결론은 이렇게 드러나는데, 나는 그 때 그것을 모르고서 역사의 결론과는 아주 다른 생각을 가졌더라 말이다. 그러고는 막연히 잘될 것이라고 생각했습니다. 하지만 시간이 많이 흐른 다음에 뒤를 돌아보면 애초 판단에 오류가 있었고 겸손함도 부족했던 것이 드러납니다.

자식을 잃어버린 사람들도 시간이 흐른 다음에 더욱 이상스러운 생각을 하게 되는 경험을 합니다. 자식이 세상 뜬 그 때는 물론 슬픔이라는 것에 휩싸이지만 이제 그렇게 시간을 보내지요. 허나 세월이 흐르고 흐른 다음에 뒤를 돌아보면서 잃은 아이 생각을 하면 마음속에 또 다른 생각이 납니다. 아, 내가 그 때 잘못했구나. 갓난아기였지만 아기에게 내가 왜 설교를 안 했을까? 성령의 역사로 하나님의 일이 이루어지는 것인데 내가 왜 그것을 생각하지 못했던가? 의식이 없는 갓난아기 속에도 성령의 역사가 일어날 수 있는 것 아닌가! 성령의 역사를 받는 사람들이 다 자기의 의식으로 깨닫고 받는가? 나도 모르게 내 마음속에 성령이 역사하시고, 나도 모르게 성령께서 나를 보호해 주기도 하시고, 나도 모르게 성령이 하시는 일이 더욱 많습니다. 아, 나는 설교를 잘 못하니 갓난아기에게 성경이라도 왜 읽어주지 않았을까? 나는 그 아이를 참된 사랑으로 키우지 못했구나! 내가 몰라서 그런 과오를 범했구나, 하는 생각을 하게 된다 말입니다.

"그러므로 어디서 떨어졌는지를 생각하고 회개하여 처음 행위를 가지라 만일 그리하지 아니하고 회개하지 아니하면 내가 네게 가서 네 촛대를 그 자리에서 옮기리라" 계 2:5. 거기까지만 생각하겠습니다. 하나님께서 말씀을 가지고 여러분의 심령에 역사하셔서 바로 깨달을 것을 깨달으며 힘써 행할 것을 행하시기 바랍니다.

기도

주님의 은혜를 감사하옵나이다. 티끌과 같은 자요 아무것도 아닌 것이 무엇이 되어 있는 것처럼 자만하기도 하는 우리 인생입니다. 과거를 허송세월하고 바르게 살지 못한 죄를 용서하여 주옵소서. 죄대로 받기로 하면 우리는 다 망할 것밖에 없습니다. 오직 긍휼히 여기사 우리를 붙잡아 주시고, 과연 에베소 교회에 있었던 그 일들을 기억함으로써 우리 각자가 마음속에 반성하는 것도 있고, 고치는 것도 있으며, 새로워지는 일이 있도록 은혜 주옵소서. 주님 간섭하시옵시고 먼저 우리 교계에 은혜를 베푸사 과연 지도자들이 진실하여지게 하시고 참으로 과거를 회상하면서 슬픔을 느낄 줄 알게 하시며 마음이 굳었던 것이 녹아지게 하시옵소서. 과연 주님이 주시고자 하는 은혜를 바로 받도록 모든 지도자들이 자기를 정당화하지 않게 하옵시고 오직 주님께만 의가 있다고 믿으며 오늘날 이 민족의 사표가 되게 하여 주옵소서. 이 민족의 형편을 볼 때에 단군 신사를 만드느니 마니 하면서 이렇게 허황한 상태를 벗어나지 못했습니다. 하나님께서 은혜를 베푸사 먼저 교회가 진리의 등명(燈明)을 높이 들어 이 민족으로 하여금 깨닫게 하여 주시고 함께 주를 믿게 하여 주옵소서. 예수 그리스도의 이름으로 비옵나이다. 아멘

8.
더럽히지 아니한 남은 자들

[1] 사데 교회의 사자에게 편지하라 하나님의 일곱 영과 일곱 별을 가지신 이가 이르시되 내가 네 행위를 아노니 네가 살았다 하는 이름은 가졌으나 죽은 자로다 [2] 너는 일깨어 그 남은 바 죽게 된 것을 굳건하게 하라 내 하나님 앞에 네 행위의 온전한 것을 찾지 못하였노니 [3] 그러므로 네가 어떻게 받았으며 어떻게 들었는지 생각하고 지켜 회개하라 만일 일깨지 아니하면 내가 도둑같이 이르리니 어느 때에 네게 이를는지 네가 알지 못하리라 [4] 그러나 사데에 그 옷을 더럽히지 아니한 자 몇 명이 네게 있어 흰 옷을 입고 나와 함께 다니리니 그들은 합당한 자인 연고라 [5] 이기는 자는 이와 같이 흰 옷을 입을 것이요 내가 그 이름을 생명책에서 결코 지우지 아니하고 그 이름을 내 아버지 앞과 그의 천사들 앞에서 시인하리라 [6] 귀 있는 자는 성령이 교회들에게 하시는 말씀을 들을지어다. (계 3:1-6)

본문은 사데 교회의 형편에 대해서 말씀하면서 사데 교회의 부패성을 지적하였고, 그 다음에 이어서 "그러나 사데에 그 옷을 더럽히지 아니한 자 몇 명이 네게 있어" 하는 말씀을 하셨는데, 이 4절의 말씀을 중심으로 사데 교회의 남은 백성에 대하여 말씀을 전하겠습니다.

아담과 하와의 범죄와 옷

4절 보면 "그러나 사데에 그 옷을 더럽히지 아니한 자 몇 명이 네게 있어 흰 옷을 입고 나와 함께 다니리니 그들은 합당한 자인 연고라"고 했습니다. 사데 교회의 남은 백성에 대해서 첫째로 생각할 것은 옷을 더럽히지 않은 자입니다. 사람이 옷을 입게 된 것이 어떠한 역사를 가졌는지 여러분이 다 아십니다. 창세기 2장 25절을 보면 아담과 하와가 범죄하기 전에는 옷을 안 입었어도 부끄러움이 없었다고 했습니다.

그러나 그들이 범죄한 후에는 무화과나무 잎으로 엮은 치마를 입었다고 말씀합니다. 우리는 이것으로서 인간이 옷을 입는 근본을 알게 되었고, 또 왜 옷을 입었는지도 알게 됩니다. 애더 G. C. H. Adder 라는 구약학자는 그들이 범죄하기 전에 옷을 안 입었다가 범죄한 다음에는 옷을 입었다는 것에 대해서, 그것은 그들의 인격 내부의 부조화 즉 조화의 상실 때문이라고 설명하였습니다. 범죄한 다음에 그 인격의 내부 즉 영혼 밑부분에 파상 破傷 이 생기게 되었다는 것입니다. 영혼이 하나님을 향하여 살던 때는 범죄하지 않았던 때인데, 영혼이 범죄한 후로는 그 영혼이 돌아앉게 됐다고 생각할 수 있습니다. 하나님을 향하여 정면으로 뵙지 못하고 하나님을 외면하거나 하나님을 등지고 딴 데를 향하게 된 사실을 가리킨다고 했습니다.

영혼이 하나님과 더불어 조화를 유지하는 방법은 계속 주님을 향하여 살면서 주와 나 사이의 관계를 정상적으로 유지해 가는 것입니다. 그런데 범죄한 다음에는 그것이 그만 삐뚤어졌고 손상이 됐다 말입니다. 그렇게 되니까 부부간이 다 부끄러움을 느끼게 되어 무화과나무 잎으로 치마를 만들어 입었습니다. 부부간에 서로 부끄러운 것이 다가 아니라 하나님 앞에서 버젓하지 못하고 외형보다는 자기 내부 곧 영혼의 위치가 삐뚤어졌으니까 자기로서 무엇이라고 말은 못하지만 유쾌하지 않고 기쁘지 않고 위축되고 두려운 마음도 생긴 것이니, 이것이 영적 하모니를 상실한 것입니다.

영혼과 몸, 그리고 수치심의 문제

그러면 문제는 영혼인데 무엇 때문에 몸을 가리는 작업을 하게 되었습니까? 우리는 몸과 영혼을 갈라놓을 수 없습니다. 둘이 각각 어떤 면에서는 유래가 다릅니다. 똑같이 다 하나님이 지었지만 육신은 땅에 속하도록 지어졌고 영혼은 하나님이 주장하도록 지으셨기에 그런 면에서는 서로 차원이 다릅니다. 몸은 붕괴되어도 영혼은 영향을 입지 않고 갈 곳에 가도록 되어 있는 것입니다. 그렇다고 해서 영혼과 몸이 이 세상에 있는 동안에 서로 일정한 간격을 가지고 있을 만큼 허술하게 연합됐는가! 그런 것이 아니라 말입니다. 이 세상에 있는 동안에는 영혼의 형편에 따라서 몸도 영향을 받습니다. 그러니까 인격의 내부에 고장이 생겼을 때 연합되어 있는 몸이 무언가 할 일을 느낀 것이지요. 그래서 부끄러움을 느끼고 몸을 가리는 단계에 이르렀습니다.

사람이 범죄한 다음에 몸도 조화를 잃어버린 것으로 생각합니다. 이 몸에도 영향을 끼친 것입니다. 남을 계속 속이는 사람의 태도가 몸짓으로도 이상해지는 것이지요. 우리가 그것을 정확하게 다 알아보는 현미경은 못 가졌습니다만 계속 거짓말하는 사람의 모습은 조금 다릅니다. 또 흉악한 짓을 계속하는 사람은 얼굴까지도 이상하게 변하는 줄로 압니다. 얼굴빛이 전에는 환하던 사람인데 보기 싫어지고 달라집니다. 우리 형제들끼리도 서로 사랑하는 관계를 유지하는 동안에는 서로 정면으로 제대로 볼 수가 있는데 어쩌다가 무슨 사건으로 사랑이 여전하지 못할 때는 정면을 보지 못합니다. 정면으로 보는 것 같은데 조금 피하거든요. 결국 몸이란 것이 우리 생활에 영향을 받는 것입니다. 또 영혼의 형편이 변하는 상태에 따라 다 영향을 받습니다.

그러면 옷은 왜 해 입었는가? 아무래도 불쾌해지니까 그 몸도 보기 싫어진 줄로 생각합니다. 범죄하기 전에는 그렇지 않았는데 범죄한 뒤에는 몸도 보기 싫어졌습니다. 더욱이 그 속사람은 아주 모습이 달라진 것입니다. 하나님을 피하려고 해요. 그러기에 옷을 좀 입어 가지고 자기도 모르는 가운데 자기를 가리는 것이고, 동시에 이제는 나를 좀 다르게 보아 주시오, 하는 것입니다. 현대인에 이르러 특별히 여자들이 눈에다 검은 칠로 화장을 하는데 효과는 잘 모르겠습니다. 어떻게 만든 약인지 좌우간 그것으로 눈 주위에 화장을 하지만 그저 매 맞은 것 같아요. 그런데 보면 사람이 달라집니다. 저는 그것을 지금 나쁘게 비평하는 것이 아닙니다. 그런 문제로 어떻게 비평을 합니까. 그리고 옷 입는 것 가지고 비평을 하겠습니까. 그럴 수가 없겠지요. 좌우간 이렇게 몸을 가리는 풍토가 인간 사회에 계속 발달하고 있습니다. 나를 좀 다르게 보아 주시오, 하는 것이거든요.

아담과 하와의 심리란 결국 하나님 앞에 부끄럽고 또 하나님 무섭다는 것입니다. 그러니 이제 저희를 좀 다르게 보아 주세요, 하는 생각으로 무화과나무 잎으로 치마를 해 입었지만 시원치 않거든요. 그래서 숲속에 들어가 숨었습니다. 그런다고 여호와 하나님께서 모르는 것 아니니까 찾아오셔서 불렀습니다. "네가 어디 있느냐?" 무화과 잎으로 치마를 해 입었다고 네가 가려지는 줄 아느냐? 다른 사람으로 보일 줄 아느냐?

네가 숲속에 숨었다고 없는 것같이 되는 줄 아느냐? 아니라 그 말입니다. 네가 어디 있느냐 할 때에 어디 있는지 몰라서가 아니라 그의 죄를 지적하는 것입니다. 인생은 도무지 부끄러움을 면할 수가 없습니다. 별의별 옷을 다 입어 보아도 유쾌하지 않습니다. 무엇인가 버젓하질 못한 것입니다.

그리스도로 옷 입음

하지만 영원토록 부끄럽지 않고 영원토록 하나님 앞에서 당당하게 되는 옷이 있습니다. 그것은 바로 예수님의 피입니다. 피로써 속죄해 주시는 그분 안에 정말 산다면 하나님 앞에서 부끄럽지 않습니다. 당당히 하나님 앞에 나아가게 해달라고 할 수 있고 또 하나님 계신 그 자리에까지 당당히 들어가도록 해 주신 영원히 변치 않는 세마포 옷입니다.

사데 교회에 그 옷을 더럽히지 아니한 자가 있다 하였는데, 그러면 옷을 더럽히지 않았다는 것이 무엇인가. 이것은 옷을 새로 갈아입을 필요가 없이, 더 이상 무엇을 보탤 필요가 없이 새 사람으로 궁정으로 입장할 수 있는 상태를 말합니다. 그것은 예수 그리스도 안에서 성령을 의지하여 사는 것입니다. 우리의 죄가 주홍같이 붉을지라도 그리스도로 옷 입은 자 곧 그리스도 속에 들어가 사는 사람은 장담하건대 그의 심리가 당당합니다. 과거에 지은 죄 생각이 나도 그것이 문제시되지 않고 숨을 필요 없으며 가릴 필요가 없이 계속 기쁘고 유쾌하고 당당할 수 있습니다. 그것은 진정한 행복의 길입니다. 사데 교회의 남은 교인들은 그렇게 옷을 더럽히지 않았습니다. 그들은 신앙으로 일관하였습니다. 그리스도 안에 사는 데서 중단이 없었습니다. 혹여 그리스도 안에 살지 못하는 순간이 오면 그는 죽는 줄 알고 놀랍니다. 그 순간에는 죽는 것 이상의 고통이 옵니다. 모름지기 신자는 이런 심리가 생겨야 하고 그래야만 하는 것입니다.

'자기 옷을 더럽히지 아니한 자 몇 명'이 있다 하였는데, 그렇게 더럽히지 않도록 그리스도 안에 살려면 우리에게는 뛰어넘는 생활이 있어야 합니다. 다시 말하면, 사람이 그리스도 안에 들어간다 할 때에 그것은 사람이란 존재 자체의 연장이 아닙니다. 자신의 연장이 아니라 뛰어넘어가는 것입니다. 전혀 다른 데서 살고, 다른 분의 생명을 공급받는 결단이라 말입니다. 그런 만큼 큰 결단을 계속하는 자리에서 살아야 합니다. 집에 불이 붙을 때에 결단을 안 할 수 있습니까. 뛰어나가야죠. 그런 상태에서 가장집물家藏什物 가운데 가져가야 할 것이 있다면 아무리 무거워도 그것을 들고 나가야 합니다. 불이 붙어 결단을 하는 마당에서는 전에는 쳐들지 못하는 독이라도 들고 나갑니다. 우리가 신앙생활이라는 것을 맥 빠진 사람으로 해서는 안 됩니다. 우리는 계속 뛰어야 합니다. 뛰어서 살 자리로 들어가야 하는 것입니다.

우리가 이렇게 살려고 할 때에 뭐 사람이 할 수 있는 것이 얼마나 되겠나, 이런 생각을 하는 것은 시험입니다. 그것은 사람이 할 수 있는 일입니다. 자기가 연약할수록, 연약함을 느낄수록 더 잘하지요. 이렇게 뛰어넘는 생활이라고 하면 우선은 죄를 고치는 것입니다. 계속 자기 자신의 연장으로 살지를 않고, 자기 자신을 끊는 것입니다. 가장 구체적인 방법은 죄를 끊는 것입니다. 우리가 죄를 끊는다고 할 때 그렇게 내가 끊어 가지고 성결을 이룬다는 것이 아닙니다. 우리가 죄를 끊는다는 것은 뛰어넘어가는 일을 말합니다. 다시 말하면, 이렇게 죄를 계속 짓는 것은 나 자신의 연장인데 이것은 죽는 길이다, 그러기 때문에 이것을 끊어야 한다고 생각하면서 눈을 뽑듯이 끊는 것입니다. 못된 습관을 아주 끊어버립니다. 그것이 뛰어넘어가는 작업입니다.

인격이 바로 서야 함

어떤 학생들 두어 사람이 기도회 시간 전에 빠져 나갑니다. 그래서야 되겠습니까. 우리 신학생들에게 예배 시간은 공부 시간보다 더 중요한데 왜 빠져나가는지 모르겠습니다. 가만 두지 않을 것입니다. 혹시 공부는 빠질지 몰라도, 그것도 빠져선 안 되지만, 그보다도 더 중요한 것이 채플 시간인데 어떻게 빠진다는 말인가요? 설교가 은혜롭지 못하면 기도하기 위해서라도 들어와야지요. 기도하자 그 말입니다. 기도 시간이에요. 여러분, 그런 형제들을 알면 권면할 줄도 알아야 합니다. 팽개쳐 두는 생활은 우리 다 함께 썩자는 것입니다. 어떻게 그렇게 다른 사람에 대해서 무책임합니까. 그것은 교수들이 할 일이라 생각하면 안 됩니다. 서로 권면하는 생활을 해야지요.

지난 세월 동안에 보니까, 지금 여러분이 그렇다는 것은 아닙니다,

컨닝 하는 사람은 계속 컨닝을 합니다. 신학교에서 컨닝해 가지고 졸업하면 나가서 어찌 되겠습니까. 주의 일을 할 수 있습니까. 못 합니다. 조금 하기 어려운 일이면 살짝 속이고 넘어가는, 그 따위 사람이 되는데 무엇을 하겠다는 말입니까? 몇 해 전에 그랬던 것처럼 우리 학교는 컨닝 하면 제적입니다. 용서를 못 합니다. 주를 위해서 하는 일이기 때문에 교수들도 담대합니다. 여기에 대해서는, 교수 노릇 못 하면 못 했지 학교를 경영하려면 바로 해야지 하는 것이 우리 교수들의 자세입니다. 신학을 공부하는 시절에 우리 인격이 바로 서야 하겠습니다. 신학을 공부하는 시절에 꾸지람을 바로 들어야 하겠고, 생활을 바로 해 나가야 합니다. 신학교가 얼렁뚱땅 한번 통과하는 과정입니까?

우리는 사데 교회의 남은 백성, 그들의 자격을 잠시 들여다보았는데 이것은 오늘날 우리에게도 가르치는 말씀입니다. 요한계시록의 일곱 교회에 보낸 편지는 바로 전 세계 모든 시대의 교회를 상대로 하는 편지입니다. 백 번 말해 무슨 소용이 있습니까. 그 말씀대로 순종하지 않으면 소용이 없습니다. 하나님이 우리에게 말씀을 주실 때는 그저 구경이나 하라고 준 것이 아닙니다. 섭취하여 그대로 살라는 것입니다. 이 말씀이 너희 피가 되고 살이 되도록 해야 한다는 의도로 주신 것입니다.

신구약의 모든 책들, 그 구구절절이 다 내 것이라고 여러분이 생각하는 줄 아는데, 그렇다면 정말 그것들이 내 것이 되어야 하겠습니다. 내 체내에 들어와 있어야 하겠고 내 영혼 속에 움직이는 말씀이 되어야 하겠습니다. 명심하시기를 바랍니다.

9. 믿음의 전승

³ 내가 밤낮 간구하는 가운데 쉬지 않고 너를 생각하여 청결한 양심으로 조상적부터 섬겨 오는 하나님께 감사하고 ⁴ 네 눈물을 생각하여 너 보기를 원함은 내 기쁨이 가득하게 하려 함이니 ⁵ 이는 네 속에 거짓이 없는 믿음이 있음을 생각함이라 이 믿음은 먼저 네 외조모 로이스와 네 어머니 유니게 속에 있더니 네 속에도 있는 줄을 확신하노라. (딤후 1:3-5)

본문의 말씀은 바울 사도가 디모데에게 준 말씀입니다. 바울이 디모데에게 이 편지를 쓸 때에 그는 디모데를 몹시 보고 싶어 하는 생각으로 썼습니다. 바울이 디모데를 보고 싶어 한 이유는 디모데의 마음속에 있는 전승된 믿음을 생각하였기 때문입니다. 믿음이 전승되는 것을 생각할 때에 바울은 디모데를 보고 싶어 하였습니다. 디모데는 전승된 믿음을 받았습니다.

전승하는 믿음

신앙이란 공중에서 갑자기 내려오는 것이 아니라 하나님께서 말씀을 통하여 선물로 주시는 것입니다. 로마서 10장 17절을 보면 "믿음은 들음에서 나며 들음은 그리스도의 말씀으로 말미암았느니라"고 하였습니다. 믿음이란 것은 그리스도의 말씀을 듣는 데서 난다는 말입니다.

혹 사람들이 잘못 생각하기를 "누가 그리스도의 말씀을 전하지도 않는데 갑자기 마음에 생각이 나서 믿었다, 공중에서 갑자기 소리가 들려와서 믿었다" 하는 말들을 흥미 있게 생각할지도 모르겠습니다. 다시 말하면 갑작스런 믿음, 또는 이상한 동기의 믿음 같은 것을 매우 흥미 있게 여기는 사람들이 있기도 할 것입니다. 물론 믿어 나가는 가운데는 이상스러운 일도 있습니다. 그러나 하나님은 주로 상례를 벗어나서 기이한 방식으로 일하시는 것이 아닙니다. 하나님은 천지만물을 창조해 주시고 이 창조된 모든 만물을 가지시고 우리를 가르치십니다. 또 옛적부터 전해 내려오는 성경을 가지고 우리를 가르치십니다. 갑자기 공중에서 이상한 책이 떨어져 내려와서 믿도록 하시지 않습니다.

하나님께서 늘 역사하여 오시는 방법이 있습니다. 그것은 전승의 방법입니다. 할아버지들이 전하고 그 자손들이 받도록 하는 이러한 방법에 의하여 그 놀라운 믿음을 전하게 하십니다. 그렇게 하는 가운데 그 속에 기이한 역사도 있습니다. 이 얼마나 감사합니까? 갑작스런 믿음, 이상스러운 믿음은 반짝 하고 없어지는 것이지만, 전승하는 믿음은 없어지는 것이 아니라 말 그대로 대대로 전해 내려갑니다. 전승하는 믿음은 이와 같이 귀합니다.

그러므로 우리가 하나님의 말씀을 전해야 하고 무슨 이상스러운 것이 없지만 받아야 합니다. 그렇게 받아서 믿을 때에 맛이 납니다. 받아서 믿을 때에 기이한 역사도 일어납니다. 사람들이 전승의 방법으로 전해지는 하나님의 말씀을 멸시하고 그대로 순종하지 않으니 기이한 역사가 일어나지 않는 것입니다. 오늘은 이 믿음의 전승에 대하여 두 가지 중요한 점을 생각해 보겠습니다.

청결한 양심

본문 3절에 말하기를 "청결한 양심으로 조상 적부터 섬겨 오는 하나님께 감사하고"라고 하였습니다. 청결한 양심을 가지지 못한 사람들은 하나님을 알 수 없습니다. 청결한 양심으로 성경 말씀을 대하지 않으면 성경 말씀이 내게 들어오지 않습니다. 성경 말씀은 양심을 상대하는 말씀입니다. 사람들의 양심에 호소하는 말씀입니다. 성경이란, 이와 같이 행하면 부자가 된다, 이와 같이 행하면 건강해진다, 이와 같이 행하면 출세한다, 하는 식으로 육신에 속한 처세술을 가르치는 책이 아닙니다. 성경 말씀은 어디까지나 우리의 양심에 호소하는 말씀입니다. 성경 말씀이 우리의 두뇌와 무관한 것은 아니지만 그보다도 오히려 양심과 관계합니다.

창세기 1장 1절부터 요한계시록 마지막 장 마지막 절까지 모두 우리의 양심에 호소하는 말씀입니다. 양심을 깨우치는 말씀입니다. 그러므로 먼저 양심을 바로 가져야 믿음을 얻습니다. 자기의 편견과 자기의 사욕을 버려야 합니다. 맑은 마음을 가지고 양심적으로 성경을 받아야 합니다. 이와 같이 생각을 바로 가질 때에 그 말씀이 내 마음에 들어옵니다. 내가 양심적으로 걸어갈 때에만 그 말씀이 내게 역사합니다.

양심이 무엇입니까? 여러분, 현대는 과학을 부르짖으면서 양심을 억누르는 시대입니다. 현대인들은 잘 먹고 잘 입자, 편리하게 살자, 수만 리 거리라도 몇 분 동안에 갈 수 있는 방책을 모색하자, 하는 과학에만 머리를 쓰고 있습니다. 그러면서 양심의 문제를 생각하지 않고 있습니다.

양심이란 무엇입니까? 양심이란 것은 간단히 말해서 옳은 것은 택하고 그릇된 것은 버리라고 하는 명령 기관입니다. "옳은가? 잘한다. 틀렸는가? 그것은 고쳐야 한다" 하는 명령을 내리는 기관입니다. 옳고 그른 것을 분별하여 옳은 것을 좇고 그른 것을 고치는 것이 양심 생활입니다. 사람으로서 옳고 그름을 문제시하지 않는다면 그 사람은 짐승의 생활을 하고 있는 것입니다. 사람은 본래부터 짐승이 아닌데 짐승의 생활을 하고 있는 것입니다. 사람이 짐승 같은 생활을 해서야 되겠습니까? 누구에게든지 "짐승 같다"고 말하면 좋아하지 않겠지요. 하지만 옳고 그른 것을 중대시하지 않는다면 그 사람은 벌써 짐승이 된 것입니다. 그렇게 되면 사람의 자격을 잃은 것입니다.

우리가 입고 있는 옷에 오물이 조금만 묻었어도 그것을 더러운 줄 알고 그 옷을 빨게 되지 않습니까? 사람으로서 잠시나마 짐승 같은 생활을 하였다면 옷에 오물이 묻은 것보다 더 더럽게 여겨야 마땅하고, 그 짐승 같은 생활을 고치지 않고는 견딜 수 없어야 인생이 아니겠습니까? 정신 차린 사람은 그렇게 합니다. 거기에 인생의 가치가 있는 것입니다. 그것이 사람입니다. 의식주 문제가 해결되었다고 사람의 생활을 하는 것이 아니며, 편리한 교통수단을 이용하고 산다고 해서 사람이 아니라, 옳고 그른 것을 문제시하여 생명을 잃을지라도 짐승 같은 생활을 하지 않으려는 것이 사람입니다.

더욱이 우리 기독신자는 하나님을 알게 되어 밝은 세계로 옮겨졌으므로, 우리의 마음이 모든 것을 다 얻었어도 하나님에게서 멀어졌다면 죽는 줄 알아서 어떻든지 하나님을 가까이 하려는 마음이 있어야 합니다. 우리가 하나님에게서 멀어졌다면 이것은 큰 문제입니다. 하나님을 잃는 것은 영원한 멸망입니다. 그러므로 양심을 지킨다는 것은 생명의 문제입니다.

우리는 우리의 두뇌로 하나님을 알 수 없습니다. 미련한 사람들은 두뇌로 하나님을 알려고 하지만 어디 됩니까? 우리의 두뇌로는 육신에 관한 일들을 좀 알 뿐이지요. 우리가 하나님을 알려면 청결한 양심이 있어야 합니다. 청결한 양심이야말로 하나님을 아는 데 필수적인 것입니다. 그렇다면 우리가 어떻게 하면 청결한 양심을 가질 수 있겠습니까? 그것은 성경으로 말미암아 됩니다. 우리의 양심은 성경으로 말미암아 밝아지고, 우리의 양심은 성경으로 말미암아 정화되고, 우리의 양심은 성경으로 말미암아 바로 서게 됩니다. 그때에 우리는 하나님을 바로 알아요. 청결한 양심은 이와 같이 귀합니다. 인간 존재의 가치를 결정하는 여부는 양심입니다.

신앙의 전승과 양심

미국의 16대 대통령 링컨 Abraham Lincoln 1809-1865 은 말하기를 "내가

평생 사귄 모든 친구들이 다 떠나가도 양심만이 나의 친구로서 남아 있다면 그것으로 만족한다"고 하였습니다. 든든하다는 말입니다. 어쩌다가 친구를 잃게 되더라도 양심만은 잃지 않고, 양심이 내 편이 되어 있다면 든든하다는 말입니다. 양심은 진실이요 양심은 바른 사실을 주장하는 것입니다. 양심이 성경으로 말미암아 밝아졌으면 하나님이 그 사람의 하나님이 되십니다. 양심이 성경으로 말미암아 밝아지면 그가 하는 일도 바릅니다. 그렇게 되면 든든하고 안전하며 걱정이 없습니다. 그러므로 바로 살 줄 아는 사람은 양심을 지킵니다.

천문학자 갈릴레이 Galileo Galilei 1564-1642 는 지구가 돈다는 것을 분명히 알고 발표하였습니다. 그런데 당시의 어두운 종교 지도자들이 그의 학설을 부당하게 여겨 그 학설을 취소하도록 위협하였습니다. 그는 형벌이 두려워서 할 수 없이 취소하였으나, 물러나오면서 하는 말이 "그래도 지구는 지금 돌고 있는데……"라고 하였다는 유명한 말이 있지 않습니까? 그것이 양심의 소리입니다. 이 짐승 같은 육체는 살아가기 위하여, 평안하기 위하여, 깨달은바 진리를 취소하였지만 그 양심은 진리를 그대로 고백하였던 것입니다.

미국의 어떤 전직 대통령은 실수로 인하여 사람을 죽인 일이 있어 사형 언도를 받았지만 그 당시 현직 대통령의 특별사면으로 감형될 수 있었습니다. 그러나 그는 특사를 사양하고 사형 받기를 기뻐하였다고 합니다. 그것은 양심에 순종한 태도입니다. 사람을 죽였으니 사형을 받는 것이 당연하다는 양심의 소리에 순종한 것입니다. 양심은 이와 같이 진실하고, 인간 존재 가치의 전부를 차지하고 있는 것입니다. 하나님을 알려면 양심으로만 알 수 있습니다. 양심적인 고백은 하나님을 부인하지 못합니다.

우리가 고요히 만물을 볼 때에 하나님을 생각할 수 있습니다. 과연 만물 역시 지식과 진리 체계의 일부이므로 양심대로 사는 사람은 하나님의 계심을 부인하지 못합니다. 무엇이든지 저절로 된 것은 없습니다. 하나님이 지으셨으므로 있는 것입니다. 우연이란 것은 없습니다. 모든 만물은 하나님이 계심을 우리에게 보여줍니다. 프랑스의 어떤 성도는 핍박자들이 성경을 불사르려고 내어놓으라고 할 때에 말하기를 "너희가 성경을 가져갈지언정 저 하늘에 반짝이는 별들이 하나님을 증언하고 있는 것을 막지는 못하리라"고 하였다고 합니다.

우연을 믿기는 어려운 것입니다. 우연을 믿는 것보다는 차라리 기적을 믿는 것이 쉽습니다. 양심적으로 고백하는 사람은 모두 다 만물이 하나님의 권능에 의하여 지음 받았다는 것을 고백하지 않을 수 없습니다. 하나님을 섬기는 일은 양심으로 합니다. 하나님을 조상 적부터 섬겨 오는 것은 양심의 일입니다.

오늘날 우리 시대에서 신앙의 전승을 맡은 이는 나와 여러분들입니다. 우리가 진리를 알았으면 진리대로 살아야 합니다. 그것이 양심적인 생활입니다. 오늘날 많은 무리가 예수 그리스도를 믿는다고 하면서 이 세상의 길로 향합니다. 많은 지도자들이 속으로는 이 세상을 사랑하는 쪽으로 움직입니다. 이와 같이 양심대로 하지 아니하니 믿음의 전승이 안 됩니다. 사실상 우리가 옛날부터 전승되어 오는 참된 신앙을 믿는 대로 살 때에 빛이 나타나고, 믿는 대로 살 때에 다른 사람들의 양심을 찔러 주고, 믿는 대로 살 때에 다른 사람들의 양심을 밝혀 주면서, 그들을 하나님께로 인도하는 것입니다. 성경은 시종일관 우리에게 "너는 어찌하여 살아 계신 하나님을 믿지 않느냐" 하고 꾸지람하고 있습니다. 사도 바울은 "청결한 양심으로 조상 적부터 섬겨 오는 하나님께 감사한다"고 하였습니다.

　신앙의 전승이란 것은 양심 제일주의로 성립됩니다. 양심주의, 그것이 사람이 사람 되는 방법이고, 그것이 믿는 자로서 참으로 하나님을 믿게 되는 방법이요 신자로서 신앙을 전승시키는 방법입니다. 청결한 양심으로 주님의 말씀을 믿고 순종할 때에 그가 전하는 복음이 권위가 있습니다. 정복력이 있습니다. 그렇게 전하는 말씀이 자기 주위에 신앙을 전승시키는 운동을 맹렬히 일으키는 것입니다. 이런 사업, 저런 사업 하는 것도 다 양심 제일주의에서 할 때에 그것이 참이요 그 운동이 사람을 살리는 운동이 되는 것입니다.

모성의 감화력

　본문 5절에 말하기를 "네 속에 거짓이 없는 믿음을 생각함이라 이 믿음은 먼저 네 외조모 로이스와 네 어머니 유니게 속에 있더니 네 속에도 있는 줄을 확신하노라"고 하였습니다. 디모데의 신앙이란 그의 외조모에게 있던 신앙이요 그의 모친에게 있던 신앙이었습니다. 디모데의 신앙은 그의 외조부나 부친에게 있던 신앙이 아니었습니다. 디모데의 신앙은 여성들에게 있던 신앙이었습니다. "외조모 로이스와 네 어머니 유니게 속에 있더니"라고 하였습니다. 모성의 역할은 이 세상에서 대단히 중요합니다. 하나님께서 모성을 지으실 때에 특별히 감화력이 있도록 지으셨습니다.

유교에서는 여성을 천시합니다. 유학자들은 그렇지 않다고 변명을 하지만 별 수 없습니다. 공자 孔子 B.C. 551-479 가 말한 바 아내를 버릴 수 있는 일곱 가지 조건 가운데 한 가지만 들더라도 알 수 있습니다. 즉 "무자거 無子去"라고 하였으니, 자식을 생산하지 못해도 버릴 수 있다는 것입니다. 그렇게 여자를 멸시하고 남존여비의 옳지 않은 사상을 전해 내려온 것이 유교입니다.

그러나 성경을 보면 인권의 차원에서 남녀는 동등합니다. 다만 하나님께서 사용하시는 방면만 다를 뿐이고 어디까지나 인권은 동등한 것입니다. 하나님께서는 특별히 여성을 감화 방면으로 사용하십니다. 가정에서 어머니가 하는 것은 무엇보다 감화력 있게 자녀를 교육하는 일입니다. 부친은 사업 관계로 가정에서 많은 시간을 보내지 못합니다만 모친은 어린것들을 품어 줍니다. 모친은 자기의 온정을 다 자식들에게 쏟아 줍니다. 그야말로 모친의 감화력이란 위대합니다. 하나님이 어머니를 세상에 내신 것은 감사한 일입니다. 사람의 가르침에서 80퍼센트는 감화력이 점령합니다. 하나님도 인간을 구원하실 때 인간을 때려서 몰지 않으시고 감화로 하십니다.

"하나님이 세상을 이처럼 사랑하사 독생자를 주셨으니 이는 그를 믿는 자마다 멸망하지 않고 영생을 얻게 하려 하심이라" 요 3:16. 하나님은 그의 외아들도 아끼지 아니하시고 우리를 위하여 내어주셨습니다 롬 8:32. 어디까지 내어주셨는가 하면 십자가에 못 박혀 죽으시기까지 내어주셨습니다. 감화력의 직분을 맡은 것이 모성입니다. 특별히 교회 역사상에 위대한 인물들은 거의 다 위대한 어머니를 가진 사람들이었습니다. 고대교회의 위대한 그레고리 Gregory I 540-604 감독의 어머니는 기도의 사람이었습니다. 그가 아들 그레고리를 위하여 기도한 결과로 그레고리는 마침내 교회의 감독이 되었습니다.

맺는말

오늘 함께 생각한 내용은 믿음의 전승이라는 것이었습니다. 믿음은 청결한 양심에 의하여 전승된다는 것을 아시기 바랍니다. 우리는 우리 시대에 믿음을 잘 전승시키기 위하여 청결한 양심을 가져야 하겠습니다. 마비된 양심, 그것이야말로 천인공노할 양심입니다. 그런 양심은 자기의 이웃을 망하게 합니다. 우리는 청결한 양심을 가지고 믿음의 선진들이 전해 준 믿음을 그대로 받아서 우리 후대에 전승시키는 사람들이 되어야 하겠습니다. 또한 여성들은 본래 지어진 대로 감화력을 사용하여 자녀의 신앙 교육에 이바지해야 합니다. 우리들의 가정에 디모데 같은 신앙 인물이 많이 생기도록 신앙 면에서 많은 감화를 끼쳐야 하겠습니다. 이것이 바로 모성들이 해야 할 일입니다. 모성의 역할을 버리지 마시기 바랍니다.

교회,
내가 바로서야
교회가
바로선다

전파하고 섬기는 교회

C h u r c h

"영혼을 취급할 수 있는 이는 오직 하나님뿐이시다. 영혼은 오직 조물주 되시는 하나님께서만 다루시고, 건사하시고, 구원하시며, 주장하신다."

10. 교회의 성립과 참된 목자

[11] 그가 어떤 사람은 사도로, 어떤 사람은 선지자로, 어떤 사람은 복음 전하는 자로, 어떤 사람은 목사와 교사로 삼으셨으니 [12] 이는 성도를 온전하게 하여 봉사의 일을 하게 하며 그리스도의 몸을 세우려 하심이라. (엡 4:11-12)

이 두 절을 중심으로 교회가 이루어지는 것과 성직이 무슨 관계가 있는지 상고하겠습니다. 거룩한 직분은 무슨 이유로 있습니까? 이 문제를 말씀드리겠습니다. 11절부터 말씀을 드려야 하겠지만 먼저 12절부터 말씀을 드립니다. "이는 성도를 온전하게 하여 봉사의 일을 하게 하며 그리스도의 몸을 세우려 하심이라."

참된 교회 성립의 목적

교회의 성립에 대해서 12절이 말하고 있으니까 12절부터 말씀을 드립니다. 교회의 성립이란 것이 무엇이겠습니까? 12절에 나와 있는 대로 "성도를 온전하게" 하는 것입니다. 이 '온전하게 한다'는 말은 예비시킨다는 뜻입니다. 온전케 한다, 즉 성도들로 하여금 준비하게 한다 말입니다. 성도들이 장비를 갖추고 자격을 준비하도록 한다는 말입니다. 무엇을 하는데 장비를 갖추고, 무엇을 하는데 준비를 갖춥니까? "봉사의 일을 하게 하"는 것입니다. 교회란 봉사하는 단체이지 봉사를 받는 단체가 아닙니다. 그 누구라도 교회에서는 봉사를 받는 사람이 하나도 없고 오직 예수님만이 봉사를 받습니다. 봉사의 일을 하게 하려고, 즉 일하는 교회 되게 하려고 성도들을 준비시킨다는 것입니다.

우리나라 교회에 좋지 못한 전통이 상당히 굳어진 줄 압니다. 그것은 교회에서는 목사, 장로, 집사, 권사, 이런 직분을 맡은 자들이나 일한다는 생각입니다. 직분을 받기 전에는 일 안 해도 무방하다는 생각이 꽉 찬 것 같습니다. 그것은 아주 비성경적이고 어두운 생각이고 하나님의 말씀을 모르는 태도입니다. 여기도 분명히 말씀하지 않았습니까? "성도를 온전하게 하여"라 했는데, 여기 성도라는 말이 복수입니다. 한 사람만이 아니고 그 교회의 모든 교우들을 다 말하는 것입니다. 성도들을 준비시켜 봉사의 일을 하게 하라, 교우들이 다 일해야 한다는 말씀입니다. 어떻게 일을 안 하겠습니까? 우리가 구원받은 것은 예수님의 피로 구원받았지 다른 것으로 구원받습니까? 예수님이 여러분과 나를 대신하여 죽어 주신 그 공로 때문에 우리가 구원을 받지 다른 방법은 없습니다.

우리가 이 귀한 예수님의 피를 받았는데, 이 피의 공로를 받았는데, 이 피의 공로를 땅 속에 묻어 둘 것입니까? 그 피의 공로는 하늘보다 높고 땅보다 넓은 공로인데 그것을 우리가 묻어 두겠습니까? 우리가 하늘이 좁다고 하늘을 가지고 싸우겠습니까? 하늘을 두고 내 하늘이라고 주장을 하겠습니까? 너무도 넓고 크고 무한한 하늘인데 우리가 하늘을 내 것이라고, 내게만 소유됐다고 할 것입니까? 아닙니다. 예수의 피 공로는 하늘보다 넓고 하늘보다 높은데 이 공로를 만방에 전해야 하겠고, 그 의를 천하 만민에게 전해야 옳습니다. 그 귀한 주님의 의를 묻어 버리고 마는 것은 말할 수 없는 큰 죄입니다. 예수의 피로 정말 구원받았습니까? 그러면 일꾼이 되어야 합니다. 봉사의 일을 해야 하겠습니다.

봉사의 일이란 것은 직분을 받아서만 하는 것이 아니라 직분을 받을 형편이 못되어 직분을 안 받았다 하더라도 해야 하는 것입니다. 이웃 사람에게 복음을 전하며 하나님 말씀을 들을 수 있는 자리로 인도해 오고 또 주님이 부탁한 대로 계명을 지키며 이웃 사랑하기를 제 몸같이 사랑하라는 목표로 늘 움직이면서 이 세상 사람들을 주님께로 인도하는 일을 계속해야 과연 성도로서 자격을 갖춘 것입니다. 우리 교회는 교우들 전원이 일하는 교회가 되어야 하겠습니다. 억지로가 아니라 진리를 깨달았으니까 감사하므로 주님의 일을 모두 다 하는 교회가 되어야 하겠습니다.

"봉사의 일을 하게 하며 그리스도의 몸을 세우려 하심이라." 그리스도의 몸이란 교회를 비유한 말씀입니다. 이 교회란 주님의 몸이라고 성경이 말씀했는데 이것은 매우 좋은 비유올시다. 왜 교회를 예수의 몸이라고 합니까? 성령이 교회에 역사하시는 까닭입니다. 성령이 모든 주의 이름을 부르는 사람들 마음속에 역사하고 계십니다. 자기가 알든지 모르든지 성령이 역사합니다. 양심으로 주의 이름을 부르는 사람이라면 성령이 역사하는 사람인데, 성령은 살아 계신 영으로서 이 한 분 영으로 말미암아 우리 모든 신자들이 연결되어 있습니다. 한 분인 성령이 각 신자들에게 역사하니까 그 한 분에게 다 연결되어 있습니다. 마치 핏줄이 사람의 온 몸에 퍼져 있는 것과 마찬가지 아니겠습니까? 살아 계신 성령이 역사하시는 교회라면 주님의 몸과 같습니다.

교회는 주님의 몸이올시다. 물론 비유지만 그렇게 말할 만한 이유가 있습니다. 교회가 그렇게 될 때에 참 교회요 하늘나라 영생의 출장소라고 할 수 있습니다. 하늘나라의 생명줄이 와서 연결되어 있는, 영생의 그 생명줄이 와서 접촉이 되어 있는 출장소라고 할 수 있습니다. 좀 어폐가 있습니다만 하늘나라의 지점이라고 할 수가 있습니다. 하나님의 아들의 생명을 우리에게 전달하기 위해서 성령이 와 계시니 하늘의 생명이 와 있는 곳입니다. 참된 교회라면 이렇게 소중하다 말입니다. 참된 교회를 우리가 이루어야 하지 않겠습니까? 교회의 성립이 여기 있는 것인데 교회가 성립되기 위해서는 성직이 필요합니다. 이제 거슬러 11절로 올라가 봅니다.

교회의 성립과 성직

11절, "그가 어떤 사람은 사도로, 어떤 사람은 선지자로, 어떤 사람은 복음 전하는 자로, 어떤 사람은 목사와 교사로 삼으셨으니." 그 아래부터는 방금 전 우리가 본 말씀입니다. 그리스도의 몸을 세우려는 목적으로 성직이 필요하다 말입니다. 성도들을 준비시켜서 봉사의 일을 하게 해서 그리스도의 몸을 세운다고 하였습니다. 교회의 성립에서 이렇게 성직이 중요합니다. 거룩한 직분입니다. 혹은 사도, 혹은 선지자, 혹은 복음 전하는 자, 혹은 목사, 혹은 교사, 여기에 집사란 말이 오르지 않았습니다만 다른 데는 집사란 말이 있습니다. 여기 이 구절에서는 거룩한 직분을 전부 다 써 놓지는 않고 대표적으로 몇 가지를 말했습니다.

우선 머리말로 성직의 필요성을 먼저 말씀을 했는데, 교회를 성립시키는 데서 거룩한 직분 없이는 안 되겠는가? 직분들이 없이 그저 우리가 성경을 읽고 성경 말씀이 가르쳐준 대로 믿으면 안 되겠나? 그렇게 믿으며 모여 가지고 예배드리고 그저 주님을 위해서 바칠 것을 바치면 그것이 교회가 아닌가, 이런 생각을 하기 쉽습니다. 그렇지만 참된 교회의 성립에 성직이 필요합니다. 하나님께서 그렇게 세우셨습니다. 하나님이 지혜가 없어서 성직자를 세우십니까? 하나님께서 지혜를 가지시고 교회에 거룩한 직분들을 세웠습니다. 그렇게 세우는 이유 중 하나는 물론 회중을 인도하는 일이 있어야 하겠기 때문입니다. 회중을 인도를 해야 하지 않겠습니까? 설교라도 하는 사람이 있어야지 그저 모두 모여 앉아서 성경만 보고 각각 깨달은 대로 행할 것 같으면 잘못 깨닫는 것도 있지 않겠습니까. 그러니까 교회에는 인도의 필요성이 늘 있습니다. 인도하는 자들이 있어야 합니다.

그런데 그보다도 중요한 것은 하나님께서 모범이 되는 사람들을 내세우는 경륜이 계시기 때문입니다. 주를 믿는 데서 잘 믿는 분이 있습니다. 주를 믿으면서 모든 행하는 것들이 본보기가 되는 사람들이 있는데 그런 분들을 하나님께서 공적으로 내세우고 싶어 한다 말입니다. 잘 믿는 사람을 볼 때에 여러분이나 저의 마음이 어떻습니까? 과연 마음에 은혜를 받는다 말입니다. 주님을 진실하게 믿으려다가 불에 타죽는 형벌을 받으면서라도 자기의 신앙을 버리지 아니하고 끝까지 나아가는 것을 볼 때에 마음이 어떻습니까? 그리고 피땀 흘려 거둔 물질이라도 주를 위해서 바치는 데 아까워하지 않고 잘라 바치며, 자기가 어려운 생활을 할지언정 주님을 위해서 바치는 성도의 태도와 모습, 그 마음의 움직임을 볼 때에 우리 마음이 어떻습니까? 우리도 역시 힘을 얻는다 말씀이에요. 이것 정말 진짜로구나! 주님을 참으로 믿으니 주님이 그 마음에 역사하셔서 그렇게 기쁨이 있고 그렇게 너그러워졌고, 전에는 죄를 범하던 사람이 지금에 와서는 백팔십도 달라져 가지고 그렇게 착하고 의롭구나!

그런 것을 볼 때에 자석을 향하여 철이 끌려가는 것같이 우리의 마음이 끌린다 말입니다. 잘못 끌리는 것이 아니라 진리와 참된 것에게 끌려서 힘을 얻습니다. 하나님께서는 직분을 세울 때에 그런 목적으로 세웁니다. 그런고로 직분을 받는 사람들이 얼마나 두려운 생각을 품어야 할지 상상할 수가 있습니다. 하나님이 나를 세울 때는 이 많은 사람들이 나를 쳐다보도록 세웠구나! 이 많은 사람들이 내 얼굴이 움직이는 것까지라도 자세히 살피면서 그것을 평가하고 있구나! 이 많은 사람들이 내가 자는 것이라든지 깨는 것이라든지 모든 생활모습까지라도 오랜 세월 동안 지켜보고 있구나! 그것을 생각할 때에 어찌 두렵지 않겠습니까. 하나님이 그런 목적으로 나를 세웠고 모든 사람들이 또 그렇게 직분자로 나온 사람들을 바라보며 연구하고 그렇게 검토하고 살펴서 무엇을 얻으려고 하는 것은 당연하고 자연스러운 일이지 결코 과한 일이 아닌 것입니다. 저는 수십 년 전에 잘 믿고 모범이 된 분이 설교할 때에 큰 은혜를 누린 경험이 있습니다. 그분의 설교를 고요한 가운데서 들을 때 그분의 말 마디마디가 은혜가 되었습니다.

평양에서 길선주 吉善宙 1869-1935 목사님이 부흥회를 인도하면서 은혜를 많이 끼칠 때에, 자기는 길선주 목사님의 손이라도 한 번 만져보면 좋겠다는 생각이 있었다고 말하는 어떤 목사님의 고백을 들은 적이 있습니다. 모범된 지도자, 그야말로 문자 그대로 신앙으로 사는 사람, 성경의 좋은 말씀대로 사는 사람, 그런 사람을 그렇게 모범으로 삼고 싶어 하는 마음이 일어나는 것은 자연스런 일이라 말입니다. 하나님께서 직분이라는 것을 그렇게 세워 놓으신 것입니다. 교회의 유익을 위해서, 모든 성도들을 준비시키기 위해서, 직분을 세우셨습니다. 모든 성도들이 힘을 얻고, 모든 성도들이 신앙을 배워서 봉사의 일을 하게 하려고 하나님께서 직분들을 세우신 것입니다.

재능과 은사

그뿐 아니라 하나님은 재능대로 은사를 주어서 일을 맡기십니다. 예수 믿기 전부터 사람들은 각각 재능이 다릅니다. 어떤 사람은 말재주가 있고 어떤 사람은 예수 믿기 전에도 사람이 진실합니다. 예수 믿기 전에도 퍽 조심하는 성질을 가진 사람도 있어요. 무슨 일을 잘 처리하는 재능도 있습니다. 그런데 그것만 가지고는 주의 일을 물론 할 수가 없습니다. 달란트 비유를 보면 재능대로 달란트를 맡겼다고 했습니다. 재능대로 성령의 은사를 부어준다 말입니다. 재능대로 성령의 은사를 받으면 본래부터 하나님이 그 사람을 세상에 내면서 주신 재능대로 일을 할 수가 있습니다. 연구심이 많은 사람이 예수 믿은 후에 달란트를 또 받아서 성령으로 말미암은 은사를 받아서 성경을 연구해 가르칠 때에 잘 가르치는 일을 할 수가 있습니다. 가령 말하는 재주가 전혀 없는 사람이 예수 믿은 후에 목사가 될 수 있느냐? 될 수 없습니다. 말을 더듬는 사람이 혹시 있는데 그렇게 말을 더듬는 사람이 은혜를 받았다고 해서 목사가 될 수 있느냐? 어렵습니다.

마태복음 25장 15절의 달란트 비유에서 재능대로 달란트를 다섯 달란트 혹 두 달란트 혹 한 달란트를 맡겼다고 했습니다. 그러면 하나님께서는 그 재능대로 성령의 은혜를 부어 주셔서 직분을 맡기십니다. 그러나 성령의 은혜를 부어 주시지 않는다면 아무리 재능이 있어도 직분을 맡을 수가 없습니다. 성령의 은혜를 받지 못하고 재간만 있으면 교회를 해롭게 합니다. 자기 재능대로 성령의 달란트를 받으면 성령의 은혜에 지배를 받으며 성령의 은혜에 감동을 받아서 재능을 활용하기 때문에 주님의 교회에 은혜를 끼쳐요. 다시 말하면 교회를 이뤄 나가는 데서 무슨 일처리를 할 때 성령의 은혜에 지배를 받아서 본래 가졌던 재능을 잘 사용하여 순종함으로 교회 일을 잘해 나갈 수가 있습니다. 그러니까 하나님의 교회에 유익을 줍니다.

그런데 이 일도 실은 많은 고난을 받아야 합니다. 재능이 있다고 해서 주님의 일을 잘하는 것이 아니고, 또 그 위에 은혜를 받았다고 해서 그렇게 쉽사리 교회 일을 잘하는 것은 아닙니다. 재능과 은혜가 있더라도 최대의 노력을 기울여야 합니다. 그래서 순교자들도 나오지 않습니까? 생명을 바치고 고생하고 노력하고 수고하면서 은혜를 사모해 나가야지, 은혜를 좀 받았다고 해서 이제는 됐다 싶어 쉽게 해 나가다가는 교회를 바로 섬기지 못하고 그 재주를 가지고 외려 잘못할 수가 있는 것입니다. 은혜의 면이 강해서 그 재주를 지배하고 이끌고 나갈 수 있는 영력이 있어야지, 영력이 없으면 도리어 교회에 유익을 못 주고 해를 끼칩니다. 그러기에 은혜를 받았다고 하더라도 생명을 바치는 노력을 해야 한다 말입니다. 준비 없이 나서지 말아야 합니다. 극도의 수고를 하면서 피 흘리기까지 죄를 대적하며 성령의 인도를 받아서 일을 해야 하는 것이 옳습니다.

거룩한 직분을 받는다는 것이 얼마나 두려운 일인가를 우리가 명심해야 하겠습니다. 거룩한 직분을 받는 것은 많은 교인들이 늘 쳐다보고 검토하고 연구하는 대상이 되는 것입니다. 내가 모르는 결점을 교우들이 알게 될 정도로 그야말로 검토하는 대상이 되어 있음을 우리가 알 때 그만큼 노력을 하지 않을 수 없습니다.

오륙십 년 전에 평양신학교 다닐 때에 곽안련 郭安連 Charles Allen Clark 1878-1961 박사가 실천신학을 가르치면서 종종 하신 말은 목사는 유리집에서 산다는 것이었습니다. 다시 말하면 사람들이 그렇게 쳐다보고 그렇게 검토하고 밝히 살피는 존재가 되는 것이니 목사 되는 것이 얼마나 두려운 일인지 모른다는 것입니다. 목사가 됐으면 생명을 걸고 노력해야 된다는 의미에서 그런 말을 했습니다.

사도와 선지자와 복음 전하는 자

교회가 잘되어 나가려고 하면 참 모범을 늘 보여줄 수 있는 성직자가 있어야 한다는 것입니다. 이제 성직자로서 여기 먼저 기록된 것은 사도와 선지자와 복음 전도자, 세 종류가 있는데 신학자들이 말하는 대로 그 직분들은 지나갔다고 합니다. 오늘날은 이런 성직자들이 없다는 것입니다. 사도란 처음 초대 교회에 예수님이 친히 세운 종들이니까 이제는 없습니다. 예수님이 땅에 계셔서 친히 세운 종은 이제는 다시없다 그것입니다. 또 선지자도 없습니다. 선지자란 하나님의 말씀을 직접 들어 가지고 전하는 직분인데 지금은 없다는 것입니다.

복음 전도자 역시 지금은 없다, 지금 복음 전하는 사람은 있는 것 같은데 신학자들이 말하는 대로는 없다는 것입니다. 왜 그런고 하니 여기서 말하는 전도자는 오늘날 우리가 보통 말하는 전도자가 아니라,

누가나 마가 같은 사람들을 말합니다. 누가는 바울의 수종자로서 전도자요 마가는 베드로의 수종자로서 전도자인데, 그들이 성경을 기록했습니다. 누가는 누가복음과 사도행전을 기록하고 마가는 마가복음을 기록했는데, 오늘날 전도자들이 성경을 기록할 수 있느냐? 할 수 없다는 것입니다. 그런 만큼 여기서 말하는 전도자는 보통 전도자가 아니라 초대에 교회의 기초를 세울 때에 봉사했던 전도자라는 의미에서 지금은 없다고 단언을 하는 것입니다. 사도라 하면 성경을 기록하고 또 이적을 행했습니다.

바울은 고린도전서 9장 1절에 "내가……사도가 아니냐 예수 우리 주를 보지 못하였느냐" 그런 말씀을 했는데, 예수님이 다시 살아나신 것을 보신 분들이 사도라 말입니다. 오늘날 예수를 본 사람이 있습니까? 제가 평양신학교 다닐 때에 피토스 목사라는 분의 설교를 들은 적이 있는데 한국말을 잘합니다. 그런데 그분이 "내가 금강산에서 예수를 보았습니다" 하고 수차 말하는 것을 내가 들었는데, 오늘날 예수를 봤다는 분들이 있다고 해도 우리는 그것을 사도들이 예수를 본 것과 같은 체험으로 중요하게 여기면 안 됩니다. 사람의 지각 知覺 에 오류가 얼마나 많은데, 무엇을 보고 예수를 봤다는 것인지 절대로 신용하기가 어렵습니다.

그런 어떤 체험이 있는 경우에 자기 혼자나 알고 있을 일입니다. 사람들이 그런 말을 들으면, 나도 예수를 좀 보면 좋겠다 하는 생각을 가지고 자꾸 애를 쓴다 그 말입니다. 예수를 보겠다고 애를 쓰면 반드시

단 것을 보기가 쉽습니다. 그런 것을 숭상하면 마귀가 개입합니다. 마귀도 별짓 다 하는 것이므로, 우리가 이상한 것을 따라가다가는 큰일 납니다. 우리가 백 퍼센트 믿는 것은 하나님이 친히 세우신 사도들이 예수를 봤다는 것입니다. 우리는 이것을 조금도 의심하지 않습니다. 예수를 보는 것이 사도의 자격이었습니다. 그들은 예수를 보았고 성경을 기록했습니다. 그런 만큼 교회 설립에서 기초를 닦은 분들입니다. 교회의 터전이 성경입니다.

그런고로 오늘날 사도와 선지자는 없지만, 또 성경을 기록할 만한 고유한 의미의 복음 전도자도 없지만 성경은 우리에게 있습니다. 그러니까 사도와 선지자와 복음 전도자가 인격적으로는 우리 가운데 없다 해도 문제는 없습니다. 그들이 무엇 때문에 있었습니까? 교회의 기초가 되는 성경을 이루기 위해서 있었습니다. 그들이 전한 말씀을 적은 것이 바로 성경입니다. 우리는 그들이 전한 말씀을 받았기 때문에, 그 말씀대로 교회를 세우고 교회를 운영하고 우리 개인들이 살아갈 때에 우리는 그들을 모신 것과 마찬가지의 결과를 체험하는 것입니다. 우리가 무엇 때문에 사도를 원합니까? 무엇 때문에 선지자를 원합니까? 우리는 그들의 지도를 받고 그들의 말씀을 받으려는 것이 아닙니까? 그런데 그들의 말씀이 성경입니다. 그런고로 하나님의 교회의 터라는 것은 요지부동으로 존재합니다. 변동이 없고 반석과 같이 서 있습니다. 우리는 성경 말씀대로 살아갈 때에 천상천하에 광명정대하고 언제나 참된 것입니다.

목사와 교사

둘째 부분의 성직자들은 목사와 교사라고 나왔는데, 목사와 교사는 한 묶음으로 생각해야 하겠습니다. 물론 사도, 선지자, 전도자도 한 몫으로 생각해야 합니다. 이 세 직분들은 성경을 이루는 데 사역한 분들이기 때문입니다. 이렇게 성경이 다 이루어졌으니 이제 오늘날 필요한 것은 목사와 교사입니다. 그런데 헬라어 원문을 보면 목사와 교사란 말씀을 할 때에 관사가 하나뿐입니다. 즉 '그' 목사들과 교사들이라고 했습니다. 그 목사들과 그 교사들이라고 하지 않았습니다. "그" 자가 두 번 나오지 않고 한 번 나옵니다. 그 위에 있는 말씀은 전부 "그" 자가 다 붙어 있어서 그 사도들, 그 선지자들, 그 전도자들 그렇게 되어 있습니다. 그런데 여기 목사와 교사란 말에는 관사가 하나뿐입니다. '그 목사와 교사' 그렇게 되어 있으니 목사와 교사는 한 직분입니다. 일본 장로교에서는 목사라고 하지 않고 교사라고 했습니다. 지금 와서는 고쳤는지 모르겠습니다. 목사와 교사는 하나의 직분이라고 보는 것이 좋은 줄로 압니다.

그러면 오늘날 우리 시대에는 목사가 있습니다. 목사는 하나님의 교회를 이루는 데 반드시 필요합니다. 성경 말씀을 보면 주님 자신이 목사입니다. 베드로전서 5장 4절에 주님을 목자장이라고 했습니다. 목자장도 목사이지요. 목사들 중의 목사입니다. 그야말로 목사 일을 완전무결하게 절대적으로 하신 이는 우리 주님이십니다. 나는 선한 목자라고 했습니다.

성경 헬라어 원문에 이 목사라는 글자는 목자와 같은 글자입니다. '포이멘'이란 단어로 그 근원이 같습니다. 예수님은 목자장이라고 했는데, 예수님이 선한 목자요 또 히브리서 13장 20절 보면 예수는 큰 목자라고 말씀했습니다. 또 베드로전서 2장 25절 보면 예수는 영혼의 목자라고 말씀했습니다. 이 말씀들을 볼 때 예수님은 우리의 영혼을 먹여 주시며 영혼을 다스려 주시고 건사해 주시며 영혼을 구원해 주시는 목사라는 말입니다.

우리 영혼의 목자라고 하였으니 오늘날 우리 목사들은 큰 목자 되시는 예수 밑에서 일을 보는 사람들입니다. 영혼의 목자 되시는 예수 밑에서 부목사 노릇 하는 사람들입니다. 부목사란 말도 너무 높은 것 같습니다. 그야말로 목자장 되시는 예수님 아래서 우리가 심부름을 하는 것입니다. 예수님은 하늘에 올라가 계시지만 땅의 교회에서 목사 일을 보고 계시는 것입니다. 우리가 이것을 명심해야 하겠습니다. 성령을 통해서 이 일을 하고 계십니다.

그러면 목사가 하는 일, 목자장 밑에서 심부름 하는 우리 목사들이 하는 일이 무엇인지 간단하게 한두 마디 생각해 보겠습니다. 요한복음 21장 15절 보면 먹이는 일을 합니다. 목사는 먹이는 일을 합니다. 무엇을 먹이느냐, 영혼의 양식을 먹여 줍니다. 우리 몸은 음식을 먹고 살지만 영혼은 하나님의 말씀을 먹고 삽니다. 우리 영혼이 하나님 말씀을 달게 받을 때는 은혜를 받는 때입니다. 영혼이 먹는 때입니다. 하나님 말씀을 달게 받을 때에 그 말씀이 내 속에 들어가서 내 영혼 속에서 힘이 되고 영양분이 되고 또 내 영혼 속에 생명을 주는 것입니다. 하나님의 말씀을 먹여 주는 일을 목사가 하는 것입니다. 말씀을 영혼의 양식으로 말한 구절들이 성경에 상당히 많습니다. 아모스 8장 11절에도 "양식이 없어 주림이 아니며 물이 없어 갈함이 아니요 여호와의 말씀을 듣지 못한 기갈이라"고 했는데, 그것은 영혼의 기갈을 말한 것입니다.

히브리서 5장 11-14절 보면, "멜기세덱에 관하여는 우리가 할 말이 많으나 너희가 듣는 것이 둔하므로 설명하기 어려우니라 때가 오래 되었으므로 너희가 마땅히 선생이 되었을 터인데 너희가 다시 하나님의 말씀의 초보에 대하여 누구에게서 가르침을 받아야 할 처지이니 단단한 음식은 못 먹고 젖이나 먹어야 할 자가 되었도다 이는 젖을 먹는 자마다 어린 아이니 의의 말씀을 경험하지 못한 자요"라고 했습니다. 단단한 식물은 장성한 자의 것이니 단단한 음식물을 먹어야 한다는 것입니다. 늘 그저 먹기 쉬운 것, 마실 수 있는 것이나 먹어서야 되겠습니까? 단단한 음식물들을 먹어야 한다고 그 필요성을 절실히 호소하고 있습니다. 우리 믿는 사람들이 성경을 연구하되 날림으로 쉬운 것이나 연구하고 지나가는 생활에 그쳐서는 안 됩니다. 우리는 성경의 깊은 말씀까지 맛보고 깨달아서 우리 영혼의 깊이까지 고쳐 주어야 합니다. 우리 영혼의 깊은 곳에까지 이르러 힘을 주어야 하겠습니다. 하나님이 필요해서 주신 오묘한 내용까지 우리가 넉넉히 섭취하여 우리 영혼의 성결 수준이 높아져야 하겠고 선과 악을 분별하는 지혜가 밝아야 하겠습니다. 선과 악을 분별한다는 것은 결국 거짓된 것과 참된 것을 구별하는 것입니다.

우리 믿는 사람들이 그저 젖이나 먹고 마는 일이 많습니다. 부흥회도 좋습니다. 하지만 점점 더 수준을 높여야지 그저 우우 모여서 우스운 얘기나 해서 기분 좋게 하고, 간증으로 믿음의 은혜를 조금 받고서 그저 약간의 평안을 얻고 흩어진다면 사실 남는 것이 없습니다. 그저 웃기나 하고 기분 좋게 흩어지는 것인데, 100여년 가까이 우리 한국교회가 이렇게 지내서야 되겠습니까? 늘 그렇게 젖만 먹겠습니까? 참된 것과 거짓된 것을 바로 분별할 수 있어야 한다 말입니다. 거짓말을 하는 사람이 하나 나와서 천사와 같이 가장하여 무슨 이적을 행한다고 하고 말이나 유창하게 잘하면 와와 하며 꽤나 따라갈 판입니다. 우리 믿는 사람들이 견실해져야 하고 뿌리가 깊어져야 합니다. 말하는 것이 무엇인지를 듣고서 벌써 거짓된 것과 참된 것을 분별할 수 있어야 하겠다 말입니다. 성경에 어긋나는 말이 무엇인지 금방 알아야 합니다. 또 당장에 무엇이 나타나지는 않더라도 잘 보면 머지않은 장래에 무엇이 나오겠구나, 하는 것도 짐작할 수 있어야 하겠습니다. 일시적인 감정으로 들쑥날쑥 하지 않고 성경 말씀의 깊은 것들을 착실히 풍부하게 먹고 자라야 하겠습니다.

받들어야 할 목자장의 뜻

그리고 목자는 양을 보호합니다. 양이라 하지만 자기 양이 아니라 하나님의 양입니다. 종종 지도자들이 교회를 자기 양이라고 하는데 어림없는 말입니다. 하나님의 양이요 목사는 하나님의 양을 봉사하는 직분을 가진 자입니다. 참된 목자는 양에게 꼴을 먹일 뿐 아니라 보호하는 일을 합니다. 하나님의 양을 보호합니다.

에스겔 34장 16절에 "그 잃어버린 자를 내가 찾으며 쫓기는 자를 내가 돌아오게 하며 상한 자를 내가 싸매 주며 병든 자를 내가 강하게 하려니와" 이렇게 말씀했습니다. 하나님이 자신의 양을 보호하는 일에서 이렇게 하신다는 것이니, 목자장 밑에서 목사 일을 보는 성직자들은 목자장의 뜻을 받들어서 이 일을 해야 할 것입니다. "그 잃어버린 자를 내가 찾으며 쫓기는 자를 내가 돌아오게 하며 상한 자를 내가 싸매 주며 병든 자를 내가 강하게 하려니와."

양들에게는 특히 흉악한 이리가 종종 출현하는 것이올시다. 바울이 에베소에서 고별설교를 할 때 경계한 말씀 사도행전 20장 29-30절을 보세요. "내가 떠난 후에 사나운 이리가 여러분에게 들어와서 그 양 떼를 아끼지 아니하며 또한 여러분 중에서도 제자들을 끌어 자기를 따르게 하려고 어그러진 말을 하는 사람들이 일어날 줄을 내가 아노라." 이단 운동을 막아야 하며 세속주의를 막아야 하고 교권주의를 막아야 하며 모든 불신앙을 초래하는 사상들을 막아야 한다는 말씀입니다. 이단 운동을 막으려 할 때 난관이 많고, 세속주의를 막으려 할 때에 어려운 일이 따르며, 교권주의를 막으려 할 때 고난이 몰려오는 것입니다. 교권주의가 성하게 되면 교회는 어그러집니다. 교권주의는 무엇인가를 내가 주장하겠다는 생각을 가지고 교회를 제 뜻대로 움직이려

하니까 잘못되는 것입니다. 그렇게 하니까 잘못 인도하게 되고 또 그것을 막는 사람들이 나올 때 패가 나뉘어 서로 싸움이 됩니다. 그렇게 되면 옳은 것을 세워 나갈 수가 없습니다. 상대방에서 옳은 것을 주장하면 이쪽에서는 그것이 옳은 줄 알면서도 저쪽 패가 이길까 보아 세워 주질 않습니다. 그러니까 교권주의가 성하게 되면 그러한 교회는 의를 이루어나갈 수가 없고, 주님의 일을 도무지 할 수가 없습니다. 서로 권력을 잡으려고 정치술을 자꾸 쓰고 딴전을 부리니까 하나님의 말씀대로 주의 일을 하는 데서는 마비상태에 빠집니다.

성직자는 교회를 섬기는 자리에 있는 사람입니다. 교회를 자기의 사업이나 직장으로 삼는다든지 자기 출세의 기틀로 삼는다든지 할 것 같으면 그러한 일꾼들이 있는 동안에는 하나님의 교회가 어떻게 되겠습니까. 목사는 먹이는 일과 보호하는 일에서 그야말로 생명 바치지 아니해 가지고는 일할 수가 없습니다. 늘 이 교회를 위해서 기도하고, 늘 이 교회에 들어앉아 있어야 하며, 그야말로 하나님의 양 무리 하나하나의 사정을 바로 알아서 돌봐야 합니다. 그런 만큼 잘 먹일 수 있는 종, 하나님의 양 무리를 하나하나 깊이 알고 실수 없이 돌보고 보호하는 주의 종이 있어야 합니다. 그런고로 우리는 만사를 불구하고 이 일을 위하여 기도해야 하겠고, 성경 말씀 그대로 주님의 몸이라고 할 수 있는 생명의 역사가 있는 교회를 세워 가는 일에 쓰임을 받도록 하나님의 은혜를 입어야 하겠습니다.

기도

주님, 감사하옵나이다. 우리는 땅에서 그 무엇에 소망을 둘 수 없으며 오직 하늘나라가 우리 소망이고 하늘나라의 생명 운동이 우리의 소망입니다. 반드시 주의 몸과 같은 교회가 있어야 하겠사오니 주님이여 우리 교회가 주님의 몸과 같이 되게 하여 주시고, 이 성도들이 준비되어 모두 다 주의 일을 하는 교회가 되게 하여 주시기를 바랍니다. 아버지 하나님이여 우리를 불쌍히 여겨서 인간 그 누가 이 교회를 운영하는 것이 아니라 오직 여호와 하나님께서 이 교회를 전적으로 맡아 운영하여 주시기를 바랍니다. 그래서 이 시대에 과연 진리의 깃발이 되며 진리의 횃불이 될 수 있으며 생명의 창구가 될 수 있는 하나님의 귀한 교회가 되게 하여 주옵소서. 우리는 다 자기를 쳐 복종시키고 결단코 음으로나 양으로 자기를 위하는 것이 없게 하시고 전적으로 우리 주님만 위하고 주의 영광만을 위하는 모든 사랑하는 우리 형제들이 되게 하여 주옵소서. 예수 그리스도의 이름으로 비옵나이다. 아멘

11. 증언하는 단체

⁸ 너희가 전에는 어둠이더니 이제는 주 안에서 빛이라 빛의 자녀들처럼 행하라
⁹ 빛의 열매는 모든 착함과 의로움과 진실함에 있느니라. (엡 5:8-9)

오늘 읽은 말씀 에베소서 5장 8절 이하의 말씀에서 특별히 생각하고자 하는 것은 8-9절입니다. "너희가 전에는 어둠이더니 이제는 주 안에서 빛이라 빛의 자녀들처럼 행하라 빛의 열매는 모든 착함과 의로움과 진실함에 있느니라"는 말씀입니다.

빛을 증언하는 교회

마태복음 5장 14-16절 읽을 때 너희는 세상의 빛이라 말씀하고 빛의 목적이 무엇인지 또 말씀하셨습니다. 너희 행실을 보고 하나님께 영광을 돌리라는 것입니다. 너희 행실이 빛과 같아서 그 빛을 보고 분별을 하게 되고 그 빛을 보고 하나님을 알게 된다는 것입니다. "너희는 세상의 빛이라 산 위에 있는 동네가 숨겨지지 못할 것이요 사람이 등불을 켜서 말 아래에 두지 아니하고 등경 위에 두나니 이러므로 집 안 모든 사람에게 비치느니라 이같이 너희 빛이 사람 앞에 비치게 하여 그들로 너희 착한 행실을 보고 하늘에 계신 너희 아버지께 영광을 돌리게 하라."

여기 우리 본문에도 증언자로서의 빛을 말했습니다. 11절 보면 "너희는 열매 없는 어둠의 일에 참여하지 말고 도리어 책망하라"고 했습니다. 그 밑에 또 말하기를 13절에 "그러나 책망을 받는 모든 것은 빛으로 말미암아 드러나나니"라고 해서, 증언을 받는 자들이 변화를 받는다는 것입니다. 또 그 밑에 14절에 말하기를 "그러므로 이르시기를 잠자는 자여 깨어서 죽은 자들 가운데서 일어나라"고 한 말씀을 보니까, 역시 빛은 깨우치는 일을 한다는 말입니다.

이 문맥에서 우리는 빛이라는 말이 증언하는 자라는 뜻을 가졌다고 생각합니다. 빛과 같이 증언하는 교회라는 내용입니다. 증언은 철두철미한 희생, 희생자의 생활을 합니다. 에베소서 5장 초두에 나온 대로 2절에 "그리스도께서 너희를 사랑하신 것같이 너희도 사랑 가운데서 행하라 그는 우리를 위하여 자신을 버리사 향기로운 제물과 희생제물로 하나님께 드리셨느니라"고 했습니다. 그리스도는 생축의 자리에까지 낮아지셨습니다. 생축이 죽임을 당하고 피 흘려서 제물이 되는 것처럼 예수 그리스도께서 속죄의 제물이 되시기 위해서 희생을 당하신 것입니다. 그와 같이 우리도 희생함으로 과연 착함과 의로움과 진실함을 이룹니다. 9절에 말하기를 빛의 열매는 모든 선과 의와 진리 안에 있다고 하였습니다.

착함으로 이루는 증거

착하다는 것은 여기서 사랑을 의미했습니다. 우리는 우리 자신을 희생하지 않고는 사랑을 이루지 못합니다. 사랑을 이루지 못하면 증거의 자격을 상실합니다. 주님께서 희생자가 되셔서 사랑을 이루셨습니다. 하나님이 세상을 이처럼 사랑하사 독생자를 주셨으니 누구든지 그를 믿으면 멸망하지 않고 영생을 얻으리라 말씀했습니다. 그는 희생자로서 이 세상에 오셔서 착함을 이루고 사랑을 이루어 우리에게 하나님을 알게 하는 증거를 확립시키신 것입니다. 빛과 같은 증인은 희생하므로 착한 자가 되어야 합니다. 우리는 우리의 힘으로 착한 자가 될 수가 없습니다. 이것은 깨달은 기독교 신자들이라면 누구나 아는 사실입니다. 우리는 주님의 희생을 보고 우리 자신도 희생을 배우게 되는 것입니다.

주님께서 몸을 버리기까지 우리를 사랑하신 고로 우리도 사랑을 배우며 또 감격한 가운데 사랑을 우리 수준에서 행하게 됩니다. 주님의 사랑을 배워서 사랑을 행하게 된다 할 때에 이것이 하나의 이론이나 관념에 지나지 못할 우려가 있습니다. 왜 그렇게 되느냐 하면 우리 자신들이 너무 희생할 줄 모르고 또 사랑을 이루지 못하는 신분이기 때문입니다. 먼저 주님이 우리를 위해서 나 자신을 위하여 피 흘리신 사실을 절실히 깨닫는 데서 우리는 그 사랑을 배웁니다.

어떻게 깨닫는가? 이론으로 깨닫기는 어렵습니다. 우리는 행함으로 깨닫습니다. 우리는 철두철미 죄인인 것을 실감해야만 주님의 십자가를 알게 됩니다. 죄인임을 실감하는 것은 행함으로 알게 됩니다. 우리가 실제로 행해 볼 때에 도무지 이룰 수가 없다는 것을 느낍니다. 의를 행하려고 할 때에 도무지 행해지지 않는 것입니다. 사랑을 이루려고 할 때에 성경이 말한 그 사랑을 도무지 못하겠다 말입니다. 그러므로 우리는 죄인인 것을 철저히 깨달아야 하는데, 그렇게 죄인인 것을 철저히 깨닫는 것은 이론으로 깨닫는 것이 아니라 행해 봄으로 깨닫는다 그 말입니다.

성경에 말하는 그 수준의 의를 이룰 수가 없습니다. 어느 정도 이루고 더 이루지 못한다는 것이 아니라 도무지 이룰 수가 없더라 말입니다. 그 수준은 이웃 사랑하기를 너 자신같이 사랑하라는 정도인데 그것은 도무지 안 되더라 말입니다. 그러므로 우리는 죄인이라는 것은 깨닫습니다. 어느 정도 죄인인가? 어찌할 수 없는 죄인입니다. 시체와 같이 옳은 것은 아무것도 이룰 수 없는 죄인임을 깨닫는 것입니다. 거기에서 고민과 아픔을 가지고 참된 실망을 느낄 때에 예수님이 왜 죽으셨는지 정말 깨닫게 되는 것 아닙니까? 예수님이 왜 죽으셨는가? 나와 같이 소망 없는 사람, 소망 없는 죄인을 위해서 죽었다고 실감 있게 깨닫는 것입니다. 여기서 예수님의 희생의 사랑을 배우게 된다 말입니다.

이렇게 배워 가지고 요한일서 4장에 말하는 것처럼 속죄의 사랑을 깨닫는 우리도 사랑을 할 동기를 갖게 됩니다. 사랑의 생활을 출발하게 되는 것입니다. 우리는 어디까지나 예수 그리스도의 사랑을 반영하는 반사체입니다. 주님의 사랑을 깨닫는 데서부터 이 반사의 생활이 시작

되면 힘들지 않게 그 사랑을 이루어 가는 생활이 가능하다고 생각합니다. 동시에 그 생활 속에서 하나님을 모시게 되는 것입니다. 깨달음으로 출발해서 희생으로 사랑의 작업을 하는 중에 주님을 모신다 말입니다.

요한일서 4장 12절에 말하기를, "어느 때나 하나님을 본 사람이 없으되 만일 우리가 서로 사랑하면 하나님이 우리 안에 거하시고"라고 말씀했습니다. 그 장절은 분명히 하나님을 체험한다는 말씀입니다. 하나님을 본 사람이 없다고 하면서, 보는 것보다 더 구체적인 체험이 있다는 것이지요. 만일 우리가 서로 사랑하면 하나님께서 우리 안에 거해 주신다고 한 것은 하나님을 보는 것 이상으로 우리와 구체적인 관계가 맺어진다는 말씀이 아니겠습니까?

우리는 그리스도의 사랑을 받은 사건으로부터 희생의 생활을 시작하게 되고 그 결과로 하나님을 만나게 됩니다. 그러니 이 그리스도를 따르는 희생과 사랑의 생활이 얼마나 행복합니까? 이것은 고생만 죽도록 하는 건조무미한 희생이 아닙니다. 예수 그리스도의 그 희생에 의한 감화력에 따라 충동하는 역사를 받아서 출발하게 되고, 동시에 그 작업 중에서 매우 기쁜 체험을 하는 것입니다. 우리들이 이러한 구체적인 경험을 가질 때에 기독교 윤리는 결단코 괴롭고 무의미한 것이 아니라 이것이야말로 참 삶이라 하는 것을 깨닫는 것입니다. 사랑이 부족한 이 사람이 사랑에 대해서 말을 할 때에 자신이 없습니다. 그렇지만 부족한 사람의 수준에서도 조금 맛을 보니까 이 말을 안 할 수가 없습니다.

하나님의 교회는 증언 단체입니다. 이 교회는 세력 단체가 아닙니다. 수효를 가지고 일을 해내는 것은 아닙니다. 오직 참되이 빛을 발하여 많은 사람들이 그 빛을 보게끔 만들어 주는 것이 핵심이요 그것이 바로 생명이 된다는 말씀입니다. 넓고 넓은 바다에 조그마한 등대의 빛이 먼 거리에 있는 배로 하여금 길을 갈 수 있도록 방향을 제시해 주는 것입니다. 등대는 바다에 비해 비교도 안 될 만큼 너무도 작습니다. 하지만 그 작용이 특수하여서 할 일을 하더라 말입니다. 증인은 처음부터 끝까지 희생합니다. 희생으로 착함을 이루는 것입니다.

우리 주님께서 우리를 위해서 십자가에서 죽어 주신 그 사건과 나와의 관계가 구체적으로 맺어질 때 거기서 새로운 운동이 일어나는 것이 아닙니까? 여러분은 조지 뮬러라는 분이 어떠한 분임을 아십니다. 그분은 17세에 도둑질하고 감옥에 갇혔던 분입니다. 후에 그는 대학생이 되어 방탕한 생활을 하던 청년이었습니다. 하지만 성경을 통해서 속죄의 진리를 안 후에 예수님을 모시게 되자 그는 자기를 초개草芥와 같이 봉사의 일을 위해서 던진 것입니다. 그는 한평생을 고아들을 위해서 늙었습니다. 그는 그 일을 하는 중에 철두철미 주님을 의지하고 하였던 것입니다. 그를 통한 많은 기적들은 예수의 사랑을 깨닫는 가운데서 일어난 것입니다.

의로움으로 이루는 증거

"빛의 열매는 모든 착함과 의로움과 진실함에 있느니라." 의인은 희생으로 위대함을 보입니다. 로마서 3장 26절은 이렇게 말합니다. "곧 이 때에 자기의 의로우심을 나타내사 자기도 의로우시며 또한 예수 믿는 자를 의롭다 하려 하심이라." 그 앞에 있는 말은 예수님이 피 흘려 속죄하신 고난을 보여줍니다. 그가 희생한 것은 하나님의 의를 이루기 위함이라는 말입니다. 하나님 자신이 의로워지고 또 예수 믿는 사람들이 의로워지는 그 의를 성립시키신 것입니다. 하나님께서 그의 의를 성립시키기 위해서 다른 방법을 쓰실 수도 있었을 것입니다. 인생이 범죄하였을 때에 버릴 수도 있습니다. 그는 창조의 주님이시고 홀로 절대적인 주권을 가지신 분으로 살리시기도 하시며 죽이기도 하시는 주님이시니 범죄한 죄인을 버리고 다르게 인생을 지을 수도 있습니다. 그렇게 해서 죄는 벌하고 의를 나타내는 일을 성립시킬 수도 있습니다.

하지만 그분은 영원 전부터 그렇게는 안 하기로 작정했습니다. 영원 전에 어린 양을 준비하신 것입니다. 어린 양 안에서 성도들을 택한 것입니다. 그는 구약시대에 죄를 처리하기 위한 방법으로 어린 양의 피를 늘 보여 준 것입니다. 장차 오실 주님이 피 흘려서 하나님의 백성의 죄를 대속하여 하나님의 의로움을 나타내시고 그 백성을 의롭게 하실 것입니다. 마침내 독생자를 보내서 십자가에서 피 흘려 죽기까지 희생하시는 일로 의를 이루신 것입니다. 이렇게 많은 희생을 통해서 크신 희생을 통해서 의를 이루셨습니다. 의는 희생으로야 이루어지는 것입니다. 빛과 같은 교회, 그렇게 밝히 하나님을 알려 주며 예수 그리스도를 알려 주는 교회는 의를 소유한 교회입니다. 이 의가 얼마나 증거

운동과 밀접한 관계가 있습니까?

저는 대학시절에 김인서 金麟瑞 1894-1964 장로와 매우 가까운 교제를 가졌습니다. 그는 나중에 목사가 되었는데 평양 고등동에서 신앙생활사를 운영하고 있었습니다. 주기철 朱基徹 1897-1944 목사 순교기를 김인서 장로가 쓴 대로 전합니다. 하루는 주기철 목사님이 자기 서재에 찾아왔는데 그 두 분이 상당히 가까운 사이였습니다. 여러 시간 서로 얘기하며 드러누워서 얘기도 하였습니다. 그러다가 김인서 장로가 한 말은, 나는 신사참배 거부 문제에 나서지 못하겠다, 당장 죽인다고 하면 하겠는데 뭐 오래 놔두고 괴롭히니까 못 하겠다고 하였습니다. 이때 주기철 목사는 그 말을 듣고는 일어나 두루마기를 입고 나가면서 하는 말이 "나는 감옥에 가서 죽겠다"고 했다는 것입니다.

주님의 종들이 메고 있는 것은 십자가입니다. 언제든지 고난을 친구와 같이 생각하는 심리올시다. 사람들이 편하게 예수 믿으려고 하고 또 교역하는 일도 역시 편하게 하려고 하는 경향이 많다고 생각합니다. 될 수 있으면 편하게, 될 수 있으면 안일하게, 이렇게 생각하면서 교역을 하려는 경향이 너무도 뚜렷하게 우리 시대에 나타나고 있지 않나 하는 생각이 듭니다. 참 이런 시대에 우리가 한번 깊이 반성해야 할 것입니다. 왜 우리는 희생을 각오하지 못하는가. 왜 우리는 고생하면서 하는 것이 더 가치가 있고 하나님 보시기에 더 아름답고 더욱 효과가 크다는 것을 왜 우리는 자주 잊어버리는 것입니까? 희생함으로 의를 이루어 빛과 같은 증거 단체로서의 교회가 되어야 할 것입니다.

진실함으로 이루는 증거

진리도 역시 희생과 고생을 통해 가면서 이루어 갑니다. 진실은 극히 조심해야 이루어지는 것이며 청백하여야 이루어지는 것이며 용단이 있어야 이루어진다고 생각합니다. 사람은 조상 때부터 부패해서 툭하면 거짓말을 하고 거짓말을 참말같이 하는 간교한 성질이 있습니다. 이것을 깨뜨리고 이기기 위해서는 조심조심해서 힘쓰지 아니하면 안 되는 것입니다. 뿐만이 아니라 가난을 각오하면서라도 청백하게 살 생각을 해야만 우리가 거짓을 이길 수 있습니다. 결국 욕심 때문에 거짓말을 하는 줄을 아는데, 이 얼마나 우리 인생의 어리석음을 다시 보여줍니까? 용감하게 주님만 믿고 말은 있는 그대로 해야 하겠습니다. 사실대로 말하면 손해를 볼 것이라고 생각해서 거짓말을 할 것이 아니라 손해 볼 각오를 하면서 용감스럽게 참말을 하는 이것이 없이는 도저히 주님의 일을 참되이 해 나갈 수 없습니다. 강단에서 하는 거짓말은 다른 것이 아니고 설교를 잘못하는 것입니다. 성경 진리를 그대로 말하지 못하고 잘못 깨달아서 잘못 말할 때에 이것이 얼마나 크게 해독을 가져오는 거짓말입니까?

세례 요한은 이적은 행하지 못하였다고 요한복음 10장 마지막 부분이 말하고 있습니다. 그러나 그가 예수를 가리켜 말한 것은 다 참이라고 했습니다. "요한이 이 사람을 가리켜 말한 것은 다 참이라 하더라" 41절. 이적은 못 행해도 괜찮습니다. 그러나 주님에 대해서 하는 말만큼은 정확해야 합니다. 이것이 증언자가 하는 일인 것입니다. 증언자에게서 기대할 것이 이것이라 말입니다. 우리는 주일날 11시에 그 말을 하고, 또 다른 때에도 그 말을 합니다. 그 제목으로 말합니다. 하지만 우리가 성경을 읽고 그 본문대로 정확하게 제시하지 못하고 그 본문대로 바르게 가르치지 못하고 비뚜로 가르치면 이것은 크나큰 거짓말입니다. 진실성이 없습니다. 우리들이 잘못 생각하기를, 일상생활 가운데서 대화 가운데서 다른 형제들과 얘기할 때 거짓말을 해서는 안 된다는 것은 잘 알지만 강단에서 거짓말을 해서는 절대로 안 되겠다, 죽으면 죽었지 그렇게 할 수가 없다, 그러한 생각은 별로 안하는 것 같습니다.

어느 순교자가 원수들에게 잡혀서 사형대에 올라갈 때 남긴 말이 있습니다. 그는 이 교수대에 올라가는 것보다 강단에 올라가기가 더 무서웠다고 했습니다. 우리 교역자들은 강단에서 하는 일이 목회의 90퍼센트를 점유한다고 해도 과언이 아닙니다. 강단에서는 참을 말해야 합니다. 스펄전이 이와 같은 말을 했습니다. 강단은 영혼들을 먹이는 자리인데 먹는 것이 소중한 일이라고 할 것 같으면 강단이 그렇게 중요한 자리가 아니겠느냐고 하였습니다.

젊은 교역자들은 죽기 내기를 하고 배워야 하겠습니다. 강단에 한번 서기 위해서 죽을 애를 써야 하겠습니다. 정확하게 하나님의 진리를 알고 나서야 하겠습니다. 성경을 분명하게 깨달아야 하겠습니다. 성경에 있는 쉬운 말, 보통으로 알려질 수 있는 말로 뿌리가 나 있는데 그 뿌리를 캐어 먹어야 맛이 납니다. 그 뿌리를 캐기까지는 많은 희생과 많은 괴로움이 소요되는 것입니다. 이 세상 향락을 버리고, 편리한 것 다 버리고, 참으로 말할 수 없는 고생을 무릅쓰고 연구를 많이 하고 기도를 많이 해서 주의 음성을 듣는 것이 우선입니다. 성경 말씀은 그렇게 밑바닥까지 들어가야 깨닫는 것입니다. 성경 말씀을 기도와 함께 힘쓰며 애써서 깨닫게 될 때 그것은 이 세상 이치를 깨닫는 것과 같은 것이 아닙니다. 그렇게 밑바닥에 들어가서 알게 될 때, 이것이 하나님의 말씀이라고 연구자는 중얼거리게 됩니다.

과연 이와 같이 우리 교역자들이 젊은 힘으로 다른 일보다 강단에 나가서 내놓을 것을 준비하기 위해서 그렇게 희생하고 힘써야 합니다. 우리 늙은 사람들도 힘써야 합니다. 그저 전에 했던 대로 중복하면 안 됩니다. 하나님의 백성이 불평을 말하지 않는다 하더라도 무사한 것은 아닙니다. 그들 속에 불안이 있고 참 안타까움이 있습니다. 나이 많은 사람의 설교를 들을 때 마음에 만족이 없습니다.

우리 나이 많은 사람들도 주님이 설교의 자리에 세워 주시는 동안 하나님의 백성에게 유익을 주려면 계속 배워야 할 것입니다. 들어 봐야 같은 소리요 또 건망증도 많아져서 몇 주일 전에 한 소리 또 하고 예화도 낡은 것을 거듭거듭 하니까 듣기 싫고 은혜가 안 된다 말입니다. 나이 많은 우리들이 더 배워야 합니다. 왜 우리가 배우기를 그만두겠습니까? 우리 나이 많은 사람들은 음성도 좀 생각해 봐야 하겠습니다. 내 음성이 지금 어떠한가, 하나님의 백성이 들을 때에 은혜로운 음성인가, 생각을 해 보아야겠습니다. 우리가 진리는 바꾸어서는 안 되지만 옷을 바꿔 입을 수 있습니다.

나이 많은 사랑하는 친구들이여 내 말을 좀 용납해 주십시오. 나이 많을수록 더욱 새로워져야 합니다. 나이 많으면, 그래도 내가 무엇을 한다고 생각해 가지고 도무지 고치지 않습니다. 새로워진다고 해서 변질은 아닙니다. 지금까지 소리치는 설교를 해왔는데 이제 와 가지고는 고칠 수 없습니까? 이때까지 설교를 하면서 알아듣게 못했다면 문제입니다. 힘이 없어서 그랬던지 정신을 안 차려서 그랬던지 그렇게 얼버무리는 식으로 설교를 해서는 안 됩니다. 강단에서 우리가 죽도록 힘을 써야지요. 자기를 시험해 보면서 노력해야 합니다. 내가 듣기에도 내 음성이 좋지 않아, 내 설교가 은혜롭지 않아, 이렇게 반성하면서 고치고 새로워지는 노력을 부단히 해야 하겠습니다. 설교 한마디 알아듣게 하고 은혜롭게 하기 위해서 온갖 애를 써야 합니다. 그렇게 힘쓰다가 혹 나이 많은 사람이니까 세상 뜰지 모르지만 그럴지라도 그것이 얼마나 영광스러운 별세입니까? 어떻든지 성경 말씀을 은혜롭게 전파하기 위해서 힘쓰다가 세상 뜬다면 참 얼마나 좋습니까. 우리 나이 많은 사람들도 경성합시다.

맺는말

오늘 제가 말씀드리는 것은 빛과 같은 교회라는 말씀입니다. 교회는 증언하는 단체입니다. 빛처럼 아주 광명한 교회가 되어서 모든 방면에 좀 새로워지고 고칠 것은 고치고 모든 것이 은혜롭게 되어야 할 것입니다. 이것은 희생과 고생으로 되는 것인데, 여기 있는 말씀과 같이 "모든 착함과 의로움과 진실함에 있느니라." 착함 즉 사랑을 이루어가야 하겠고 또 의로움과 진실함을 이루어서 우리의 교회는 빛과 같은 교회가 되어야 할 줄 알아서 잠깐 말씀드렸습니다.

기도

하나님 우리 아버지, 감사하옵고 감사하옵나이다. 하나님께서 귀한 복음을 우리에게 주셨기 때문에 우리가 참으로 살아서 주님을 어떻게든지 잘 믿어보려고 애쓰고 있사오며, 고칠 것은 고쳐야 하겠다고 생각하면서 이렇게 총회로 모이며 각양 운동을 전개하게 됨을 감사하옵나이다. 하나님께서 이 사랑하는 성도들을 장중에 붙잡아 주시고 그 한평생이 빛나는 삶이 되도록 하여 주옵소서. 언제든지 증거의 열매를 맺게 하여 주시기를 바라옵나이다. 우리는 연약하여도 주님은 언제나 능력의 주님이신즉 우리에게 한번 새로운 능력으로 함께 하여서 주님이여 고요히 빛을 발하면서 증언하는 일에서 열매를 맺도록 하여 주시기를 간절히 비옵고 원합니다. 모든 말씀을 예수님의 이름으로 비옵나이다. 아멘

12.
잃은 영혼 하나도 귀히 여기라

³ 예수께서 그들에게 이 비유로 이르시되 ⁴ 너희 중에 어떤 사람이 양 백 마리가 있는데 그 중의 하나를 잃으면 아흔아홉 마리를 들에 두고 그 잃은 것을 찾아내기까지 찾아다니지 아니하겠느냐 ⁵ 또 찾아낸즉 즐거워 어깨에 메고 ⁶ 집에 와서 그 벗과 이웃을 불러 모으고 말하되 나와 함께 즐기자 나의 잃은 양을 찾아내었노라 하리라 ⁷ 내가 너희에게 이르노니 이와 같이 죄인 한 사람이 회개하면 하늘에서는 회개할 것 없는 의인 아흔아홉으로 말미암아 기뻐하는 것보다 더하리라 ⁸ 어떤 여자가 열 드라크마가 있는데 하나를 잃으면 등불을 켜고 집을 쓸며 찾아내기까지 부지런히 찾지 아니하겠느냐 ⁹ 또 찾아낸즉 벗과 이웃을 불러 모으고 말하되 나와 함께 즐기자 잃은 드라크마를 찾아내었노라 하리라 ¹⁰ 내가 너희에게 이르노니 이와 같이 죄인 한 사람이 회개하면 하나님의 사자들 앞에 기쁨이 되느니라. (눅 15:3-10)

누가복음 15장은 우리가 잘 압니다. 여기에 세 가지 비유가 있습니다. 하나는 양을 찾는 비유이고, 또 하나는 잃은 돈을 찾는 비유이며, 셋째는 탕자 비유입니다. 이 비유 중에서 두 가지 비유만 가지고 말씀드리겠습니다.

양 한 마리를 아흔아홉 마리와 같게 여기는 심정

첫째로, 양을 찾는 비유에서 우리가 배울 바가 있습니다. 양을 먹이던 목자가 양 일백 마리 가운데서 한 마리를 잃어버렸습니다. 그가 마음이 대단히 괴로웠습니다. 그래서 아흔아홉 마리는 들판에 놔두고 잃어버린 양 한 마리를 찾기 위해서 길을 떠난 것입니다.

이 세상에 하나님의 복음을 전해서 사람들의 영혼을 구원하는 일이 제일 귀중하다고 생각합니다. 그 이상 더 귀중한 일은 없습니다. 일

중에도 활인사업 活人事業, 다시 말하면 죽을 자리에 빠진 사람들을 살려 내는 사업을 하는 사람이 있다면 아마 세상에서 제일 귀한 일을 한다고 하겠습니다.

도둑맞아서 죽게 된 사람도 뛰어가서 구해 주고 병들어서 죽게 된 사람도 뛰어가서 구해 주고 또 그밖에 재앙으로 죽어가는 사람도 뛰어가서 구하는 그런 일을 평생 하는 사람이라면 참으로 귀한 일을 하는 사람입니다. 그보다도 더 귀한 것은, 육신보다 귀한 영혼을 구원하는 일이 아니고 무엇이겠습니까? 몸은 죽여도 영혼은 죽이지 못한다고 했으니 얼마나 귀합니까? 분명히 양 찾는 비유는 잃어버린 영혼을 찾는 사실을 알려줍니다.

그 목자는 양 한 마리를 아흔아홉 마리와 같이 중요하게 생각한 것입니다. 잃었다는 관점에서 생각할 때는 너무 섭섭하고 너무 견딜 수 없는 일이니까 아흔아홉 마리를 팽개치고 뛰어가는 심정이란 어떤 의미에서는 잃어버린 양 찾는 일을 아흔아홉 마리 양을 붙들고 먹이는 그것보다 더 중요하게 생각한 것입니다. 우리 주님은 한 영혼을 많은 영혼들과 마찬가지로 사랑하십니다. 한 영혼을 잃어버린 일 때문에 섭섭한 방면으로 생각하자면 대중보다 오히려 더 거기에 신경을 쓴다는 내용입니다.

주님의 일을 하는 사람들은 무슨 자기의 출세를 위하는 것도 아니고 혹은 생활의 경영을 위한 것도 아닙니다. 그것은 너무도 분명합니다. 철두철미 영혼을 구원하는 일입니다. 한 영혼을 무수한 영혼과 마찬가지로 사랑하는 그러한 사람이 참으로 이 교역 생활에 빛을 보여주는 사람이라고 생각하며 하나님께서 그 사람을 쓴다고 단언할 수가 있습니다. 그렇다고 해서 많은 영혼을 구원하겠다 하는 포부를 가지지 말자는 것이 아닙니다. '많은 영혼을 하나님께로 인도 하겠다'는 포부를 가져야 합니다. 하지만 그 일을 달성하는 데는 한 영혼을 많은 영혼과 마찬가지로 귀하게 생각하는 심리를 가져야 이루어지는 법입니다. 참으로 영혼을 사랑하는 지도자인가 하는 것이 희귀하고 존귀한 사실입니다.

소수를 데리고 교회를 이루어 나간다는 것이 때로는 불편이 있고 때로는 낙심도 날 만합니다. 뭐 이렇게 몇 사람 데리고 세월 보내겠나, 그러한 생각을 하기 쉽습니다. 그러나 그것은 시험입니다. 다소 불편한 일은 있지만 기도하며 참고 견딜 때에 하나님은 살아 계시기 때문에 결단코 무의미한 일이 아니고 시간 문제이지 반드시 하나님이 역사하신다고 믿습니다. 하나님이 역사하십니다. 한 영혼을 무수한 영혼과 마찬가지로 혹은 그 이상 신경 쓰는 일이 이적입니다. 벌써 이것이 하늘 아래 있는 참 희귀한 일이라는 것입니다.

그런 일이 있을 수가 있겠는가 하는 생각이 들 만합니다. 하지만 그 인격이 그렇게 돼 있다는 것입니다. 참 보배란 말입니다. 이런 인격은 천하 어디를 가든지 자랑할 만한 인격이고 천사들 앞에서도 참 자랑할 만한 인격이 아니겠습니까? 어쩌면 그렇게도 사업욕이 없이, 자기의 어떤 욕심으로 일을 하지 않고 영혼 하나를 그렇게 사랑합니까? 영혼 한두 사람을 상대하고도 몇 년을 참으며 견딜 수 있다는 데서 기쁨을 누릴 수 있는 그러한 의식구조가 얼마나 귀합니까? 참으로 우리는 이 세상에서 굉장히 큰 예배당을 짓는 것보다, 혹은 몇 수만 명의 교인을 모아 교역하는 일을 귀중히 여김보다도 한두 영혼을 위하여 교역을 하면서 기뻐하는 그것이 땅 위에서는 더 희귀한 은혜입니다. 이것은 하나의 이상이 아니라 실천이 돼야 할 바입니다.

캘리포니아에서 지금 몇 만 명의 교인을 앞에 놓고 설교하는 척 스미스 Chuck Smith 목사가 있습니다. 그 교회를 시작한 지가 아직 20년이 못 된 줄 압니다. 아마 한 15-6년 됐는지 모르겠습니다. 내 잘못된 계산인지는 몰라도 그렇게 오래된 교회가 아닙니다. 그가 처음에 시작할 적에 한 8-9명 상대하고 설교를 했다고 합니다. 자신의 주택도 없어서 회집 장소의 모퉁이에다 휘장을 치고 거기서 살았답니다. 목욕할 데가 없으니까 교인들의 집에 찾아가서 목욕간을 빌려가지고 목욕을 했답니다. 그가 그만큼 영혼을 사랑하니까 그것이 이적이 되어서 능력의 역사가 임했고 하나님께서 그런 올바로 되어 있는 영혼에게 진리를 깨닫는 총명을 주어서 설교할 때마다 은혜를 끼치는 목사가 됐습니다.

잃어버린 영혼을 찾는 기쁨

둘째로, 찾은 양을 즐거워하는 사실을 여기서 볼 수 있습니다. 5절 보면 "또 찾아낸즉 즐거워 어깨에 메고 집에 와서 그 벗과 이웃을 불러 모으고 말하되 나와 함께 즐기자 나의 잃은 양을 찾아내었노라"고 했습니다. 참으로 찾은 양을 그렇게 기뻐하고 사랑하고 반가워하는 심리가 그렇게 귀하다는 말씀입니다. 한 영혼을 찾아서 그렇게 기뻐하니 참 이상한 기쁨입니다. 이것이야말로 하늘나라의 기쁨과 통하고 하늘나라 기쁨의 원천에 마음을 접속시킨 복된 생활이라고 할 수 있습니다.

그 다음에 말하기를, 7절에 "내가 너희에게 이르노니 이와 같이 죄인 한 사람이 회개하면 하늘에서는 회개할 것 없는 의인 아흔아홉으로 말미암아 기뻐하는 것보다 더하리라"고 했습니다. 하나님이 기뻐하는 것은 한 사람이 회개하고 주께로 돌아오는 일입니다.

제가 여기 오기 전에 오영교 전도사를 만났습니다. 제가 아는 목사님이 섬기시는 교회에서 돕는 분인데 이분이 소년 시절부터 술을 먹은 모양입니다. 술을 너무 먹어서 미친 사람같이 되고 신경이 온통 다 파산하고 정신 작용도 불분명하며 몸은 피골이 상접하도록 약해져 부모들이 너무 걱정한 나머지 저럴 바에는 차라리 죽는 것이 좋겠다, 세상에서 저렇게 불행하게 사느니 죽으면 좋겠다고 그랬답니다. 그런데 그렇게 세월을 보내는 가운데 충남 에덴요양원이란 데 보내졌답니다. 잡아간 것이지요. 달아날까 봐 발을 쇠사슬로 동여 보호하는 장소입니다. 미친 사람 보호하듯이 격리해 둔 것입니다. 거기에서 성경을 읽다가 회개하고 전적으로 새 사람이 되었습니다.

부모는 뛸 듯이 기뻐했습니다. 자기 아들이 새 사람만 된다면 집을 팔아서라도 고치는 것이 전혀 문제가 되지 않던 부친이었습니다. 그런데 예수님의 말씀을 읽다가 완전히 변화를 받아 지금은 전도사가 되어

칼빈신학교에 다니게 된 것입니다. 부모만이 기뻐하는 것이 아니라 그 간증을 듣는 사람들이 기쁨을 얻었습니다. 죽을 사람이 살아나는 것, 병자가 온전해지는 것, 예수를 모르고 캄캄한 세계에서 허덕이던 사람이 복음으로 구원을 받아서 기쁨을 얻고 하나님의 자녀가 되는 것은 참으로 땅에서 허덕거리다가 하늘로 올라가는 기쁨을 주는 사건입니다.

어떤 분이 '주님이 기뻐하는 기쁨'이라 하는 제목으로 쓴 글을 읽었습니다. 주님은 무엇을 기뻐하시는가? 인간이 기뻐하는 그 기쁨과 다릅니다. 인간은 돈을 볼 때에 기뻐하고 자식을 볼 때에 기뻐하고 또 이 세상 향락을 기뻐합니다. 어느 때는 진정한 기쁨이라고 하기 어려운 기쁨 아닌 기쁨을 좋아하지만, 하나님은 영원히 구원받는 것을 기뻐합니다. 그것을 바로 여기 본문에 쓴 것입니다.

영혼을 찾는 교회의 모습

두 번째 비유에서 생각할 것은 여자가 돈을 찾는 것과 같이 영혼을 찾는 모습입니다. 본문 8절에 보면 한 여자가 열 드라크마가 있는데 그 중 하나를 잃었습니다. 드라크마는 은전의 명칭입니다. 그 잃어버린 은전 하나를 찾기 위해 등불을 켜고 집을 쓸면서 부지런히 찾았습니다. "찾아낸즉 벗과 이웃을 불러 모으고 말하되 나와 함께 즐기자 잃은 드라크마를 찾아내었노라"고 합니다. 그 여인이 친구와 이웃들에게 함께 기뻐하자고 한 것입니다.

이 비유에서 우리가 찾아내야 할 교훈은 이 여인과 같은 교회라 하겠습니다. 성경에서는 교회를 여자로 비유했습니다. 교회는 예수 그리스도의 신부라 비유한 것도 있습니다. 고린도후서 11장 처음을 읽으면 교인들, 곧 교회는 예수님의 신부라고도 밝혔습니다. 교회는 왜 신부라고 했을까요? 왜 여자로 비유했을까요? 여자는 섬기는 위치에 있기 때문입니다. 남자는 섬기는 위치에 있는 것이 아니라는 뜻은 아닙니다. 남자도 역시 봉사자가 되어야 합니다. 참다운 인격은 봉사자입니다. 이렇게 인생을 전부 한데 묶어서 말하자면 사람은 다 봉사자가 되어야 합니다. 하나님을 섬기고 인물을 섬기고 또 주 믿는 사람들을 섬기는 자가 되어야 한다고 하겠습니다.

이제 범위를 좁혀서 교회 문제를 생각할 때 교회를 여자라고 하는 이유는 섬기는 위치에 있기 때문에 그렇습니다. 교회는 섬기는 교회가 될 때에 참된 교회로 등장합니다. 교회는 비록 알아주지 않는 사회에서도 눈물을 흘리면서 그 사회를 위하여 봉사하고, 그 사회에서 가장 중요한 일임에도 불구하고 소홀히 여기고 등한히 여기는 일을 돌보는 것입니다. 불쌍한 이를 돌아보는 것 같은 일은 인간 사회가 그렇게 중점적으로 가치를 두고 있지 않습니다. 그만큼 인간 사회는 어둡습니다. 그러나 하나님이 보시기에 제일 큰일입니다. 제일 중요한 일은 불쌍한 자를 돌보는 것입니다. 교회가 이렇게 봉사의 자세로 나갈 때에 그 사회의 보람된 존재가 되는 것입니다.

이 여자가 불을 켜고 빗자루로 방을 쓸었다고 하였습니다. 불을 켜는 것은 빛과 온도를 분별하는 것입니다. 불이라는 것은 두 가지 요소로 영향을 미칩니다. 첫째는 밝음이고 둘째는 온도입니다. 따뜻한 곳이어야 합니다. 교회는 밝음이 있어야 합니다. 그것은 특별히 교역자들이 대표적으로 그렇게 나타내야 하겠습니다. 밝음은 다른 것이 아니라 세상 끝 날까지 계속 빛을 비추는 자격을 말합니다. 바로 성경 말씀을 널리 전하는 것입니다. 성경 말씀을 바로 알아서 계속 전할 때 주변이 밝아지고, 그 주변에서 사람들이 하나님을 알게 되어 하나님께로 나아옵니다.

동시에 따뜻함으로 영향력을 미쳐야 하겠습니다. 앞서 언급했지만 교회라 할 때에 따뜻한 것을 생각할 수 있도록 교회는 온정을 베푸는 교회가 되어야 하겠습니다. 교회가 처해 있는 환경 속에서 참으로 사랑을 베푸는 일이 계속되어야 따뜻함을 보이게 될 것입니다. 따뜻한 것으로야 이 얼어붙은 사회를 녹이는 것입니다. 이것은 이론이 아닙니다. 이대로 하면 교회가 되는 것이고, 안 하면 교회로서 제 구실을 못하는 것이니 그것은 너무도 실제적인 일입니다.

교회의 주밀한 노력

여자는 잃어버린 돈을 찾기 위하여 주밀하게 노력합니다. 방을 모조리 쓸어가며 찾습니다. 샅샅이 쓸면서 잃은 돈을 찾으려고 하는 주밀한 역사가 교회 운동에 생명과 같이 중요합니다. 교회는 하나님 말씀을 다른 사람들에게 전하되 들어 주든지 안 들어 주든지 전해야 합니다.

그 사람들은 들을 만하니 찾아간다 한다면 그것은 전도자 심리로서는 방향이 틀렸습니다. 그 사람들은 암만 그래도 믿지 않을 사람이라, 이렇게 생각하면 그것은 하나님의 뜻을 거스르는 것입니다. 안 믿을 것 같아도 찾아가서 복음을 아주 잘 전하는 것이 사명입니다. 가서 전해서 듣지 않아도 하나님의 일은 한 것입니다. 에스겔 선지자가 하나님 앞에서 사명을 받았을 때에 받은 말씀이 그것입니다. "너는 비록 가시와 찔레와 함께 있으며 전갈 가운데에 거주할지라도 그들을 두려워하지 말고 그들의 말을 두려워하지 말지어다 그들은 패역한 족속이라도 그 말을 두려워하지 말며 그 얼굴을 무서워하지 말지어다 그들은 심히 패역한 자라 그들이 듣든지 아니 듣든지 너는 내 말로 고할지어다" 겔 2:6-7. 열매가 없어도 주의 일을 하는 것입니다.

교역을 하는 가운데 일이 잘 안 되는 것은 무엇 때문일까요? 주밀하지 못한 탓입니다. 어디 구멍이 난 것입니다. 일을 해도 일이 제대로 안 되고 노력은 했으나 노력의 결과가 다른 구멍으로 새나간 것입니다. 그러니까 일이 안 되는 것입니다. 언제든지 교역자는 자기를 살펴야 합니다. 내가 이런 방면에서 이 일을 하지만 어디 다른 데 구멍이 뚫리지 않았는지 늘 살펴야 합니다.

우리 한국 교회에서, 저 역시 나이 많은 사람이지만, 나이 많은 사람들의 실수가 여기에 있습니다. 나이 많으니까 이제 자리가 잡혔다 생각하고 그저 안심하며 세월을 보냅니다. 어디 구멍이 뚫렸는지 생각을 안 합니다. 무엇이 내게 부족한지를 찾아서 그 구멍을 꼭 막아야 하는데 그것을 안 한다는 말입니다. 나이 많은 사람들은 고집이 많습니다. 충고를 안 받습니다. 충고하면 오히려 화를 내기까지 합니다. 이래 가지고 어디 전진이 있겠습니까? 우리는 세상 뜨는 날까지 배워야 하고 세상 뜨는 날까지 젊은 사람에게라도 귀를 기울여 내게 없는 것이 그에게 있는가 생각해서 배우기를 더듬어야 하는데, 그것을 안 합니다.

계속 배우는 사람을 하나님이 기뻐하십니다. 설교가 부족하면 그것을 안 뒤에는 내 설교가 어느 방면에 부족한지 그것을 자신이 지적해야지, 세상의 사람들이 알려주지 않습니다. 사람들은 사랑이 없습니다. 또 그런 큰 사랑을 본인이 받기를 원하지도 않습니다. 충고를 원치 않기 때문입니다. 그러니까 다른 사람들이 충고도 안 합니다. 누가 죽자 사자 욕먹을 각오하고, 혹은 멀어질 각오하고 충고하겠습니까? 안 합니다. 그러니까 늙어 죽도록 배우는 것이 없고 전진도 없고 자기가 하는 일이 주밀하지 못하다는 것도 모른 채 그저 지나가고, 설령 안다고 해도 그것을 고치질 않습니다. 참 안타까운 일입니다. 아무리 나이 많은 교역자라도 주관도 없이 자주 변하는 것은 안 되겠지만, 배워서 변하는 것은 날마다 있어야 하겠습니다.

같은 설교를 하는데 참으로 은혜롭고, 같은 설교를 하는데 이번에는 재료가 많고, 같은 설교를 하는데 설교하는 태도가 또 전과 다릅니다. 이런 것은 새로움이지 쓸데없는 변동이 아닙니다. 계속적인 전진이고 자라나는 것입니다. 과연 설교가 얼마나 중요합니까? 참으로 죽기 내기로 설교 준비해야 되고, 설교하는 법을 알아서 시간도 잘 맞추며, 제 시간이 되면 딱 끊는 규율이 있고 규칙이 있어서 어떻든지 설교를 은혜롭게 하도록 노력을 해야 합니다.

어느 한 방면에는 열심이 있지만 다른 방면에 구멍이 뚫려 있으니 노력은 하는 것 같은 데 일이 안 된다 말입니다. 여러 가지를 말할 수가 있습니다. 특별히 주밀해야 된다는 말입니다. 제가 이런 얘기하는 것은 교역자 수양회에서나 할 만한 내용인 줄 압니다. 그렇지만 이제 이 교회를 세우면서 중요한 것은, 나나 여러분이나 마찬가지로 교역을 어떻게 해야 하는지 다 아는 바이지만 몇 번이라도 강조해야 할 문제라서 다시 생각해 보았습니다. 오늘날 우리 교계의 형편들을 살펴볼 때에 교역 생활에 하는 일들이 너무나도 주밀하지 못합니다. 오늘 이 말씀을 명심해서 잃어버린 영혼을 찾는 입장에서, 이 한데서 어떻게 해야 하겠는가 하는 점을 한 번 더 명심하고 지나가야 하겠습니다.

맺는말

말씀의 결론을 짓겠습니다. 첫째로 양을 찾는 목자처럼 영혼 하나를 무수한 영혼같이 중요하게 여기는 참된 교역자의 자세가 되어 있어야 하겠다 말입니다. 잃은 영혼을 찾을 때 맛보는 기쁨으로 살아가야 하겠습니다. 그것은 하나님의 기쁨인데 그 기쁨으로 위로를 받고 힘을 얻어야 하겠습니다.

둘째는 잃어버린 돈을 찾는 여인처럼 봉사자의 자세로 한결같이 늘 일관해야 하겠습니다. 교역에서 성공이란 말 자체가 적절하지 않아 좀 쓰기가 거북하지만 교역을 은혜롭게 해야 하겠습니다. 돈을 잃어버린 여인의 마음자세처럼 언제든지 교역자는 봉사의 자세로 일관해야 합니다. 이 잃은 돈을 찾기 위해 여인은 불을 켜고 찾았습니다. 참으로 진리의 밝음 아래 생활이 밝고 내면이 아름다울 뿐 아니라 따뜻함이 있어야 하겠습니다. 그뿐 아니라 언제든지 주밀하게 나 자신을 살피는 데 명민해야 합니다.

지금 우리 교단의 교역자들이, 제 자신을 포함해서, 성경대로 모든 것을 똑바로 일해 나가는 것이 중요하지 않습니까? 그것이 바로 개혁입니다. 말을 안 해도 올바로 해 나가는 그것이 바로 개혁이란 말입니다. 참으로 성경적으로 똑바로 해 나가면 무슨 소리를 내서 말하는 것은 없어도, 그렇게 고요하게 일을 해 나가는 교회가 되면 많은 교회 중에 모범이 됩니다. 영향력이 크다 말입니다. 누룩과 같이 번져서 많은 교계에까지 은혜를 끼칠 수가 있습니다. 여기도 여러 교회들이 있는데 또 하나의 교회를 세울 때, 이것은 뜻이 있게 세우는 까닭에 참으로 잃은 양 찾는 원리와 잃은 돈 찾는 원리를 명심하시기 바랍니다.

기도

주님의 은혜를 감사하옵나이다. 한지에서 지금 우리 주님의 몸 된 교회, 이 소중한 기관을 세워 나갈 때 하나님께서 처음부터 역사하여 주소서. 고요하게 소규모로 해 나가지만 과연 이 교회는 하나님 앞에 제물과 같이 향기로운 교회가 되며 과연 한국 교계에 크게 영향력을 미치는 진리의 교회가 되게 하여 주시기를 간절히 비옵니다. 주여 시작하는 교우들이 다 이 교회를 세우는 데 동참하는 분들인데 이 교우들이 다 오늘 이 말씀을 기억하여 목자의 심리를 가지고 일을 해 나가게 하시며 잃은 돈 찾는 여자의 심리를 가지고 일해 나가도록 하여 주소서. 이 교회는 소수로 모이는 교회라 하더라도 살아 움직이는 교회가 되며 원근 각처에 영향력을 미치는 성경의 역사가 있는 교회가 되도록 하여 주옵소서. 모든 말씀을 예수 그리스도 이름으로 비옵나이다. 아멘

13.
인격 성숙과 긍휼 사역

[17] 사랑하는 자들아 너희는 우리 주 예수 그리스도의 사도들이 미리 한 말을 기억하라 [18] 그들이 너희에게 말하기를 마지막 때에 자기의 경건하지 않은 정욕대로 행하며 조롱하는 자들이 있으리라 하였나니 [19] 이 사람들은 분열을 일으키는 자며 육에 속한 자며 성령이 없는 자니라 [20] 사랑하는 자들아 너희는 너희의 지극히 거룩한 믿음 위에 자신을 세우며 성령으로 기도하며 [21] 하나님의 사랑 안에서 자신을 지키며 영생에 이르도록 우리 주 예수 그리스도의 긍휼을 기다리라 [22] 어떤 의심하는 자들을 긍휼히 여기라 [23] 또 어떤 자를 불에서 끌어내어 구원하라 또 어떤 자를 그 육체로 더럽힌 옷까지도 미워하되 두려움으로 긍휼히 여기라. (유 1:17-23)

사도 유다께서 가르치던 당시 시대는 많은 이단자들이 횡행하고 교회를 못 살게 굴던 때였습니다. 유다의 집필 동기는 이단자들을 막고 거기에 대한 대책을 가르치는 것이었습니다. 특별히 그 대책으로 말씀한 것이 20-23절까지 나타난 내용인 듯싶습니다. 결국 다른 것이 없고 자신들의 구원이 급선무라고 강조하였습니다.

거룩한 믿음 위에 자신을 지어가라

20절 보면 "사랑하는 자들아 너희는 너희의 지극히 거룩한 믿음 위에 자신을 세우며"라고 하였습니다. 다른 말로 하면 너희는 너희의 지극히 거룩한 믿음 위에 자기를 건축하라는 것입니다. 남을 위하여 도움을 베풀고 구원 사업을 하는 것이 요긴하지만, 자기 자신의 신앙 인격 건설이 무엇보다도 중요하다 그것입니다. 내가 되지 못하고 남을 구원하려고 하는 것은 순서에도 맞지 않습니다. 자신도 되지 못한 상태에서 남을 되게 하려면 일도 안 되고, 또 외식이 되는 것입니다. 그렇다고 해도 아무래도 하나님 말씀을 전하면 좋은 말은 하게 되겠지요. 그러나 자기는 그대로 믿지 않고 반신반의하거나 그대로 살지도 않으면서 남들에게 큰소리를 하게 되는 것이니, 제일 좋은 성경 말씀을 가지고 알짜 외식을 하는 것입니다.

그뿐 아니라 남을 구원하는 일은 내가 모범이 되어서 하도록 되어 있습니다. 내가 소리를 쳐서 되는 것이 아니고 내가 억지로 끌어서 되는 것도 아닙니다. 성경은 자초지종 주님의 일을 맡은 사람들은 모범으로 무엇이든 하라고 되어 있습니다. 그 모범이란 것은 아무 소리가 없을지라도 사람들에게 깊이 감화를 주고 또한 타인에게 힘을 주어서 오도록 하는 것입니다. 여기 있는 말씀 보니까 나 자신의 구원이 급선무입니다. 복음의 사명을 받은 사람들이 남을 위해서 일하는 데 정신을 쏟는 것은 좋으나 거기에도 순서는 있습니다. 먼저 내가 그렇게 되어야 합니다. 내가 먼저 회개하고 남을 회개하라고 인도해야지, 나는 하지 않고 남에게 하라고 하는 것은 무모한 일입니다.

그러면 어느 정도로 우리 자신을 잘되게 해야 합니까? 그 표준이 아주 높은데, 거기까지 가야 하는 것입니다. "지극히 거룩한 믿음 위에 자신을 세우며"라고 했습니다. 지극히 거룩한 믿음이라고 했으니 믿음 중의 믿음이고 그 이상 없는 믿음이라고 생각됩니다. '지극히' 즉 '가장'이라는 말이 기록되어 있음을 주의해서 보시기 바랍니다. 또한 기도를 하되 "성령으로 기도하"는 데까지 목표를 삼았습니다. 그리고 21절을 보면 "하나님의 사랑 안에서 자기를 지키며"라고 했습니다. 하나님의 사랑 안에 머물러 스스로를 지키라는 것인데, 조목조목 생각해 볼 때에 20절 하반절의 지극히 거룩한 믿음 위에 자기를 지어가는 데서부터 시작되어야 합니다.

우리는 자신을 생각한다 하면서 제대로 생각할 줄 모르는 일이 많습니다. 자신을 한데에 내버리면서 스스로를 건사하는 줄로 생각하는 일이 많습니다. 자기가 맡은 일이나 잘해야 하는데 당장 맡은 일은 안 하고 딴 짓을 하거나, 지금 할 일이 아니고 십여 년 후에나 할 일인데 자꾸 그것을 가지고 신경을 쓰며 죄를 짓습니다. 그날그날 당한 책임을 다하고, 자기의 신분을 지켜서 피가 나도록 노력하는 것이 자기가 잘되는 방법인데, 그것은 그만두고 딴 짓을 하는 데 시간을 전부 써서 심령을 피곤하게 만든다 말입니다. 그러면서 겸하여 죄를 짓고 잘못된 길을 태연히 가는 일이 얼마나 많은지 모르겠습니다.

젊은 사람은 젊어서 딴 짓을 하는 데 비해서, 나이 많은 사람들은 나이가 많아 가지고 또 딴 짓을 합니다. 나이가 많은 사람들은 '이제사 뭐' 하면서 올 스톱합니다. 그러니 전진이 없으며, 새로워짐이 없으며 퇴보하기 십상입니다. 자기의 구원 문제로 무엇을 이루어 보려고 하지 않는 사고방식에 빠져서, 그야말로 경화증에 걸려서 꽉 굳어져 가지고 아무것도 생각하지를 않습니다. 하나님이 살아 계시고 성령님이 살아 계시고 그리스도께서 살아 계시니, 삼위일체께서 누구에게나 약속한 바가 있으니 태평양이 마를지언정 그 약속은 변하는 일이 없은즉 나이가 아무리 많아도 소망을 잃지 말고 계속 자라야 합니다.

고린도후서 4장 16절을 보면 "그러므로 우리가 낙심하지 아니하노니 우리의 겉사람은 낡아지나 우리의 속사람은 날로 새로워지도다"라고 하였습니다. 우리의 겉은 썩어가지만 우리의 속은 매일 새로워져야 합니다. 젊을 때는 육신적인 일, 세상에 끌리기 쉽고 앞으로도 세월이 많다 싶어서 그날그날 딴 짓 하면서 마음 가운데 반성도 없고 하등의 걱정도 안 하면서 지냅니다. 또 몇 십 년 가르침을 받은 노인들은 '뭐 그게 다 그런 거야' 하면서 그냥 앉아 있습니다. 이것이 참 얼마나 원통합니까? 새로운 무엇을 나도 해 보겠다, 나도 새로운 발전을 해 보겠다, 주님 앞에 갈 때 내가 부끄러움이 없어야 하겠다, 하면서 자기를 철저히 검토하면서 고쳐 나가고 또 새로운 덕을 소유하도록 힘쓰는 것이 정당합니다.

목회를 하는 데서도 설교를 전보다 더 하나님 뜻에 합당하게 해 보겠다는 생각이 불타야 할 터인데 그저 설교를 오십 년 전에 하던 방식대로, 성경을 가르치는 수준도 그저 수십 년 전에 알던 식대로, 음성을 쓰는 방식도 수십 년 전에 쓰던 방식대로 해서는 안 되는 줄로 압니다. 젊어져야 합니다. 부산에 있을 때, 지금은 교수 목사님이신데, 그분이 미국에 가서 공부하기로 계획해 놓고 여러 해 동안 지체를 합디다. 그래서 제가 부탁하기를, '배우는 것이 잘못은 아닙니다. 속히 배우세요'라고 했습니다.

성령으로 기도하라

진리의 말씀이 이제 바닥이 드러났다면 모르겠는데 성경 말씀은 바닥이 드러나는 법이 없습니다. 무궁한 것이거든요. 성경이 외형적으로 요만한 분량이라고 해서 곧 바닥이 난다고 생각하면 안 됩니다. 이 책은 무한한 하늘 생명에 호스를 대고 있기에 그 한계가 무궁무진합니다. 진리는 같은 진리인데 다시 새 힘을 주는 깨달음이 오기 때문에 그렇습니다. 같은 진리이지만 이 사람에게는 이렇게 결심하게 만들고 저 사람에게는 또 저렇게 결심하게 만드는 것입니다. 그야말로 날마다 새로운 열매를 맺는 것 같은 생명나무의 성질을 가진 것이 성경 말씀입니다.

"지극히 거룩한 믿음으로" 들어가야 하겠습니다. 그런데도 믿는다고 하지만 반신반의하든지, 자기 사랑과 세속 사랑이 거의 전부를 차지하는 믿음이 늘 사로잡고 있는 이런 판이라 말입니다. 믿는다고 하지만 너무도 주님을 걱정시키는 수준에서 지내기가 쉬운 것입니다. 비유로 말하자면 우리가 성전 뜰에만 머물 것이 아니라 성소로 들어가고, 지성소까지 들어가야 합니다. 하나님을 만나는 신앙, 그야말로 말로 형용할 수 없는 그 즐거운 단계에 들어가야지 그저 성전 마당이나 밟으면서 세월을 보내겠다고 할 것입니까? 그 아름다운 단계, 들어갈수록 좋은 수준을 왜 생각도 안 하고 어찌해서 좋은 것을 포기하며 즐거운 것을 내어 버리고 어찌해서 그 놀라운 영광을 외면합니까?

"성령으로 기도"해야 합니다. 에베소서 6장 18절 보면 "모든 기도와

간구를 하되 항상 성령 안에서 기도하라"고 하였습니다. 성령 안에서 기도한다는 것이 무슨 뜻입니까? 항상 기도하고 그리고 거기에 첨부하기를 성령 안에서 기도하라 하였는데, 그 둘은 같지 않습니다. 우리는 항상 기도하라는 주님의 깊은 부탁을 받은 동시에 성령 안에서 기도하라는 말씀도 받았습니다. 우리가 항상 기도해야 성령 안에서 기도하는 좋은 때도 얻는 것입니다.

무시로 기도하지 않는 사람은 성령 안에서 기도하는 좋은 때를 만나기가 어려워요. 기도한다고 하지만 육에 속한 기도, 정신 차리지 아니하고 하품 하면서 하는 체만 하는 기도가 얼마나 많습니까? 구해서는 안 될 것을 구하는 일은 또 얼마나 많습니까? 육에 속한 요구를 위해서 기도하는 일이 얼마나 많습니까? 성령으로 기도하는 아름답고 정돈된 데까지 가야 하는데, 죽는 한이 있더라도 그렇게 복된 기도를 하는 사람이 되어야 하겠는데, 어찌하여 정신을 차리지 않고 항상 기도하는 상태에 있지 않는다 말입니까? 이렇게 표준은 높고 멉니다. 중도에 머물러 가지고 됐다 하지 말고, 나는 나이가 많으니 이제 더 이상 못 한다고 하지 않아야 합니다. 나는 그냥 가던 대로 가다가 끝낸다고 하면서 정체된 거기에 걸려 있겠습니까? 사람들이 뭐라 비평해도 내 설교 방법은 이것밖에 없어 그러고 말 것입니까?

제가 평양신학교 다닐 때 곽안련 C. A. Clark, 1878-1961 목사님이 늘 하시던 말이 있습니다. "목사는 주일마다 새 목사가 되어야 합니다." 무슨 말인고 하니, 늘 배우며 연구하고 늘 회개하며 힘써서 주일마다 새 힘이 나와야 하겠다는 것입니다. 늘 낡은 소리만 하지 말고, 늘 같은 것만 먹이는 역겨운 목사가 되지 말고 참으로 젊어져야 하겠고 새로워져야 합니다. 우리의 음성까지도 변화시킬 수 있다면 좋게 해야 합니다. 저는 거친 쇳소리를 내는 것이 단점인데 좀 고치려고 애를 쓰는데도 잘 안 됩니다. 모든 행위, 성역, 행동 원리 등 모든 점에서 무슨 조작이 아니라, 겸손하게 회개하며 눈물겹게 자기를 채찍질하는 심리에서 날마다 새로워져야 합니다. 겉사람은 낡아갈지라도 속사람은 날로 새로워져야 해요. 그렇게 되기 위해서는 사도 바울은 날마다 죽노라고 말씀했습니다.

겉사람은 낡아가는 것이지요. 왜 그런가요. 혹시 남들이 내 겉사람을 대접하는 경우에도 이것은 내 혈육의 좋지 못한 버릇을 길러주는 것이로구나 생각하면서도 감사하게 받기는 받지만, 결국에는 다른 데로 돌리고 마는 식으로 내가 나를 대접하지 않는 것입니다. 겉사람은 대접하지를 않아요. 그것은 낡아간다 말입니다. 이것은 단순히 육신이 약해졌다는 뜻으로만 해석하기가 어렵습니다. 겉사람이라고 하면 물론 육신도 함축하지만 그보다도 육에 속한 사람입니다.

성령으로 기도하도록 우리가 힘써야 하겠습니다. 죽기 내기로 우리가 힘을 써야 하겠습니다. 눈물 흘리면서 기도를 해야 할 것입니다. 하나님 저는 왜 이렇습니까? 이 꼴이 도무지 내가 스스로 보기에도 가증스럽습니다. 기도를 한다고 하지만 하나님이 들으실 만한 기도라고는 내 양심도 인정이 안 되는데, 하나님 저는 이러다 죽는 것입니까,

하면서 참 가슴 아프게 여기면서 울 수 있어야 할 것 아니겠습니까?

21절 보면 "하나님의 사랑 안에서 자기를 지키며"라고 했는데, 우리는 별별 사랑을 다 받기를 원합니다. 남들의 사랑 받기를 원하고 환경의 사랑 받기를 원하며 별별 사랑 다 받기를 원해요. 하지만 사랑도 받을 사랑을 받아야지 사랑을 잘못 받으면 망하고 맙니다. 아주 숭고하고 참된 사랑을 받으려는 대망을 가지는 마음이 귀한 것인데, 나는 하나님의 사랑만 받겠다고 하는 것이 얼마나 아름다운가요? 사랑으로 이런저런 보호를 해 준다고 하지만 사실 끝에 가보면 아무 것도 아니고, 또 다르게 해석할 만한 사랑도 많은데 그런 것들을 따라다니느라고 애쓸 필요가 없습니다. 하나님의 사랑의 보호만 받는 것이 참으로 행복합니다. 하나님의 사랑은 오묘합니다. 그분의 사랑은 웃는 사랑이기도 하지만 때로 무서운 사랑이기도 합니다.

우리의 신앙생활 수준이 좀 변해서 더 높은 데로 옮겨가야 하겠습니다. 밤낮 낮은 수준에서 우물거리고 그 속에서 편리를 보려고 하고, 인간 세계에서 어떤 후대를 받으려는 데 급급하다면 문제입니다. 우리의 젊은 교역자들도 젊었을 때의 그 정열과 육체의 힘을 가지고 쇠라도 끊을 수 있는 결심으로 노력해야 할 시절인데 그 아까운 시절을 썩을 것에 쏟아 붓는 일을 하지 않아야 합니다. 젊었을 때에 힘을 써서 헛된 것들을 탁 털어내야 합니다. 삼십 대에도 그렇게 되지를 못하고, 사십 대 오십 대에도 역시 못 되고, 육십이 가까워 오면 이제는 어떤 쇠약증으로 인해 그만 시험을 받아 어찌할 도리가 없는 줄로 잘못 아는 일이 많습니다. 모두 급선무가 약해서 그렇습니다. 왜 우리가 딴 짓들을 합니까? 작은 일에 충성하라는 말에는 그런 의미도 들어있는 것 아니겠습니까?

불쌍히 여기는 마음

둘째는, 긍휼 우선주의라고 할 수 있는데, 남을 불쌍히 여겨야 합니다. 남을 구원해 주는 일에서도 역시 화급한 활동을 해야 하겠습니다. 22절에 보면 "어떤 의심하는 자들을 긍휼히 여기라" 하였습니다. 23절에 "또 어떤 자를 불에서 끌어내어 구원하라 또 어떤 자를 그 육체로 더럽힌 옷까지도 미워하되 두려움으로 긍휼히 여기라" 했는데, 이것이 다 화급한 구원 운동입니다. 우리의 마음이 긍휼에 둔감해지면 주의 일을 못합니다. 긍휼 없는 자는 긍휼 없는 심판을 받으리라고 한 말씀이 있는가 하면, 긍휼은 심판을 이긴다고도 말씀하십니다 약 2:12-13. 긍휼은 오묘합니다. 긍휼에 대해서 둔감하거나 불감증이 있어서 그 눈에 눈물이 없고 마음에 불쌍히 여기는 움직임이 없을 때 혹시 우리는 죽은 자가 아닌가, 강퍅해진 자가 아닌가 하고 반성해야 하겠습니다. 긍휼은 반드시 정서로만 시작하는 것이 아니고 먼저 사색으로 시작됩니다. 저 사람이 저러다가 나중이 어떻게 될까를 생각해야 하는 것입니다.

"어떤 의심하는 자들을 긍휼히 여기라." 의심하는 사람에 대해서 긍휼이 움직이기에 좀 어려움이 있습니다. 제가 잘났다고 하고 뭘 안다고 그러고, 똑똑하다고 남을 무시하는 입장으로 믿는 사람을 어리석게 여기는 것을 볼 때에 불쌍히 여기는 정서 feeling 가 일어나기 어렵습니다. 하지만 정신에서만큼은 그런 사람을 불쌍히 여깁니다. 불쌍히 여겨서 구원의 일을 시행하는 데서는 마찬가지로 임해야 합니다. 안 되겠다, 그 사람을 어떻게든지 건져야 하겠다, 하면서 결단을 내리고 작업을 하는 것입니다. 그러노라면 나의 굳어졌던 정서도 풀릴 수가 있습니다. 의심하는 자들을 긍휼히 여기라 했지만, 우리가 보통으로는 불쌍한 자들을 도무지 생각지도 않습니다. 의심하는 사람들, 제가 다 안다고 교만하게 말하는 그런 사람들을 불쌍히 여기지 못하고 그냥 지나가는 일이 너무도 많습니다.

의심하는 자를 불쌍히 여길 뿐 아니라 "또 어떤 자를 불에서 끌어내어 구원하라"고 23절에 말씀하십니다. 불이란 것은 위험한 것입니다. 이것이 환난을 의미하는지 무서운 죄를 지을 위기에 처한 사람을 의미하는지 잘 모르겠습니다. 하지만 그런 사람에게 복음을 전하려면 나 자신이 위태로운 형편에 처하게 되는 것이 분명합니다. 극도로 악한 사람일 수도 있어요. 그런 사람에게 복음을 전하기 위해서 가까이 가기가 어렵다 말입니다. 아무튼 그 사람의 형편을 보면 위기일발이라 말이에요. 당장 하나님의 벼락이 칠 것 같습니다. 또 그 사람이 죄를 회개하지 아니하고 끝까지 간다면 사실상 하나님의 간섭이 오는 것입니다. 죄악이 끝에 오르면 하나님이 치시는 것입니다. 그러한 사태를 말하는 것인지 혹은 매우 불쌍한 처지에 빠진 자가 불 가운데 있는 사람인지 잘은 몰라도, 어쨌든 우리가 아는 것은 복음을 전하려는 자신이 위험하다 말입니다. 그런 경우에 난 못 하겠다 하지 말고 그것을 하라는 것입니다.

뿐만 아니라 23절 하반부를 보면, "또 어떤 자를 그 육체로 더럽힌 옷까지도 미워하되 두려움으로 긍휼히 여기라"고 하십니다. 어떤 사람을 불쌍히 여기라 했습니까? 너무 추접스런 죄를 지어서 그 옷조차도 만지기 싫을 정도입니다. 보통으로는 예수 믿는 사람이라 하더라도 어떻게 그런 사람들을 상대해, 이렇게 생각하기 쉽습니다. 그러나 두렵긴 두려워하면서라도 그런 자를 살리라는 말입니다. 사람의 영혼을 구원하는 일에 있어서 성경은 이렇게 깊고 절실하게 가르칩니다.

긍휼이라는 것은 철저히 마비 상태가 되어서 도무지 감각이 없고 눈물이 전혀 없는 나 자신이 우선 문제이기에 두어 마디 전하고 맺겠습니다. 내가 크게 반성을 하고 나 자신이 은혜를 받은 사안이기 때문에 같이 나누려고 합니다. 여러분, 이해하시겠죠.

빈민 선교 사역의 사례

김진홍이라는 분 이야기를 알게 되었습니다. 내 친구 중에도 김진홍 목사가 계신데 그분은 그분대로 장점이 있지만, 빈민선교에 힘쓴 김진홍이라는 분은 내가 처음 들었어요. 얼굴은 못 봤습니다. 하지만 일은 참 저렇게 해야 하겠다는 마음이 내 중심에 강렬했기 때문에 잠시 생각을 해 봅니다. 이분이 장로회신학교를 마친 분이에요. 70년대 초기로 아는데 이분이 청계천 판자집 부락에 들어가서 전도하기로 결심하고 거기 들어가서 열심히 일을 하였습니다. 거기서 일을 시작해서 여러

해 하다가 지금은 화성군 해변의 간척 지역에 활빈교회를 세웠습니다. 전에 데리고 있던 형제들을 다 그리로 옮겼습니다. 지금은 그 간척지에서 이룬 논들을 붙이며 살아나간다고 합니다.

처음에 그런 어려운 일에 뛰어들었을 때는 그분이 고민도 많았습니다. 막상 일을 해 보니 전과자들, 형편없는 사람들이 많았습니다. 물론 착한 사람들도 있었겠지요. 좌우간 당시에 그 사람들이 주로 넝마주이를 했습니다. 청계천에 다니면서 무엇을 주워 모아 가지고 가져다 팔아서 몇 닢 벌어먹는 처지였습니다. 자기 자신도 넝마주이 하면서 복음을 전했는데 너무 일이 어렵기 때문에 그만두려고 했답니다.

그런 결정을 고민하던 도중에 어떤 집에 신들이 여러 켤레 있더래요. 그래서 문을 두드려 보니까 아이들만 있더랍니다. 너희들 여기 왜 모여 있느냐? 무슨 걱정이 있느냐? 그런 식으로 접촉을 했겠죠. 아이들 하는 말이 우리 아버지가 며칠 동안 안 들어왔다는 겁니다. 전에는 며칠씩 안 들어왔니 묻자 전에는 하루 정도로 안 들어오셨는데 이번에는 사흘이나 안 들어오셨어요 하면서 울먹이는데 애들이 지금 밥도 못 먹는 형편이었습니다. 그래서 그 사업을 그만두려는 마음을 접었다는 겁니다. 그렇게 불쌍히 여기는 마음이 자주 일어나서 마음을 고쳐먹고 수소문해서 애들 아버지가 행상을 하다가 잡혀 갔다는 것을 알아내고서 풀려나도록 노력도 계속한 것입니다. 그런 식으로 수차례 다시 마음을 고치고, 내가 여길 떠날 수가 없겠다고 결심했다는 것입니다.

한번은 자기 아이가 남의 집을 계속 들여다보더랍니다. 저 녀석이 왜 자꾸 남의 집을 들여다보냐 했더니 그 아이 하는 말이, 나 배가 고파요 하더랍니다. 보니까 그 집에서 밥을 먹는단 말이에요. 나도 밥을 먹으면 좋겠는데 하면서 들여다봤던 모양이죠. 그러한 말할 수 없는 비극을 무릅쓰면서 넝마주이를 하며 일을 계속한 것입니다. 판자촌 철거 때문에 문제가 돼서 자기도 잡혀 들어갔고, 그 뒤에 또 다른 사람이 잡혀 들어왔는데 폐병환자였어요. 벌금을 내든지 그렇지 않으면 구류를 살아야 합니다. 그런데 자기에게 돈 있는 것을 다 주어서 형제의 벌금을 물어주고 환자를 내보내고 자기는 거기 있었더랍니다. 그분이 지금은 활빈교회에 있으면서 미국에 간증하기 위해서 간 까닭에 직접 만나지는 못했습니다. 그분이 자기가 이때까지 한 것을 사실 그대로를 다 책으로 썼습니다. 내가 그 책을 가져오라 했습니다.

그분이 일의 방향을 조금 고친 것이 있습니다. 처음에는 좌우간 복음을 전하는 것이 위주였는데, 막상 현장에 가 보니 불쌍한 사람들을 안 돌볼 수 없었다는 겁니다. 그러다보니 복음을 가르치는 데는 너무 시간을 많이 못쓴 경향이어서인지, 그 사람들이 세상 뜰 때에 도무지 소망이 없이 죽더랍니다. 그래서 지금은 방향을 조금 바꾸었다고 하는데 그런 이야기들이 『새벽을 깨우리로다』(홍성사 간)라는 책에 다 들어 있습니다. 내가 책 광고하는 법이 없습니다. 그러나 내가 지금 성회 강사 중 하나이니까 우리 형제들이 이 책을 읽으면 좋겠다 싶어서 오늘 책을 가져 왔습니다.

가난한 자를 돌보는 일

오늘날 우리 기독교의 문제점 가운데 하나가 가난한 자를 기억하지 않는 것입니다. 웨스트민스터 신앙고백서를 작성한 학자들이 내놓은 헌법을 읽어보면, 집사의 직무에 대해서 써놓은 것은 가난한 자를 돌본다는 말밖에 없습니다. 그만큼 가난한 자를 돌보는 것이 주님의 교회에서 긴요한 일인 것입니다. 첫째는 영을 돌아보는 것이고, 그 다음에는 무엇보다도 가난한 자를 돌아보는 것인데, 어찌된 일인지 가난한 자를 돌아보는 것이 소홀하게 됐습니다. 비참한 세계에 깊이 들어가는 일은 하지 않고, 그저 어려운 일을 피하거나 편의주의로 일해 나가는 식입니다.

여러분이 그렇다는 것은 아닙니다만 누가 남의 마음을 알겠습니까? 교역에 진출할 때에 그저 한세상 이 일 하며 지내야 하겠다, 하는 생각으로 오기도 하나 봅니다. 이것도 안 되고 저것도 안 되니까 교역자가 되겠다는 사고방식으로 신학교에 오니까 처음부터 생각하는 방식이 삶의 방편의 하나로 취하는 것입니다. 그러니 거기에는 시기도 있고 질투도 있고 별별 일이 다 있습니다. 우리가 판자촌에 들어가서 날마다 불쌍한 사람을 돌봐주는 일을 전문으로 할 것은 아니지만, 좌우간 그런 것을 우리가 또 잊어서는 안 됩니다. 그러한 어려운 일을 잔뜩 맡은 사람이 어느 여가에 시기 질투를 합니까? 내가 이렇게 말하는 것은 우리가 다 판자촌에 들어가자는 것이 아닙니다. 사명이 다 다릅니다. 신학교에서 교수 일 하는 사람은 교수하고, 도시에서 목회할 사람은 목회하고, 농어촌으로 갈 사람 가고, 선교사로 갈 사람 가는 것입니다. 외형적인 생활 모습은 각각의 사명에 따라 다르지만 그 중심은 한결같이 성경적 정신이어야 합니다.

아, 그분의 얘기를 한마디 더 합니다. 어떤 병자가 자기를 만나기 원해서 가 보니까 임신한 것은 아닌데 배가 부르고 도무지 아파서 못 살 지경이더랍니다. 당장 죽을 지경이에요. 이제 데리고 세브란스 병원에 가니까 못 고친다 하며 고칠 돈도 없는 형편이었습니다. 다시 서울대학 병원에 가보니까 또 역시 돈 없어서 안 되고, 청량리 어느 산부인과에 가서 접촉해도 돈 없어서 안 되는 처지였습니다. 그래서 죽어가는 삼십 대 부인을 업고 이제 집으로 돌아가는 그런 형편이었습니다. 그 여자가 이미 세상을 떠났는데 죽은 줄도 모르고 등에 업고 간 것입니다. 시체를 업었던 것입니다. 끝까지 불쌍히 여기고 좌우간 살려놓고 봐야 하지 않겠느냐고 멈추지 않은 것입니다. 참으로 긍휼 앞에서 정복을 당한 사람입니다.

우리가 사람을 칭찬하는 것은 아니지만, 우리 한국 교계에 그런 분이 나와 있다는 것은 하나님께 감사한 일입니다. 생각해 보건데 시기 질투 명예욕 물질욕, 그것들은 다 한가로운 자리에서 발생하는 것들입니다. 안일주의와 편의주의와 세속주의 같은 세계에서 발생하는 것이지 지금 당장 불이 붙고 사람이 죽어 넘어지며 말할 수 없는 비극이 난무한다면 거기에 무슨 시기 질투 명예욕이 있을 수 있겠습니까? 나부터라도 우리 교역자들이 이런 면에서 고칠 것이 많습니다. 우리가 이것을 고쳐야 합니다. 어디서 주님의 교회를 섬기든지 정신만큼은 철저한 무장이 되어야 합니다.

도시에서 교회를 시무하는 경우에 수가 많든지 적든지 나는 이 백성을 위해서 죽는다고 각오해야 할 터인데 여기보다 더 사례금을 많이 주는 데 있으면 간다든지, 사실상 더 좋은 자리를 탐내는 심리가 발생할 만한 인격이라면 걱정입니다. 우리가 주의 일을 할 때에 죽는 날까지 하기는 하겠지만 얼마나 주님을 걱정시킵니까? 얼마나 주님을 걱정시키고 또 제대로 일을 이루지 못하는 것 아닙니까? 우선 그런 상태는 자신이 죽는 것이 아니에요. 교역자의 마음에 웬 시기 질투가 그리 많습니까? 교역자의 마음에 교회라는 것을 자기의 직장으로 생각한다 말입니까? 교회가 우리 직장입니까? 우리가 오늘 참 고칠 것이 많습니다. 오늘 소개한 책은 읽기가 몹시 수월합니다. 실감이 나는 사실 그대로니까요. 아주 그분이 한 일이 쉽게 박히는데 정신집중해서 읽으면 하루라도 다 읽을 수 있습니다. 읽으면 소득이 있어요.

우리가 개혁, 개혁, 하지만 진짜 개혁을 해야 하지 않겠습니까? 한국 교회 개혁이 필요치 않습니까? 우리가 부족하지만 우리 자신을 개혁해야 하겠다, 고치는 것이 있어야 하겠다 말입니다. 여러분 앞에 소리를 높이면서 말하는 것을 용서하십시오. 늘 말에 이렇게 실수가 있습니다. 우리가 새로워지는 은혜를 받아야 할 줄로 생각해서 이렇게 말씀을 드렸습니다.

14.
목회자는 세 가지 것에 집중하라

¹⁷ 너희를 인도하는 자들에게 순종하고 복종하라 그들은 너희 영혼을 위하여 경성하기를 자신들이 청산할 자인 것같이 하느니라 그들로 하여금 즐거움으로 이것을 하게 하고 근심으로 하게 하지 말라 그렇지 않으면 너희에게 유익이 없느니라. (히 13:17)

여러분이 잘 아시는 바와 같이 교역자는 오직 하나님 중심으로 일하는 사람입니다. 교회를 위하여 일할 때에도 역시 인간의 단체를 위함이 아니라 주님의 몸 된 교회를 위해서 일하는 것인 만큼 하나님의 집을 위해서 일하는 것입니다. 그러므로 교역자는 백 퍼센트 신본주의 입장에서만 일해야 합니다. 교역자는 어떤 일을 하는 일꾼인가에 대하여 히브리서 13장 17절의 말씀이 잘 가르치고 있습니다.

봉사의 선구자인 사역자

본문에 있는 "인도하는 자들"이란 말의 헬라어를 생각할 때에 매우 중요한 뜻을 발견하게 됩니다. '헤게오마이'란 말은 선구자란 뜻입니다. 교역자는 주님의 몸 된 교회를 위하여 일할 때에 어디까지나 선구자의 위치를 차지해야 합니다. 이 말은 결코 주장하는 자세 藉勢 를 하라는 것이 아니라, 믿음과 덕에서 가장 앞선 자요 선구자의 위치에서 살아야 한다는 것입니다. 물론 교역자로서는 가장 겸손해야 하겠습니다. 모든 교인들보다 겸손한 사람이 되어야 하겠고, 희생정신으로 살아야 하겠습니다. 그 무엇에 있어서나 모든 사람들의 발을 씻겨 주는 입장에서 봉사해야 합니다. 하지만 그의 사역의 위치로 말하면 선구자입니다.

그는 그리스도의 몸이라는 이 단체를 인도하는 데서 제일 앞에 서서 이끌어야 하는 일꾼이요 결단코 추종자가 되어서는 안 됩니다. 대중이 하자는 대로 따라가는 사람이 되어서는 안 된다는 말입니다. 사역자는 선구자요 앞서서 이끄는 자요 앞서서 주님의 모든 양 떼를 지도하는 사람입니다. 사역자가 이런 위치를 지키는 것은 결코 본래 자기에게 있는 인격적인 우수한 조건들로 하는 것이 아닙니다. 만일 교역자가 자연인의 어떤 우수한 조건에 의해서 주님의 몸 된 교회를 지도한다고 할 것 같으면 거기에는 반드시 좋지 못한 일들이 있을 수밖에 없습니다. 그런 지도는 인본주의 입장에서는 될는지 몰라도 신본주의 지도는 아닙니다. 하나님의 교회는 어디까지나 신본주의, 다시 말하면 하나님의 영광을 위한 일이어야 하겠고, 하나님의 것으로 힘을 삼아야 하겠으며, 철두철미 하나님의 인도를 받는 자리, 하나님의 먹여 주심을 받는 입장에 서야 합니다. 그러므로 교역자는 하나님의 교회에서 참으로 중책을 지고 있는 것입니다.

하나님의 교회가 중요한 만큼 교역자의 입장도 중요합니다. 그러나 교역자가 자기의 그 무엇으로 지도할 것이 아니고 어디까지나 하나님의 말씀으로 선구자가 되어야 합니다. 그러므로 그는 하나님의 말씀에 확신이 있어야 합니다. 성경 말씀을 깨닫는 데서 그야말로 하늘의 음성을 듣는 것과 조금도 다름이 없는 입장에서 움직여야 하며, 하나님의 산 음성을 들은 입장에서 움직여야 합니다.

그러면 이런 확신은 어디서 옵니까? 우리가 물론 지적으로 성경을 연구하기도 합니다. 다시 말하면 역사적 신앙을 존중시합니다. 즉 하나님이 오래 전부터 주셔서 교회의 유산으로 가지고 오는 이 성경 말씀의 역사적 방면, 다시 말하면 그 글자를 풀이하는 것과 또는 그 뜻을 찾아내는 일, 하나님이 유산으로 주신 이 역사적 유산을 지적으로 연구하는 일을 무시하지는 못합니다. 이것이 중요합니다. 왜냐하면 하나님이 우리에게 은혜를 주실 때에 직접적으로만 주시는 것이 아니라 역사적 은혜를 우리에게 계속 주시고 있기 때문입니다. 다시 말하면, 옛날에 한 번 주신 역사적인 계시의 말씀을 역사적 연구를 통해서 우리로 하여금 섭취하게 하신다는 것입니다.

예를 들면, 이 성경이 우리말로 번역되지 않았다고 할 것 같으면 많은 우리 동포들이 성경 말씀과 접촉할 수 없게 되었을 것입니다. 이와 같이 역사적 요소가 하나님의 계시 운동에 얼마나 중요하다는 것을 우리는 너무나도 잘 압니다. 그러니까 하나님의 말씀인 이 성경을 접촉함에 있어서 우리는 역사적으로 접촉하지 않을 수가 없습니다. 그것이 역시 하나님의 경륜이고, 우리가 그것을 통하여 깨달을 때에 크게 은혜 받는 것이 있습니다.

우리가 역사적 신앙 historical faith 을 존중함으로 은혜를 받기도 하지만, 겸하여 이 말씀을 묵상하고 순종하며 전하기 위해서 많은 고난을 받는 이 모든 일들을 통하여 하나님께서 직접적으로 은혜 주시는 사실을 우리가 체험하는 바입니다. 우리가 하나님의 말씀인 성경을 읽음으로 깨닫는 것만이 아니라, 우리가 이 말씀을 순종하며, 이 말씀을 인해서 수고하고, 이 말씀 앞에서 울며, 우리가 말씀 앞에서 기도하고, 말씀을 대할 때에 하나님을 대하는 것 같은 경건한 마음으로 사모하며, 하나님의 뜻을 깨달으려고 애쓸 때에 하나님께서 직접적으로 이 말씀을 통하여 우리에게 속삭여 주십니다. 하나님께서 직접적으로 내 심령에 불을 던져 주시는 이 은혜를 우리가 받아야 하는 것입니다.

우리는 조지 뮬러 George Muller 1805-1898 라는 위대한 신앙가를 잘 압니다. 그는 역사적 신앙을 가진 사람인 줄로 압니다만, 더욱이 성경을 통하여 직접적 은혜를 많이 받은 줄로 생각합니다. 그가 성경을 백 번 읽되 무릎을 꿇고 읽었다고 합니다. 나는 이 말을 읽을 때에 크게 깨닫는 것이 있었습니다. 우리가 이 성경 말씀을 대할 때에 세상 책을 대하는 것같이 냉랭한 과학적 연구 태도로 읽는다면 크게 과오를 범하는 것입니다.

이 성경 말씀을 대할 때에, 칼빈과 같이 하늘에 계신 하나님이 지금 나에게 말씀하시는 음성을 대하듯이 참다운 신앙의 태도를 가지고 읽을 때에 우리는 하나님 앞에서 직접적으로 말씀해 주시는 은혜를 받습니다. 우리가 이와 같이 하나님의 음성을 듣고서야 비로소 선구자가 되는 것입니다. 우리에게 무엇이 있기에 능히 큰 단체에서 선구자의 자격을 가질 수 있겠습니까? 우리가 만일 우리의 자율적인 지혜나 재능에 의하여 그런 위치를 차지한다면 그것은 망동 妄動 입니다. 어떤 교역자든지 성경 말씀에서 확신을 얻었다면 그는 이와 같은 지도자가 될 수 있는 것입니다.

성경이 주는 인내와 위로와 소망

디모데후서 3장 14절의 말씀과 같이 성경 말씀에서 확신을 가지는 체험이 모든 교역자에게 절대로 필요합니다. "이것이 과연 하나님의 말씀이다" 하는 그 깨달음에 들어가야 합니다.

우리들이 설교를 위해서 성경에서 본문을 정하고 연구하며, 기도하고, 또 그대로 행하지 못한 것을 원통히 여겨 눈물로 회개하고, 그래도 가슴이 뜨거워지지 않을 때에는 발버둥치기도 합니다. 그야말로 야곱이 그의 환도뼈가 부러지도록 천사와 더불어 씨름한 것처럼 우리가 씨름하듯이 여러 시간 동안 주님 앞에서 눈물을 흘리면서 그의 음성을 듣고자 하는 노력이 없이는 우리들이 성경에서 확신을 가질 수 없는 것이며 따라서 설교할 수도 없는 것입니다. 성경을 접촉할 때에 우리가 그 음성을 들어야 한다 말입니다. 그 음성을 듣는다는 것은 다른 것이 아니라 우리의 심령이 뜨거워져서 "이것이 하나님 말씀이다" 하는 놀라운 확신에 들어가는 것입니다.

우리는 성경의 인내와 성경의 위로와 성경의 소망을 가져야 합니다 롬 15:4. 성경이 주는 인내, 다시 말하면 "이것이 하나님의 말씀이다" 하는 그런 확신을 가진 그는 어떤 어려움이 있을지라도 견딥니다. 하나님의 음성을 들은 만큼 참아 나갈 수 있습니다. 또한 성경을 확신함으로 위로를 얻고 소망을 가지어서 세상이 나를 대적할지라도 용감하게 진리 파수의 자세를 취합니다. 끝까지 하나님의 말씀으로 즐거워하는 입장에서 살아갈 수가 있습니다.

성경이 주는 인내와 성경의 위로와 성경의 소망을 가지게 되면 과연 선구자적인 역할을 감당해 낼 수 있습니다. 많은 사람들이 무엇이라고 하든지 간에 그것을 문제시하지 아니하고, 하나님의 음성을 들은 자로서 용감하게 큰 단체를 이끌어 갈 수 있으며 인도할 수가 있습니다. 예레미야 20장 9절을 보면 하나님의 음성을 들은 예레미야가 말하기를 "내가 다시는 여호와를 선포하지 아니하며 그의 이름으로 말하지 아니하리라 하면 나의 마음이 불붙는 것 같아서 골수에 사무치니 답답하여 견딜 수 없나이다"라고 하였습니다. 그가 "마음이 불붙는 것 같다"고 한 것은 다른 것이 아니라, 하나님의 음성을 듣는 자로서 이 음성을 남들에게 전하지 아니하고는 견딜 수 없다는 내용입니다.

유명한 아타나시우스 Athanasius 295-373 는 성경을 읽는 가운데 예수님이 과연 하나님이시라는 것을 확신하였습니다. 이런 확신을 가졌으므로 그의 시대에 많은 지도자들이 예수님을 하나님이라고 하지 아니하고 사람일 뿐이라고 할 때 아타나시우스는 개혁의 깃발을 들고 "예수님은 하나님의 아들이요 하나님이십니다"라고 굳세게 주장할 수 있었습니다. 이런 주장 때문에 그는 핍박을 받아서 귀양살이도 가게 되었습니다. 그는 20여 년 동안 망명 생활을 하였지만 그의 확신에는 변함이 없었으며, 그 확신 때문에 신앙의 절개를 끝까지 지켰습니다. "예수님은 하나님이시라"고 끝까지 주장했던 것입니다. 그분이야말로 성경의 인내와 성경의 위로와 성경의 소망을 가지고 진리를 굳세게 파수한 사람입니다.

우리는 교회 역사상에 이와 같이 하나님의 음성을 듣고 굳게 서서 요동하지 아니한 종들을 보게 되며, 또한 많은 성도들이 순교한 사실을 잘 보고 있습니다. 과연 교역자는 이와 같이 선구자의 위치를 점령하고, 선구자로서 하나님의 양 떼를 이끌어 간다는 것을 명심해야 할 것입니다. 다시 기억해야 될 것은 이런 행동 원리는 주제넘게 자연인의 어떤 재능이나 수완이나 지혜를 가지고서 할 것이 아니라는 것입니다. 자연인의 그 무엇을 가지고서 한다면 그것은 교만이요 하나님을 모독하는 일이요 주님의 몸 된 교회를 해롭게 하는 일입니다. 그것은 하나님 대신에 사람을 세우는 일입니다. 주님의 몸 된 교회를 인도하는 데는 오직 하나님의 음성으로 할 뿐입니다.

모든 방면에서 볼 것이 없는 인품이라 할지라도 하나님의 음성을 들은 자가 이 일을 할 수 있는 것입니다. 원컨대 우리는 이 원리를 명심하고 용감스럽게, 두려움 없이, 과연 하나님의 양 무리 맨 앞에 서서 인도해 가야 합니다. 그렇게 중차대하게 감당해야 할 사명을 지니고 있다는 것을 기억해서, 우선 그 자격을 구비하고서 적극적으로 나서야 하겠습니다. 주님을 위해서 희생하되 하나님의 음성을 듣기 위해서 분골쇄신 힘써야 합니다. 그 음성을 듣기 전에는 내가 나갈 수 없는 것입니다. 말씀으로 무장하기 전에는 우리가 마귀와 더불어 싸울 수 없고, 하나님의 음성을 듣기 전에는 우리가 하나님의 몸 된 교회를 인도할 수 없습니다. 언제나 봉사자로서의 선구자적인 위치를 명심해야 하겠습니다.

그렇다고 해서 우리가 교만해진다든가, 쓸데없이 덤빈다든가, 우리가 많은 다른 사람들보다 우수한 인격이라도 되는 듯이, 우리가 어떠한 권세를 가진 듯이, 혹은 우리가 제법 훌륭한 사람인 듯이 부당한 생각을 가져서는 결코 안 됩니다. 또한 부당한 행동을 해서는 더더욱 안 되는 것입니다. 그럴수록 겸손해야 합니다. 주님의 양 무리 중에서 누구보다도 겸손한 자가 되어야 합니다. 가장 겸손해야 합니다. 교역자는 이와 같이 모든 면에서 선도적인 역할을 하는 자입니다. 그러므로 교역자는 말씀으로 단단히 무장해야 합니다. 그렇지 않고서는 도대체 비전이 없고, 하나님의 음성을 듣지 못하였는지라 가슴에 뜨거운 것이 없습니다. 자기가 목양하는 교회의 현 실정이 어떻다는 것을 알지도 못합니다.

우리는 오늘날 교계가 얼마나 속화되었는지, 오늘날 교계가 얼마나 하나님의 말씀에서 멀리 떠나 있는지, 오늘날 교계의 지도자들마저도 얼마나 혼수상태에서 분별할 줄 모르는 위치에 있는지를 알아야 합니다. 하나님의 몸 된 교회를 인도하는 일에서 너무나도 속화된 원리로 움직여 가고 있다는 것을 알아야 할 것입니다. 그것을 볼 때 가슴

아파하고, 견딜 수 없으며, 그것을 볼 때에 내 가슴속에 불이 붙어서 견디지 못할 정도로 뜨거워야만 하겠다는 말씀입니다. 그야말로 오늘날 이 시점에서 우리가 성의 있게 주님의 일을 위하여 사역하려고 할 것 같으면, 먼저 우리 자신이 참된 진리에 입각해야 하겠습니다.

우리는 교계의 결함을 볼 줄 알아야 합니다. 무엇이 잘못 되었느냐? 무엇 때문에 오늘날 교회들이 하나님께 영광을 돌리지 못하며, 무엇 때문에 오늘날 교회들이 하나님의 백성에게 기쁨을 주지 못하는가? 그것을 볼 줄 알아야 하겠다 말씀입니다. 그것을 보지 못하는 사람은 결국 이 어두워진 물결 속에서 그저 허송세월하면서 무의식중에 지나가기가 쉽습니다. 교역자로서의 선도자적인 역할을 하지 못하고 하나의 삯군으로서 자기의 시대를 낭비하기가 쉬운 것이올시다.

우리의 가슴에 불이 있느냐 하는 것이 중요한 문제입니다. 그러면 이 불은 어디서 생깁니까? 이 불은 하나님의 말씀을 나 자신이 알되 보통으로만 아는 것이 아니라, 하나님의 음성을 하나님의 존전에서 듣는 것 같은 확신으로부터 생깁니다. 우리가 이러한 자격을 구비할 때에 우리의 교계 풍토를 살필 수 있게 되며, 따라서 선도자적인 위치에서 말도 하고 행동도 취할 수 있는 줄로 압니다.

교역자의 기도 사역

영혼을 위하여 일하는 사람은 늘 명심할 것이 있습니다. 그는 사람의 영혼을 인도할 수 없다는 것을 알아야 합니다. 영혼은 우리 눈에 보이지 않는데 어떻게 그 영혼을 내가 취급할 수 있습니까? 할 수 없습니다. 나는 영혼을 맡을 수 없다, 영혼을 인도할 수도 없다, 나는 영혼을 잘되도록 할 수가 없다, 나는 영혼에 대하여 하나에서 열까지 어찌할 수 없는 자라는 것을 늘 명심해야 하겠습니다. 그러므로 영혼을 다룰 수 있는 이에게 부탁하는 것밖에 없습니다.

영혼을 취급할 수 있는 이는 오직 하나님뿐이십니다. 베드로전서 4장 19절에 "그러므로 하나님의 뜻대로 고난을 받는 자들은 또한 선을 행하는 가운데에 그 영혼을 미쁘신 창조주께 의탁할지어다"라고 하였습니다. 우리의 영혼은 미쁘신 조물주께 부탁해서 관할이 되고, 보관되고, 구원되기를 원할 것밖에 없는 것입니다. 인간이 어떻게 영혼을 다룰 수 있겠습니까? 할 수 없습니다. 예수님은 자기의 영혼도 아버지께 부탁하셨습니다 눅 23:46. 영혼은 오직 조물주 되시는 하나님께서만 다루시고, 하나님께서만 건사하시고, 구원하실 수 있으며, 하나님께서만 영혼을 주장하실 수 있습니다.

많은 영혼들을 맡은 교역자들의 사역의 대부분은 기도라는 것을 우리가 명심해야 하겠습니다. 부탁하는 일이라는 것을 명심해야 하겠습니다. 하나님 앞에 그 많은 영혼들을 부탁하지 않는 교역자가 어떻게 영혼들을 위해서 일할 수 있겠는가 말입니다. 이 영혼들을 하나님께 기도로 부탁하는 것이 교역자의 일입니다. 결단코 기도는 너무 많이 한다고 할 수 없는 것입니다. 기도는 언제나 부족합니다. 우리는 특별한 시간에 하나님 앞에 나아가서 기도해야 하겠지만, 그 어느 시간에든지 기도는 계속되어야 합니다. 다른 일을 하면서라도 기도는 계속해야 됩니다. 우리가 걸어갈 때에도 역시 기도하는 마음으로 걸어가며, 또는 입속으로라도 중얼거리며 걸어가야 할 것입니다.

"아, 그 목사님은 기도를 너무 많이 해서 못 쓰겠다" 하는 말은 있을 수가 없어요. 우리 믿는 사람들이, 특별히 우리 교역자들이 기도를 많이 한다고 해도 늘 부족합니다. 오랜 시간 동안을 기도했다고 할지라도 아직도 하나님이 보실 때에 기쁘게 들으실 기도를 몇 마디나 했느냐가 문제입니다. 그러므로 우리는 언제나 기도 부족을 느껴야 합니다. 여러 시간 기도하고서도 아직 부족을 느끼고, 기도에 갈증을 느끼고, 계속해서 내가 맡은 모든 영혼들을 조물주 하나님께 부탁하는 우리들이 되어야 합니다.

우리 교역자들이 하나님께 쓰일 만큼 성숙해지는 비결이 어디 있느냐? 앞에서 말씀한 대로 성경에 익숙해야 합니다. 그야말로 성경을 연구하는 가운데서 주님의 음성을 들어야 합니다. 이 성경 말씀이 우리의 심령을 뜨겁게 해 주는 그런 은혜 가운데서 살아야 하는 것입니다. 우리는 하나님의 말씀으로 익어가고, 또한 기도로써만 성숙합니다. 생가죽을 가지고는 구두를 만들 수 없습니다. 가죽을 이겨 가지고야 구두를 만드는 것처럼, 생나무를 가지고는 집을 지을 수 없고 나무를 죽여서, 즉 나무를 말려서만 집을 짓는 것입니다.

생사람은 하나님의 종이 될 수가 없고, 기도 가운데서 죽어야 성숙한 종이 됩니다. 자연인 인간은 하나님의 종이 될 수가 없습니다. 오직 주님의 말씀으로 익어가고, 오직 주님의 보좌 앞에서 기도로 녹은 인물들만이 정말 이 어려운 수종 隨從 을 들 수가 있습니다. 충분히 성숙하지 못한 인간이 이런 수종을 들다가는 마치 웃사가 법궤에 손을 대었다가 죽은 것과 같이 될 것입니다 삼하 6:3-11, 대상 12:7-14 참조.

하나님의 말씀과 기도로 녹지 못한 사람이 주님의 복음을 수종 들고, 주님의 몸 된 교회를 수종 들다가는 그 자신이 망할 것밖에 없습니다. 평생 가짜 목사로 돌아다니며, 평생 은혜가 없고 도리어 쓴 뿌리가 될 것밖에 없습니다. 그는 교역 생활에서 어디를 가든지 해를 끼치고, 어디를 가든지 오점이 되고, 어디를 가든지 걱정거리가 되는 유감스러운 인간이 되어, 평생 하나님의 일을 방해만 하다가 죽게 된다 말입니다. 과연 영혼을 맡은 사람이 얼마나 무거운 짐을 지는 것인지 알아야 합니다. 이 일은 인력으로는 할 수 없습니다. 이것은 우리가 하나님 앞에 부탁함으로만 되는 것이니, 계속적으로 기도하는 사람만이 할 수 있습니다.

우리는 인격의 감화란 것을 중요시하지 맙시다. 이 세상 사회에서나 기타 인간 생활 영역에서는 인격의 감화를 매우 중요하게 여기지 않을 수 없습니다. 사람들 중에는 정말 잘난 사람도 있습니다. 한번 쳐다보기만 해도 상대방이 압도를 당하고, 상대방이 순종할 마음이 일어나게 되는 그런 인격이 있습니다. 그에게는 어떤 위엄이 있고, 남을 잘 휘어잡고 많은 사람들을 통솔하는 능력이 있고, 자연인의 인격으로써 감화를 끼치는, 그런 고결한 인품도 있는 것입니다. 이런 인격은 주님의 몸

된 교회에 유익할 것 같아도 해가 될 위험성도 있는 것입니다. 그러한 사람은 성령의 감화로 영혼들을 인도하는 것이 아니라, 자기의 수완과 자기의 감화력과 자기의 자연적인 재능에 의해서 사람을 이끌고, 자기의 재능으로 영혼들을 인도하는 것 같은 운동을 하게 되는 줄로 압니다. 그렇지만 하나님이 보실 때 그것은 가치 없는 일일 수 있습니다. 도리어 사람이 별로 재능이 없고 초라하고 볼 것 없어도, 기도를 많이 해서 성령의 감화를 끼치는 인격, 그런 사람이 과연 주님의 일을 참되이 할 수가 있습니다.

바울 사도는 성령의 감화로 역사한다고 하였습니다 고후 6:6. 그 사람을 보면 별로 볼 것 없는데 이상하게도 그의 사역을 통해서 사람들이 거듭나고, 그의 사역을 통해서 하나님께 영광이 돌아가고, 그의 사역을 통해서 교회가 잘되어 나가고, 그의 사역을 통해서 교회에 은혜가 많다면, 이것은 그 사람의 재능으로 된 것이 아니라 성령의 감화로 된 것입니다. 우리는 우리 자신의 어떤 재능으로 일이 될까 두려워하는 생각을 늘 가져야 할 줄 압니다. "내가 이것을 나의 재주로 하지 않나?" 하고 늘 경계해야 하겠습니다. 우리는 성령의 감화로 일을 해야 합니다. 우리가 그렇게 하기 위해서는 늘 자기를 부인하고 어디까지나 하나님 중심주의를 가지고 주님께서 되게 하시기를 원하는 심정으로 간절히 부르짖으며 기도하는 위치에서 사역을 해야 됩니다.

영혼을 위하여 일하는 사람들은 그 영혼들을 하나님 앞에 부탁하는 일을 결코 잊지 않는 것입니다. 옛날의 유명한 교부 키프리안 Cyprian

200?-258 은 기도를 많이 한 교회 지도자인데, 그는 교회를 다스리는 재능도 있던 사람이었지만, 자기의 재능에 의하여 교회 일을 하기 원치 않는 심리로 밤중에 기도하는 것으로 이름이 높아진 위대한 성자였습니다. 그는 하나님 앞에서 교회 정치의 사명을 받은 인물이었는데, 그는 오직 하나님 앞에 부탁하는 일을 등한히 하지 아니하고 밤중에 기도하기를 즐기는 위대한 성도였습니다. 영혼을 위하여 일하는 사람은 이와 같이 자기의 힘으로는 영혼을 위해서 일할 수 없다는 것을 명심해야 합니다.

초자연적 원리

1934년에 제가 웨스트민스터 신학교에 처음 갔을 때에 실천 신학을 가르치던 교수 카이퍼 Rienk B. Kuyper 1886-1966 라는 분이 말한 것을 지금도 기억하고 있습니다. 그가 한번은 연회석 상에서 말하기를, 자기 부친은 항상 초자연주의 신앙생활을 하였는데 시편을 다 암송하였다고 말합니다. 신령한 은혜를 늘 사모하여 살았다는 것이지요. 그리고 계속하여 그는 말하기를 "목사는 마땅히 자연적이어야 하지만 역시 초자연적이어야 한다"라고 신학생들에게 말해 준 것을 나는 지금도 명심합니다. 우리는 이 세상에 살고 있으니 자연을 무시할 수 없습니다. 또 자연스러워야 하겠지요. 우리는 금욕주의자처럼 산중에 깊이 들어가서 평생을 거기서 보낸다든가, 부자연스러운 고행을 일삼아 가지고 무엇이 되려고 해서는 안 되겠습니다만, 그러나 초자연적이어야 한다는 것은 사실입니다.

초자연주의, 다시 말하면 어떤 때 큰 근심이 있을 때에, 큰 문제가 있을 때에, 먹고 마시는 것까지라도 거부하고 오직 하나님이 붙들어 주시는 것을 믿고, 하나님께서 도와주실 것을 바라보고 과연 여러 날이라도 금식할 수 있는 이러한 용단을 할 수 있는 목사가 되지 아니하면 안 되는 것입니다. 다시 말하면 초자연주의에서 살 줄도 알아야 한다는 것입니다. 하나님이 직접적으로 지금 도와주신다는, 하나님이 직접적으로 지금 간섭해주신다는, 자연적 원리로는 해결이 안 되지만 초자연적 원리로 해결이 된다는 것을 믿어서 목사 자신이 초자연주의에 견고히 설 수 있어야 한다는 것이 성경적인 교역자의 행동 원리라는 것을 생각하지 않을 수 없습니다. 이 사실을 우리가 명심해야 합니다.

우리는 초자연을 믿고 움직일 만한 신앙 용단을 내릴 수 있어야 합니다. 오늘날도 공산 세계에서는 진실히 믿는 성도들이 계속해서 핍박을 받고 있습니다. 리처드 범브란트 Richard Wurmbrand 목사님은 지금 로스앤젤레스 글렌데일 Glendale 에 선교부를 두고 공산 치하에서 핍박받는 성도들의 비참한 내용을 알려주는 팜플렛을 세계 각국에 보내고 있습니다. 그는 루마니아 공산 치하에서 14년 동안 옥고를 겪은 귀한 종입니다. 얼마 전에 보내온 팜플렛을 읽어보았는데, 그것을 소개합니다.

불가리아에서 디미트로프라는 성도가 공산 정부의 지시에 응하지 아니하고 끝까지 성경대로 진리를 파수하다가 핍박을 받았다고 합니다. 핍박자들은 디미트로프를 깊은 구덩이에 던졌는데 그 구덩이에는 사나운 개들이 여러 마리 있어서 사람을 던지면 달려들어서 죽인답니다. 이때에 디미트로프는 철두철미 초자연주의를 믿고 하나님 앞에 꿇어 엎드려 간절히 기도하였다고 합니다. 얼마 후에 핍박자들이 구덩이를 들여다보고 깜짝 놀란 것은 개들이 무엇에 쫓기는 것처럼 구덩이 벽을 발톱으로 기어오르면서 깽깽 짖어대고 있었고, 디미트로프는 여전히 앉아서 기도만 하더라는 것입니다. 범브란트 목사님은 이 사실을 가리켜서 "현대의 다니엘"이라고 말하였습니다. 주님을 위하여 진실히 진리를 파수하여서 절개를 굳게 지키고 끝까지 하나님의 영광을 위해서 굳게 선 디미트로프 그는 초자연주의 신앙을 가지고 승리하였습니다.

복음을 전하는 우리들이 때로는 어려움을 당합니다. 혹 사람들에게 공연한 비난을 받는 수도 있겠고, 어떤 때에는 핍박을 받는 일도 있겠습니다만 특별히 그러한 때가 하나님의 초자연적인 역사가 일어날 때인 것을 우리는 명심해야 합니다. 우리는 가다가 어려운 때를 만나기도 합니다. 우리 목사들이 공연히 비난을 받게 되는 때도 있겠고, 한평생 교역하는 가운데는 참으로 어려운 일들이 많습니다. 그야말로 가슴이 찢어질듯 심히 답답한 때도 있습니다. 하지만 그와 같은 어려운 일 가운데도 또한 위로도 있다는 것을 우리는 명심해야 합니다. 평안히 지내는 사람들에게는 초자연적인 간섭이 있을 필요가 없습니다. 자연적인 원리로 되어 나갈 수 있는 그 자리에 하나님께서 기적적으로 간섭하실 필요가 없는 것입니다. 하나님의 기적적인 간섭은 특별히 어려운 때에 있는 것입니다.

그러므로 복음의 증인들은 어려운 일들이라고 해서 덮어놓고 그것은 나쁘다, 어려운 일들이라면 나는 아예 외면하겠다, 그럴 것은 아닙니다. 물론 이것은 말하기는 쉬운 것이나 행하기는 어렵습니다. 참으로 어렵지요. 그렇지만 피할 수 없는 장면입니다. 그런 경우에 우리가 위로 받을 줄을 알아야지요. 여기에도 역시 위로가 있을 수 있습니다. 하나님께서 특별히 이런 경우를 가지고 역사하시며, 우리 인간의 힘으로 감당해내기 어려운 때에 특별히 간섭하신다는 것을 우리가 명심하고, 그런 자리에 특별히 좋은 일이 있다는 것을 알고, 어디까지나 초자연주의로 살 줄을 알아야 하겠습니다.

초자연주의를 떠난 목사는 순 자연주의 인간이 되어 버리는 것이고, 따라서 그의 믿음도 차차 타락하고, 그의 사역을 통해서 시원한 일이 있을 수 없으며, 그의 사역을 통해서 하나님의 양 무리가 만족을 얻을 수가 없습니다. 우리 인간이 자연주의 울타리 안에서 만족을 얻을 수 없다면 어찌하여 하나님께서 초자연적인 문을 여시겠습니까? 인간은 영원을 사모하므로 그야말로 정신을 차린 사람이라면 자연주의에서는 만족을 못 느낍니다. 하나님께서는 이 자연주의의 감옥을 뚫으시고 우리에게 초자연주의의 문을 열어 주셨습니다. 이 초자연주의는 기독교에만 있는 것입니다. 오직 계시 종교에만 있는 사실입니다.

뿐만 아니라 이 초자연주의의 또 한 가지 공헌은 우리로 하여금 성결하게 살도록 하여 성령의 역사가 끊임없이 우리와 함께 하게 한다는 것입니다. 그리하여 다른 사람들이 우리를 대할 때에는 죄를 생각나게 하는 것입니다. 그러한 현상이 하나님의 교역자들에게 반드시 있어야 할 요소입니다. 다른 사람들이 우리를 볼 때에 죄 생각이 날 수 있어야 합니다. 사르밧 과부는 엘리야더러 말하기를 "하나님의 사람이여 당신이 나와 더불어 무슨 상관이 있기로 내 죄를 생각나게 하고" 왕상 17:18 라고 하였습니다.

무디 Dwight Lyman Moody 1837-1899 선생이 한번은 이발관에 들어갔는데, 그 이발관에 모여서 잡담을 하던 사람들이 무디의 이발이 끝날 때까지 잠잠하였다고 합니다. 과연 주님을 위해 충성하고 하나님 제일주의로, 초자연주의로 굳게 서서 나가는 무디 선생을 볼 때에 그들은 죄 생각이 났던 것이지요. 감히 입을 벌려서 못된 말을 하지 못한 것입니다. 할 수 없었던 것입니다. 과연 세상 사람들이 우리를 볼 때에 죄 생각이 나서 두려워할 줄 알아야 하고, 목양하는 양 떼가 우리를 볼 때에 과연 하나님을 생각하도록 되어야 하고, 성결하게 살지 아니하면 자신에게 화가 미친다는 것을 인식하도록 되어야 하겠습니다.

말씀으로 만족 얻는 신앙

영혼을 위하여 일하는 사람은 눈으로 무엇을 보기를 원하는 것보다 하나님의 말씀 중심에서 만족하는 사람입니다. 베드로전서 1장 8절에 "예수를 너희가 보지 못하였으나 사랑하는도다"라고 하였습니다. 다 같이 한 번 외워봅시다. "예수를 너희가 보지 못하였으나 사랑하는도다." 우리는 예수님을 우리의 눈으로 보고 믿는 것이 아닙니다. 말씀을 통하여 믿게 됩니다. 환상을 보기 원해서는 안 됩니다. 모든 환상이 다 틀렸다는 것은 아니지만 환상을 중시하다가는 잘못된 데로 떨어지기 쉽습니다. 우리는 무엇을 보고서 믿을 생각을 할 것이 아니라 말씀 중심으로 믿어야 합니다. 우리는 성경 말씀으로 하나님을 알게 되며, 성경 말씀으로 신앙에 이르며, 성경 말씀으로 만족을 얻게 되는 신앙생활에 언제나 머물러야만 합니다. 루터 Martin Luther 1483-1546는 말씀과 믿음이 신랑과 신부의 관계와 같다고 하였습니다. 신랑이 신부 없이는 기쁨이 없는 것처럼, 살 수 없는 것처럼, 과연 믿음은 말씀 없이 있을 수 없고, 믿음은 말씀 없이 만족을 못 누립니다.

칼빈 John Calvin 1509-1564 은 "말 없는 환상들은 냉랭하고 쉽게 사라진다. 그러나 말씀의 논리는 영원하다"고 하였습니다. 환상이 아무리 참된 것이라 하더라도 그것은 일시적인 것에 불과합니다. 오직 우리가 성경을 깊이 배워 깨달을 때에 이 말씀의 논리, 성경 진리의 그 논리는 우리 심령과 관절과 골수를 쪼개는 것입니다. 그리하여 우리의 심혼골수를 살려내고, 우리의 영혼이 바로 서게 합니다. 그 논리가 우리의 속을 바로 되게 하고 살리더라 말입니다. 우리가 성경을 안다고 하지만 참되이 알지 못하므로 그 말씀이 우리 영혼을 사로잡지 못하는 것입니다. 우리가 말씀을 깊이 접촉하지 못하므로 그렇게 됩니다. 그러나 우리가 많은 시간을 들여서 성경 말씀을 깊이 연구하고 그야말로 심각하게 그 말씀의 논리에 접촉할 때에는 우리 영혼이 살아나고, 우리 영혼이 거기에서 힘을 얻고, 우리 영혼이 거기에서 안전해지며 평안을 얻을 것입니다. "말씀의 논리는 영원하다" 이 말은 말씀의 신학자 존 칼빈의 표현입니다.

내세 중심의 일꾼

교역자는 다른 사람들의 영혼을 위하여 경성하는 데서 자기가 장차 내세에 가서 회계(會計) 볼 것을 염두에 두고 행합니다. 그는 이 세상을 떠난 다음에 내세가 있는 것을 확신하는 사람입니다. 그는 이 세상에서 무엇을 받고, 이 세상에서 무슨 기쁨을 얻고, 이 세상에서 무엇을 소유한다는 것을 그다지 문제시하지 않습니다. 그는 내세 중심입니다. 언제든지 주님의 몸 된 교회를 위하여 일할 때에 내세에 가서 내 사역이 어떻게 인정될 것인가, 내세에 가서 이것이 하나님 앞에 상 받을 일이 될 것인가, 내세에 가서 과연 이것이 통과될 일인가, 하는 것을 항상 생각합니다. 내세에 가서 회계 볼 것을 기억하고 일하는 사람이 교역자란 말입니다. 장차 영원한 나라에서 결산 볼 것을 믿지도 아니하고 생각지도 않는 사람이 어떻게 교역자가 됩니까?

예수님은 이렇게까지 말씀하셨습니다. "또 자기를 청한 자에게 이르시되 네가 점심이나 저녁이나 베풀거든 벗이나 형제나 친척이나 부한 이웃을 청하지 말라 두렵건대 그 사람들이 너를 도로 청하여 네게 갚음이 될까 하노라 잔치를 베풀거든 차라리 가난한 자들과 몸 불편한 자들과 저는 자들과 맹인들을 청하라 그리하면 그들이 갚을 것이 없으므로 네게 복이 되리니 이는 의인들의 부활시에 네가 갚음을 받겠음이라 하시더라" 눅 14:12-14. 남을 대접하는 데서도 이와 같이 내세를 생각해서 하라는 것입니다. 이것은 내세에 가서 보람이 있을 것을 중점적으로 생각하신 말씀입니다. 바울은 말하기를 "만일 그리스도 안에서 우리의 바라는 것이 다만 이생뿐이면 모든 사람 가운데 우리가 더욱 불쌍한 자리라" 고전 15:19 고 하였습니다. 사도 바울은 어디까지나 내세 중심주의자였습니다.

오늘날 세계적으로 교계는 탁하여 현세주의 일색이요, 그야말로 내세를 소망하지 않는 사람인 듯이 너무나도 내세에 대하여 생각하지 아니하고, 내세의 원리를 자기들의 행동에 나타내지 아니하는 시대입니다. 이러한 시대에 여러분이 과연 소금이 되고 빛이 되어야 하겠습니다. 이와 같이 교계가 세계적으로 부패한 만큼 여러분의 존재가 의의 있는 것이고, 여러분이 사명을 가지고 나선다는 것이 과연 보람찬 일이고, 바람직한 일이고, 여러분 자신들도 힘을 얻을 만한 일입니다. 전쟁을 준비한 장군에게는 과연 전쟁하는 날이 흥미 있는 날입니다. 여러분이 이때까지 준비한 것은, 부패한 이 세상에 나아가서 복음을 전하여 죄로 죽은 영혼들을 건지는 일을 목표로 하고 준비하였습니다. 특별히 교계가 부패한 이때에 여러분이 말씀의 무장을 충실히 하고 내세 중심의 신앙을 가지고 나설 때에 그야말로 이 시대의 요구를 채워줄 수 있는 믿음의 용사들이란 것을 생각하시기 바랍니다.

젊은 교역자들은 내세가 멀어 보일 수도 있습니다. "적어도 60이나

70까지는 살게 되겠지 그렇게 얼른 죽겠는가?" 하지요. 아직 건강하고 튼튼하니 죽을 날이 생각이 안 나지요. 그것이 인간의 착각입니다. 인간은 이와 같이 쉽게 기분으로 움직입니다. 젊은 사람들에게는 내세가 멀어 보여요. 그러나 그것은 착각입니다. 젊은 교역자는 육적으로 가정의 낙과 신상의 명예를 탐해서 귀한 젊은 시절을 다 보내기 쉽습니다. 그 젊은 시절을 주님에게 몽땅 바치고 주님을 위해 전적으로 헌신해서 주님과 동행하고, 주님의 사역을 충성스럽게 받들어서 주님께 만족을 드리고 주님께 기쁨을 드리는 종이 되는 것, 이것이 이 세상에 난 보람이요 과연 우리가 사는 목적이 아닙니까? 그런데 그것을 그만 잊어버리고, 사명을 받았지만 육적 향락과 가정의 취미 또는 교계에 빈번히 출입하면서 칭찬을 받으며 재미를 보는, 그런 명예심과 허영심에 사로잡혀서 그 아까운 정열, 원기가 많고 힘이 많은 그 시절을 다 썩은 것에 기울여 버리기 쉬운 것입니다. 열 사람이면 열 사람이 다 그렇게 되기 쉬운 일입니다.

우리 젊은 교역자들이 명심할 것은, 날마다 정과 욕심을 십자가에 못 박고 주님을 위해서 전적으로 사는 생활에 충실해야 한다는 것입니다. 하나님은 결단코 농락을 당하시지 아니하십니다. 그는 진실하게 바치지 아니하는 종을 통해선 영광을 받지 아니하시며, 참으로 바치지 아니한 종을 사용하지 아니하십니다. 위대한 설교가 휫필드 George Whitefield 1714-1770 는 칭찬과 인기를 풀무불과 같이 여겼습니다. 그는 말하기를 "교역자가 칭찬 받는 것과 인기를 얻는 것은 풀무불"이라고 하였습니다. 그리고 그는 하나님 앞에 기도하기를 "주여! 나로 하여금 늘 미천한 자리에 기쁘게 머물도록 해 주옵소서"라고 하였습니다. 그는 미천하고 사람들이 알아주지 않는 처지에서 오히려 달게 머무는 그런 생활을 주시도록 기도하였습니다. 과연 진리를 아는 사람들은 이와 같이 명예와 허영과 향락을 경계하고 살았습니다. 주님은 이와 같은 사람을 귀하게 쓰십니다.

젊은 교역자들은 과연 훌륭한 일꾼들, 바람직한 일꾼들이 되어야 합니다. 하지만 그들이 잘못 하면 위험한 일꾼들이 됩니다. 이 젊은 교역자들이 그 젊은 기운을 주님에게 전적으로 바쳐서 주님의 몸 된 교회를 위하여 전적으로 자기 자신을 제물로 쏟아 바칠 때에는 그야말로 말할 수 없는 위대한 영광의 역사가 일어납니다. 하지만 이들이 이 젊은 시대를 주님께 참되이 바치지 아니하고 이름만의 교역자, 이름만의 헌신자, 이름만의 주님의 종들이 될 때에는 주님 보시기에 가장 가증한 자들, 외식자들, 바리새인들과 같이 될 것입니다. 주님의 일을 이루기보다는 잘못되게 하는 마귀의 군대가 될 수 있음을 명심해야 하겠습니다.

맺는말

오늘 히브리서 13장 17절의 말씀에서 교역자는 어떤 일을 하는 일꾼인가라는 문제에 대하여 생각한 대로 세 가지를 명심하시기 바랍니다. 교역자는 선구자입니다. 교역자는 영혼을 위하여 일하는 사람입니다.

"몸은 죽여도 영혼은 능히 죽이지 못하는 자들을 두려워하지 말고 오직 몸과 영혼을 능히 지옥에 멸하시는 자를 두려워하라" 마 10:28 고 하였습니다. 우리는 또한 내세 중심의 일꾼들입니다. "우리의 바라는 것이 다만 이생뿐이면 모든 사람 가운데 우리가 더욱 불쌍한 자리라" 고전 15:19. 우리는 주님의 뒤를 따라 일하는 일꾼들입니다. 이 세상은 잠깐이요 오는 세상은 영원하므로 영원한 내세를 위해서 우리는 지금 준비하고 있으며, 다른 사람을 인도하되 내세 중심으로 인도하는 주님의 일꾼인 것을 명심해야 하겠습니다.

15.
다방면에 능한 목회자

[17] 바울이 밀레도에서 사람을 에베소로 보내어 교회 장로들을 청하니 [18] 오매 그들에게 말하되 아시아에 들어온 첫날부터 지금까지 내가 항상 여러분 가운데서 어떻게 행하였는지를 여러분도 아는 바니 [19] 곧 모든 겸손과 눈물이며 유대인의 간계로 말미암아 당한 시험을 참고 주를 섬긴 것과 [20] 유익한 것은 무엇이든지 공중 앞에서나 각 집에서나 거리낌이 없이 여러분에게 전하여 가르치고 [21] 유대인과 헬라인들에게 하나님께 대한 회개와 우리 주 예수 그리스도께 대한 믿음을 증언한 것이라 [22] 보라 이제 나는 성령에 매여 예루살렘으로 가는데 거기서 무슨 일을 당할지 알지 못하노라 [23] 오직 성령이 각 성에서 내게 증언하여 결박과 환난이 나를 기다린다 하시나 [24] 내가 달려갈 길과 주 예수께 받은 사명 곧 하나님의 은혜의 복음을 증언하는 일을 마치려 함에는 나의 생명조차 조금도 귀한 것으로 여기지 아니하노라 [25] 보라 내가 여러분 중에 왕래하며 하나님의 나라를 전파하였으나 이제는 여러분이 다 내 얼굴을 다시 보지 못할 줄 아노라 [26] 그러므로 오늘 여러분에게 증언하거니와 모든 사람의 피에 대하여 내가 깨끗하니 [27] 이는 내가 꺼리지 않고 하나님의 뜻을 다 여러분에게 전하였음이라…… [31] 그러므로 여러분이 일깨어 내가 삼 년이나 밤낮 쉬지 않고 눈물로 각 사람을 훈계하던 것을 기억하라 [32] 지금 내가 여러분을 주와 및 그 은혜의 말씀에 부탁하노니 그 말씀이 여러분을 능히 든든히 세우사 거룩하게 하심을 입은 모든 자 가운데 기업이 있게 하시리라 [33] 내가 아무의 은이나 금이나 의복을 탐하지 아니하였고 [34] 여러분이 아는 바와 같이 이 손으로 나와 내 동행들이 쓰는 것을 충당하여 [35] 범사에 여러분에게 모본을 보여준 바와 같이 수고하여 약한 사람들을 돕고 또 주 예수께서 친히 말씀하신 바 주는 것이 받는 것보다 복이 있다 하심을 기억하여야 할지니라. (행 20:17-35)

바울 사도는 하나님의 교회를 세웠고, 그 교회를 먹이며 그 교회를 다스렸습니다. 교역자들 중에 어떤 이들은 교회를 세우는 일만 합니다. 또 어떤 이들은 먹이는 일만 합니다. 또 어떤 이들은 특별히 다스리는 일에 능합니다. 그러나 바울은 다방면으로 일하였습니다. 본문 17-19절은 바울의 목회에서 그의 생활이 어떠하였는지를 보여줍니다. 그 뒤에 이어 20절부터 35절까지는 바울의 복음 전파에 관하여 말씀하고 있습니다.

모든 겸손으로 행한 목회

19절을 보면 "모든 겸손과 눈물"이라고 하였습니다. 바울은 겸손한 생활을 하되 "모든 겸손"한 생활을 하였습니다. 모든 겸손이란 어떤 일에 있어서만 겸손한 그런 국한된 겸손이 아니라는 뜻입니다. 지도자

앞에서만 겸손한 것은 완전한 겸손이 아닙니다. 나보다 나이가 적은 사람 앞에서도 겸손해야 하는 것입니다. 유교에서 말하는 바, "지나친 겸손은 예의가 아니라" 過恭非禮고 한 것은, 자연스럽지 않은 겸손은 참된 겸손이 아니라는 말입니다. 일례를 들면 아첨과 같은 것은 겸손이 아닙니다. 겸손의 가치가 없는 그런 겸손은 겸손이 아닙니다. 기독교에서 말하는 겸손은 모든 사람을 나보다 낫게 여기는 것을 말합니다. 그러므로 우리는 나보다 나이가 많은 사람이든지 적은 사람이든지 관계없이 나보다 낫게 여겨야 합니다. 기독교의 겸손은 영혼의 표준이요 세상 표준이 아니기 때문입니다.

영혼의 표준이라고 할 때에는 거기에 성결 문제가 관계되어 있습니다. 성결 문제를 생각할 때에는 연령이나 세상 지식이나 부귀나 그 어떤 것도 거기에 보탬이 되지 못하는 것입니다. 그러니 지적으로나 인격적으로나 또 물질적으로나 그 무엇으로 볼 때에는 내가 남보다 낫다 할 자도 있겠지만, 성결 문제를 생각할 때에는 남보다 내가 더 못합니다. 무엇을 많이 소유한 자일수록 주님을 위하여 더 많이 바쳐야 하겠고, 더 많이 희생해야 하겠고, 또 다른 사람들을 유익하게 하기 위하여 자기가 가진 것들을 더 많이 사용해야 할 입장이기 때문입니다.

그런데 흔히 사람들은 그 좋은 것들을 가지고 대부분은 다 자기를 위하여 쓰고 만다 말입니다. 그러니 모든 것들을 소유한 사람일수록 죄를 더 범할 수가 있습니다. 이런 외부적인 조건들이 구비된 사람일수록 다른 사람들보다 성결 문제에서는 더 못한 처지에 있을 수가 있습니다. 그러나 모든 겸손을 가진 사람은 없는 사람을 향하여 조금도 마음을 높이 가질 수가 없는 것입니다. 기독교의 겸손은 이와 같이 깊습니다.

혹 사람들이 자기에게 좋지 않게 행하는 이에 대하여는 겸손하게 대하지 않는 수가 있는데 그것은 잘못입니다. 우리는 원수에게까지 겸손해야 합니다. 다시 말하면 하나님의 심판을 바라보고 나로서는 그 원수 앞에서도 겸손해야 한다는 말입니다. 내 심리에서라도 하나님 앞에서 범죄하지 않도록 원수를 사랑해야 합니다. 내 마음 자세가 하나님의 진리를 위반하는 일이 없도록 조심해야 합니다. 조심하는 것, 근심하는 태도, 이것이 겸손입니다. 바울이 말한 이 "모든 겸손"이란 얼마나 귀합니까? 무디 Dwight L. Moody 1837-1899 선생은 이런 말을 하였습니다. "겸손은 은혜를 받는 비결이요 겸손은 은혜를 지키는 비결이라." 은혜를 많이 받았으나 겸손하지 못하면 그만 그 은혜를 잃어버립니다. 하나님께서는 겸손한 자에게 은혜를 주시고 교만한 자를 배척하십니다.

눈물로 봉사한 목회

바울은 또한 눈물의 사람이었습니다. "모든 겸손과 눈물이며." 눈물은 귀합니다. 다윗은 말하기를 "나의 눈물을 주의 병에 담으소서" 시 56:8 라고 하였습니다. 눈물은 귀합니다. 눈물을 흘릴 수 있는 자가 누구입니까? 자기만 아는 자는 눈물이 없습니다. 언제나 자기를 중심으로 삼는 개인주의로 사는 사람은 눈물이 없습니다. 눈물이 많은 사람은 누구인가 하면, 다른 사람들을 위하여 봉사하는 사람입니다. 자기를 생각하기보다 다른 사람을 먼저 생각하는 사람이 눈물을 흘립니다. 언제든지 이기주의와 개인주의는 눈물을 마르게 합니다. 오직 봉사의 사람, 남을 섬기려는 생각으로 사는 사람, 어떻든지 남을 잘되도록 하려는 사랑의 사람에게는 눈물이 많습니다.

바울은 눈물의 사람이었으니 그가 얼마나 봉사에 충실한 사람이었는지를 알 수가 있습니다. 사람이 눈물이 없으면 그만큼 어두워집니다. 눈물이 없으면 아주 몰인정한 사람이 되고, 속이 좁은 사람이 됩니다. 사람이 속이 좁으면 결국 자기 발전을 얻지 못합니다. '나'라는 것을 떠나서 다른 사람을 위하여 살 때 '나'라는 사람이 넓어지고 방대해집니다. 눈물이 있는 사람이 참다운 사람입니다.

참음으로 봉사한 목회

바울은 또한 참는 사람이었습니다. 19절 끝에 보면 "유대인의 간계를 인하여 당한 시험을 참고"라고 하였습니다. 로마의 클레멘트 Clement of Rome 30-100 가 바울의 전기를 기록하였는데, 맺는말에서 "바울은 인내의 사람"이라고 하였습니다. 인내가 얼마나 귀합니까? 참고 견디는 것이 없으면 신앙을 유지하기 어렵습니다. 신앙생활에는 시험이 따르기 마련입니다. 언제든지 이 세상에는 악마의 운동이 맹렬합니다. 그러므로 신앙을 유지하려면 참고 견디어야 합니다. 옛날에 한학을 하는 사람들도 그 학문으로 성공하려 할 때에는 인내의 법을 지켰던 것입니다. 심한 사람은 밤중에 글을 읽다가 졸음이 오면 송곳으로 자기의 넓적다리를 찔렀다고 합니다. 그렇게 잠을 이기며 공부를 계속하였던 것입니다. 이 세상의 일도 참고 견디어야 하는 법인데 우리의 신앙생활에서는 더욱 인내가 필요합니다. 신앙생활은 결단코 저절로 되는 것이 아닙니다.

복음 전파는 호기가 따로 없음

20절부터는 바울의 복음 전파를 기록하고 있습니다. 그가 복음을 전파하는 일에서 얼마나 힘썼는지를 알 수 있습니다. 20-21절 말씀을 보면, "유익한 것은 무엇이든지 공중 앞에서나 각 집에서나 거리낌이 없이 여러분에게 전하여 가르치고 유대인과 헬라인들에게 하나님께 대한 회개와 우리 주 예수 그리스도께 대한 믿음을 증언한 것이라"고 하였습니다 27절 참조. 이 말씀을 보면, 그가 복음 진리를 다 전하기 위하여 온 힘을 다했다는 것을 알 수 있습니다. 사도 바울은 디모데에게 가르치기를 "너는 말씀을 전파하라 때를 얻든지 못 얻든지 항상 힘쓰라" 딤후 4:2 고 부탁하였습니다.

하나님의 말씀을 전할 때에는 좋은 기회를 골라서 전하는 것이 아닙니다. 이 세상 사람들은 좋은 때에 일을 하여 능률을 내려고 하는 것입니다. 그러나 기독 신자들에게는 좋은 때와 나쁜 때가 따로 없습니다. 그러므로 사도 바울은 평생 하나님의 복음을 전파하기를 쉬지 않았습니다. 이와 같이 때를 가리지 않는 것은 우리 기독 신자들 자신의 힘으로 복음의 열매를 기대하지 않기 때문입니다. 복음 전파의 열매는 사람의 어떤 재주로 되는 것이 아닙니다. 복음 전파의 열매는 성령의 권능으로만 얻어집니다. 하나에서 열까지 성령의 권능으로만 얻어집니다. 우리 하나님의 일을 하는 사역자들이 모두 다 확신 있게 그 사랑을 가졌다고 할 것 같으면 일이 잘될 것입니다. 또 그런 생각을 가졌다고 할 것 같으면 일을 하는 가운데도 우선 마음이 평안할 것입니다. 혹 일이 잘 안 되어도 마음이 평안할 것입니다. 왜냐하면 일을 되게 하시는 이는 하나님 자신이시기 때문입니다.

자신의 생명까지도 바침

바울은 복음을 전파하는 일에서 때를 가리지 않았을 뿐 아니라 또한 생명을 아끼지 않았습니다. 24절에 말하기를 "내가 달려갈 길과 주 예수께 받은 사명 곧 하나님의 은혜의 복음을 증언하는 일을 마치려 함에는 나의 생명조차 조금도 귀한 것으로 여기지 아니하노라"고 하였습니다. 바울의 배경은 예수 그리스도였습니다. 예수님은 생명보다 귀하니, 바울은 그가 받은 사명을 다하기에 필요한 생명 바치는 일을 문제시하지 않았습니다. 디모데후서 1장 12절에 말하기를 "이로 말미암아 내가 또 이 고난을 받되 부끄러워하지 아니함은 내가 믿는 자를 내가 알고 또한 내가 의탁한 것을 그 날까지 그가 능히 지키실 줄을 확신함이라"고 하였습니다. 이 말씀을 보면, 그는 자기의 생명을 자력으로 구원하려고 하지 않고 그것을 그리스도에게 보관시키고 안심한 것을 알 수 있습니다. "의탁하는" 것은 우리 신앙생활의 요점입니다. 바울은 자력으로 구원을 얻어 보려던 모든 노력을 포기하고 그리스도에게 의탁하였습니다.

빌립보서 3장 4-9절에 말씀하기를 "그러나 나도 육체를 신뢰할 만하며 만일 누구든지 다른 이가 육체를 신뢰할 것이 있는 줄로 생각하면 나는 더욱 그러하리니 나는 팔일 만에 할례를 받고 이스라엘 족속이요 베냐민 지파요 히브리인 중의 히브리인이요 율법으로는 바리새인이요 열심으로는 교회를 박해하고 율법의 의로는 흠이 없는 자라 그러나 무엇이든지 내게 유익하던 것을 내가 그리스도를 위하여 다 해로 여길 뿐더러 또한 모든 것을 해로 여김은 내 주 그리스도 예수를 아는 지식이 가장 고상하기 때문이라 내가 그를 위하여 모든 것을 잃어버리고 배설물로 여김은 그리스도를 얻고 그 안에서 발견되려 함이니 내가 가진 의는 율법에서 난 것이 아니요 오직 그리스도를 믿음으로 말미암은 것이니 곧 믿음으로 하나님께로부터 난 의라"고 하였습니다. 바울은 자기가 소망도 없는 죄인인 줄 알고 자신을 그리스도의 손 가운데 들여놓았습니다. 그는 무엇보다 먼저 자기 자신을 의지하는 마음을 포기한 것입니다. 사람이 한 손은 자기를 붙잡아 의지하고 다른 한 손으로는 주님을 의지하는 방식으로는 구원을 못 받습니다. 우리는 우리 자신을 그대로 그리스도께 맡겨 그리스도의 것이 되게 하여야 합니다. 이와 같이 주님께 영혼을 의탁한 자는 주님께서 끝까지 간수해 주실 것을 확신합니다.

루터는 말하기를 "나를 위하여 죽으셨던 분으로 하여금 내 영혼을 구원하게 하여라 Let him that died for my soul, see to the salvation of it."고 하였습니다. 이와 같이 믿는 자는 자신의 생명을 그리스도께 벌써 맡겨 놓았으니 자기의 생명을 잃을까 두려워하지 않습니다. 그러므로 바울도 자기의 목숨을 조금도 귀한 것으로 여기지 않고 복음 전파에 헌신할 수 있었습니다. 우리도 역시 우리 자신을 그리스도의 손 안에 들여놓고 복음 전파에 힘쓰는 사람들이 되어야 하겠습니다. 때를 얻든지 못 얻든지 힘쓰되 생명을 돌보지 않고 힘써야 하겠습니다.

16.
목사의 수고를 귀히 여기라

¹² 형제들아 우리가 너희에게 구하노니 너희 가운데서 수고하고 주 안에서 너희를 다스리며 권하는 자들을 너희가 알고 ¹³ 그들의 역사로 말미암아 사랑 안에서 가장 귀히 여기며 너희끼리 화목하라. (살전 5:12-13)

조금 전에 읽은 말씀 데살로니가전서 5장 12-13절을 가지고 목사와 교회에 관한 그 뜻을 찾아보겠습니다. 우리가 이 귀한 말씀을 연구하고 묵상해 볼 때 이 말씀의 진수를 더 밝히 깨닫게 될 줄로 압니다.

목회자의 수고

12절에 "형제들아 우리가 너희에게 구하노니 너희 가운데서 수고하고 주 안에서 너희를 다스리며 권하는 자들을 너희가 알고"라고 하였는데, 이처럼 목회자란 수고하는 사람입니다. 여기 "수고하고 주 안에서 너희를 다스리며 권하는 자들"이라고 하였는데, "주 안에서 다스리며 권하는" 일은 매우 수고가 따르는 것임을 여기서 보여줍니다. 수고하는 이것이 바로 목회의 성격이요 목회자의 일이라는 것입니다. 바울은 말하기를 "나는 이제 너희를 위하여 받는 괴로움을 기뻐하고 그리스도의 남은 고난을 그의 몸 된 교회를 위하여 내 육체에 채우노라" 골 1:24 고 하였습니다. 그는 이 말씀에서 보여주는 대로 주님을 위하여 수고하는 것을 보배로운 일로 생각해서 그 수고를 자기 몸에 채우려고 한 것입니다. 어찌하다가 수고하는 정도가 아니고 이와 같이 수고를 귀중하게 여겨서 자기 몸에 채우기에 힘쓰고 있었던 것입니다. 그는 고린도전서 15장 31절에 "나는 날마다 죽노라"고 하였습니다. 그가 날마다 죽는다고 할 때에 결단코 할 수 없어서, 또한 기쁘지 않은 가운데서 그렇게 하려는 것이 아니었습니다. 그는 주님을 위해서 자원하는 생각을 가지고, 또한 기쁜 생각을 가지고 날마다 죽는 생활을 하였던 것입니다.

아프리카에 선교사로 갔던 유명한 리빙스턴 David Living Stone 1813-1873은 선교지에서 말할 수 없는 고생을 평생 동안 겪었습니다. 그는 심지어 사자에게 물려 죽을 뻔한 어려움도 겪었고, 아프리카의 원주민들로부터 많은 박해도 받았습니다. 그를 만난 사람들이 그에게 칭찬하며 말하기를 "어떻게 그렇게 주님을 위하여 많은 고생을 하십니까? 정말 부럽습니다"라고 할 때에, 그는 답하기를 "그것이 무슨 고생입니까? 그것은 나로서 받는 특권입니다"라고 하였다고 합니다. 주님을 위해서 당하는 고생은 사실상 고생이 아니라 성도의 특권이라는 귀한 말이었습니다.

다스리는 수고

그러면 목사는 수고하는 사람인데, 어떠한 수고를 해야 합니까? 본문에 있는 대로 살펴봅시다. "주 안에서 너희를 다스리며"라는 말씀이 잘 보여주고 있습니다. 다스리는 것은 고생스러운 일입니다. 다스리는 것은 용이한 일이 아니라 수고로운 일입니다. 교회를 다스리는 것은 어떤 권력을 가지고 하는 것이 아닙니다. 국가를 다스리는 이들은 권력을 가지고 법을 세워 나가며 모든 불법을 제거해 나가며 또한 권력을 가지고 백성을 복종시켜 나가고 있지만, 목회자는 하나님의 백성을 하나님의 말씀에 순종하도록 다스릴 때에, 어떤 권력을 가지고 행하는 것은 아닙니다. 오직 목사 자신이 주님을 순종함으로 하는 것입니다. 여기 "다스리다"는 말의 헬라어 '프로이스테미'는 '앞서가는 자'란 뜻이 있습니다. 다시 말하면 다른 하나님의 자녀들보다 앞서서 나간다는 것입니다. 목사는 주님의 말씀을 순종하는 데 선구자입니다. 순종하는 데는 과연 모범이 있어야 합니다. 그런 모범을 보여서 하나님의 백성으로 하여금 순종하게 하는 것이 목사입니다.

목사 자신이 하나님의 말씀을 순종하는 데서 모든 신자들보다 앞선다는 것은 용이한 일이 아닙니다. 이것은 말할 수 없이 고생스러운 일입니다. 자기를 쳐 복종시키는 일이기 때문입니다. 자기를 쳐 복종시키는 일이 제일 어려운 일이라는 의미에서 잠언도 말하고 있습니다. 잠언 16장 32절에 "자기의 마음을 다스리는 자는 성을 빼앗는 자보다 나으니라"고 하였는데, 이것은 마음을 다스리기가 성을 빼앗는 것보다 어렵다는 의미도 됩니다. 목사는 자기를 쳐 복종시키는 데 그야말로 선구자가 되고 순종에서 모범이 되어야 하는데, 이 일은 참으로 어려운 일입니다. 그러나 목회자가 양 무리를 다스리기 위해서 무엇보다도 자기를 잘 다스린다면 그 교회는 그만큼 평안하고, 그만큼 은혜를 받으며 살아가게 됩니다. 그 교회는 언제나 순조로울 것입니다. 이와 같이 교회를 다스리는 일은 나 자신을 쳐 복종시키는 데 선구자가 되어야 하고, 순종함에서 모범이 되어야 하는 어려운 일입니다. 이것이야말로 늘 눈물겨운 일이요 그야말로 늘 피가 끓는 일이요 뼈아픈 일입니다, 그 누구에게도 말을 하지 못하면서 자기 속으로 혼자 겪어 나가야 하는 고달픈 일입니다. 이러한 수고를 하는 사람이 바로 목회자입니다.

권하는 수고

다스리는 일도 어렵거니와 권하는 것도 어렵습니다. 12절에 "권하는 자들을 너희가 알고"라고 하였는데, 권면하는 일은 참으로 수고로운 일입니다. 형제들이 잘못 갈 때에 권면해야 합니다. 스펄전 Charles Spurgeon 1834-1892 은 말하기를, 어떤 목사들은 권면을 도무지 하지 않고 설교를 할 때에도 죄를 책망하는 일은 회피하고 늘 미끈하게 지나가니 그런 목사들은 곧은 낚시질을 하는 목사라, 하는 뜻으로 말하였습니다. 곧은 낚시에는 도무지 고기가 걸릴 까닭이 없지요. 하나님 말씀의 권위를 배경으로 하여 하나님이 사랑하시는 양 떼를 하나님의 심정으로 가르쳐 주며 권면할 때에 꾸지람도 해야 합니다. 디모데후서 4장 2절에서 바울은 권면의 내용이 경책임을 밝혔습니다. 거기서 말하기를 "범사에 오래 참음과 가르침으로 경책하며 경계하며 권하라"고 하였습니다.

어떻게 그렇게 바울 사도는 자세하게 가르쳤는지요!

 권면이란 것은 늘 부드럽게만 하는 것이 아니고 때로는 꾸짖는 것입니다. 경책은 꾸짖는 일이며, 경계는 제지하는 일입니다. 이 세상에서 제일 어려운 일이 형제를 꾸짖는 일이에요. 형제의 잘못을 지적할 때에 물론 사석에서 하겠고 조용한 가운데서 하겠지만, 거의 모든 경우 좋은 결과를 거두기가 어렵습니다. 누구든지 칭찬하는 말은 듣기 좋아하지만 자기의 잘못을 지적할 때에는 좋아하지 않습니다. 형제의 장성을 위해서 하는 일이지만 도리어 미움을 받는 예가 세상에 너무도 많습니다. 어느 때에는 충고 한마디 때문에 평생 멀어지고, 충고 한마디 때문에 평생 원수가 되기도 합니다. 그야말로 그렇게 아름답게 사귀었던 사귐이 도무지 맛이 없어지고 이상해지고 재미없이 되는 수가 있습니다. 이것을 볼 때 충고한다는 것이 얼마나 어려운 일임을 알 수 있습니다. 그렇지만 목사는 이 일을 해야 합니다.

 그러니 그 일을 하는 목사가 얼마나 괴롭겠습니까? 저 역시 목사로서 이런 말을 하기가 참으로 어렵습니다. 말하기 싫습니다. 몇 번이나 망설이게 됩니다. 혹시 이런 말을 하게 될 때에 내 마음에 품고 있던 것을 발설하는 것으로 오해하지 않을까 하는 생각도 듭니다. 옛글에 이런 말이 있습니다. 어떤 사람이 선물을 가져왔을 때에 그것을 받아야 할 사람이 말하기를, "수즉상렴 불수즉상정 受卽傷廉 不受卽傷情이라." 즉 "받으면 내 염덕이 깨어지겠고 받지 않으면 정이 깨어지는구나" 하였다고 합니다. 선물을 받을 때에 염덕이 깨어진다는 것은 자기의 청렴한

덕행이 깨어져서 무슨 욕심쟁이같이 보이니 명예에 손상이 되고, 받지 않을 때에는 무정한 사람같이 된다는 것입니다. 그러므로 차라리 자신이 염치없는 사람이란 불명예스러운 말을 듣는 한이 있더라도 남에게 좋게 하겠다는 결론으로 그 선물을 받았다는 옛이야기를 들은 적이 있습니다.

나도 오늘 목사의 심정을 말한다는 것이 대단히 괴롭습니다. 그렇지만 내가 말하지 않는다면 누가 말하겠습니까? 목사의 심리를 목사가 말하지 않으면 말할 사람이 없고, 목사가 아니면 목사의 심리를 체험한 사람도 없습니다. 그러므로 나 자신은 오해를 받더라도 목사의 일이 어떠한 일임을 바로 말해야 하겠다는 결론이 생겼습니다. 권면이란 것이 과연 얼마나 어려운지요. 그야말로 내가 책망을 받는 것이 낫지 형제의 잘못을 지적한다는 것, 형제에게 꾸지람을 한다는 것은 참으로 어렵습니다. 늘 그것을 경험합니다. 하지만 이 일을 안 할 수 없습니다. 기도하고 애쓰고 많이 생각하는 끝에 고충을 가지고 마침내 단행하게 되는 것입니다. 이 일이 얼마나 수고스러운지 모릅니다.

목사가 하는 일은 정신노동인데 그것은 말할 수 없이 고달픈 일입니다. 정신이 피곤해지는 것, 정신의 정력이 빠진다는 것, 정신이 쇠퇴해진다는 것은 몸이 쇠약해지는 것 이상입니다. 사람이 몸이 좀 약해진 정도면 그래도 무슨 일을 할 수 있습니다. 그렇지만 정신이 피로해진 다음에는 아무것도 할 마음이 없어요. 과연 정신력이란 이와 같이 귀하고, 정신의 노동이란 것이 이와 같이 중요한 것임을 우리는 압니다.

정신력이 쇠약해진다는 것, 정신의 정력이 빠진다는 것은 그야말로 극심한 심리적 고통입니다. 말할 수 없이 고된 노동입니다.

사랑 안에서 귀히 여겨야 함

그렇다면 이제 목사의 수고에 대하여 교회로서 할 일이 무엇인지 찾아봅시다. 12절에 "주 안에서 너희를 다스리며 권하는 자들을 너희가 알고"라고 하였으며, 또 13절에는 "그들의 역사로 말미암아 사랑 안에서 가장 귀히 여기며 너희끼리 화목하라"고 하였습니다. 그러면 교회는 어떠해야 한다는 말씀입니까? 거기에 대한 말을 다 하기는 어렵고, 다만 목사와의 관계에 대해서만 한두 마디 하겠습니다.

교인들은 목사를 알아주고 그의 사역으로 말미암아 사랑 안에서 가장 귀히 여기는 위치에서 살아야 합니다. 목회자의 일을 알아야 하고 귀히 여겨야 한다는 것입니다. 그들이 하는 일을 생각해서 사랑 안에서 귀히 여기라는 것입니다. 이 말씀대로 교인들은 말 한마디 하든지, 어떠한 행동을 하든지 목사의 수고를 아는 심리로 움직여야 합니다. 그래야 하나님 앞에 은혜를 받으며 하나님 앞에 상급을 받으며 따라서 그 교회는 하나님의 전이 될 만합니다. 이렇게 아는 문제가 얼마나 중요합니까? 어디서나 만나면 반갑게 인사하는 일은 피차에 기쁨을 나누게 되는 좋은 기회입니다.

내가 전에 당한 한심스러운 이야기를 한마디 하겠습니다. 제가 오늘 날까지 여러 곳으로 다니는 중에 일제 때 만주에서 목회한 일도 있었는데, 그 때에 목회하던 교회의 교인을 어느 결혼식장에서 본 일이 있습니다. 그래서 나는 주례가 끝난 다음에 그를 만나보고자 하였습니다. 그러나 그를 아무리 찾아도 만날 수가 없었습니다. 나는 그 때 내 속으로 "너, 목사 일 참 잘보았구나" 하고 탄식하였습니다. 그러나 참으로 목사에게만 책임이 있는지요? 우리는 그래서는 안 됩니다. 우리를 위해, 또 우리의 영혼을 위해 기도해 주고 말씀을 먹여 주고, 키워 주기에 애쓴 목사를 보고도 인사도 하지 않고 슬그머니 가버리는 교인이 되지 맙시다.

우리 교회 목사님의 집이 어디인지, 어떤 형편으로 살아가는지 알아야 합니다. 우리는 언제든지 우리 목사님을 내 부모로 알고 존중히 여기며 받들어야 합니다. 그의 수고를 알아서 사랑 안에서 가장 귀히 여겨야 합니다. 보통 귀히 여길 것이 아니라 사랑 안에서 가장 귀히 여기라고 하였습니다. 과연 이와 같이 목사를 받들 때에 그것은 교회로서 목사에 대한 책임을 하는 것입니다.

그러면 이와 같이 할 때에 어떤 결과를 가져오겠습니까? 교회는 이와 같이 행하면 결과적으로 상을 받도록 되어 있습니다. 수고하는 목사를 알고 그를 가장 귀히 여기는 것이 목사의 일에 동참하는 것이 되니 그것이 바로 교회로서 상 받을 일이 됩니다. 예수님께서 말씀하시기를 "누구든지 제자의 이름으로 이 작은 자 중 하나에게 냉수 한 그릇이라도 주는 자는 내가 진실로 너희에게 이르노니 그 사람이 결단코 상을 잃지 아니하리라" 마 10:42 고 하셨습니다. 이 말씀대로 과연 하나님의 종을 알아서 도와드릴 때에 그는 결단코 상을 잃지 않는 법입니다. 그 이유는 하나님의 종을 알아서 도와드리는 것이 바로 주님의 고난에 동참하는 것이 되기 때문입니다.

빌립보 교회가 옥중에 있는 바울을 위하여 연보하여 도와드린 일이 있었는데, 이 일을 가리켜서 바울은 말하기를 "너희가 내 괴로움에 함께 참여하였으니 잘하였도다" 빌 4:14 라고 하였습니다. 그들은 비록 바울과 함께 옥중에 들어가지는 못했을망정 물질을 가지고 그를 도왔습니다. 그것이 곧 바울의 고난에 동참한 것입니다. 그러니 교회는 목사님의 수고와 같은 수고를 하기 위하여 그의 수고를 알고 가장 귀히 여기는 모습으로 행해야 합니다. 세상의 일은 아무리 애써 하였을지라도 그와 같은 가치를 가지지 못합니다. 그러나 주님을 위한 수고에 동참하게 되는 이 일은 얼마나 위대하고 얼마나 빛나고 얼마나 아름답고 얼마나 보람찬 일입니까? 물론 이 일을 하려면 나 개인에게는 큰 희생과 수고가 따를 것입니다. 그러나 그것이 주님을 위한 일이니 얼마나 귀합니까?

평양 장대현 교회에서 오랫동안 목회하시다가 옥에 들어가신 유명한 길선주 吉善宙 1869-1935 목사님이 4년 동안 옥고를 겪으시고 나오셨는데, 장대현 교회의 어떤 성도가 4년 동안 매주일 금식하면서 쌀을 모았다가 길 목사님이 출옥하셨을 때에 그 쌀을 가지고 가서 자초지종을 이야기하고 받으시라고 하였습니다. 그때에 길 목사님은 말씀하시기를 "그 쌀은 자매의 기름인데 내가 어떻게 그것을 받을 수 있겠습니까" 하시고 받기를 거절하셨다는 이야기가 있습니다. 이 얼마나 수고가 따른 일입니까? 그러나 이 얼마나 위대한 일입니까? 주님의 종을 가장 귀히 여기는 마음, 주님을 위해 수고하는 그분을 이와 같이 알아드리는 것, 그것은 바로 주님 앞에 상달되는 것이며 우리 주님이 성경에 기록하여 행하라고 명하신 것입니다.

교인들은 서로 화목해야 함

교회는 화목해야 합니다. 이것이 목사님을 대접하는 일입니다. 가정에서도 자녀들이 부모의 마음을 기쁘게 하려면 그들이 서로 화목해야 하지 않습니까? 자녀들이 아무리 물질적으로 부모를 잘 봉양할지라도 우애하지 않고 서로 다투고 서로 외면한다면 그야말로 부모의 가슴은 찢어지는 것입니다. 그러나 자녀들이 서로 용서하고 사랑하며, 붙들어 줄 때에 부모는 그 이상 즐거움이 없는 것입니다. 너무 가난하여 먹을 것이 없을 때에라도 그 자녀들이 화목하고 살아가는 것을 본다면 그 부모의 마음이 기쁘고 즐겁고 평화롭습니다. 마찬가지입니다. 주님의 종이 하나님의 교회를 목양할 때에도 교회가 화목하고 교우 사이에 어떤 억울함이 있을지라도 그것으로 교회에 파동을 일으키지 아니하고 그것을 널리 용납하고 언제든지 주님의 영광을 위해서 형제끼리 늘 화목을 힘쓸 때에 주님의 종은 거기에서 힘을 얻으며 기쁨을 얻고 주님을 위해서 더욱 수고하며 주님을 위해서 더욱 더 힘차게 나가게 되는 것입니다. "너희끼리 화목하라" 13절. 화목이 이렇게도 중요합니다.

교회는 정신 차리지 아니하면 때로 시험에 들곤 합니다. 잘 자라던 교회도 또 어찌하다가 시험에 들어요. 그래서는 분위기가 좋지 않고 분위기가 냉랭하고 쌀쌀하고, 교회 모임에 은혜가 없어서 도리어 그 교회에는 가지 않는 편이 낫겠다 하는 마음이 일어날 정도로 그 교회는 타락하고 캄캄해집니다. 그러기에 정신을 차리고 교회의 화목에 늘 힘써야 합니다. 나 한 사람 때문에 교회가 잘못되면 결국 교회와 자기 자신을 망치는 것입니다. 그러므로 나 한 사람이 가만히 있고 나 자신을 쳐 복종시켜서 주님의 뜻대로만 순종해 나아가야 합니다. 그렇게 할 때에 내게 육신적으로 여간 손해가 있다 하더라도 다 좋아질 것이 아니겠습니까?

내가 왜 주님의 이름을 가지고 주님의 몸 된 교회를 교란시키고, 주님의 몸 된 교회를 불안하게 만드는 그런 쓴 뿌리 노릇을 하다가 여생을 마치겠습니까? 우리는 이런 생각을 늘 가지고 주의하면서 우리 각자가 자기를 쳐 복종시키며 화목을 중시할 때에 시험을 이기게 됩니다. 교회가 때로는 시험을 당하기는 하지만 주의하기만 하면 그 시험을 극복할 수 있습니다. 우리가 그런 시험에 들지 않도록 조심하며, 성령님의 가르치심과 인도하심을 구할 것 같으면 은혜로운 교회로 매진하고 계속 장성할 수 있는 것이 명확한 일입니다.

맺는말

우리는 목회자가 어떠한 분임을 알아야겠습니다. 목회자는 수고하는 종입니다. 무슨 수고를 합니까? 다스리는 수고와 권하는 수고를 합니다. 과연 십자가를 매일 지고 가는 수고입니다. 자기 자신을 쳐 복종시켜 하나님의 말씀에 순종함으로 교회를 다스리는 이가 목회자이니, 과연 목회자의 수고는 뼈아픈 수고요 고달픈 수고입니다. 또한 형제를 바로 잡기 위해서 자기 자신은 어떠한 어려움에 빠진다 할지라도 할 말을 해주고, 앞날에 어떠한 어려움이 온다 할지라도 충고할 것은 충고하고 권면할 것은 권면하고 꾸짖을 것은 꾸짖어서 어떻든지 그 형제로 하여금 악을 떠나 주님이 기뻐하시는 자리에 서도록 하기 위해서 애쓰는 사역은 그야말로 숨 가쁜 일이고 뼈저린 일이며 가슴이 에이는 일입니다. 육체 노동을 하는 사람은 겉으로 땀을 흘리며 애쓰는 모습이 드러나므로 사람들이 그의 수고를 얼른 알아줍니다. 하지만 고요히 앉아 기도하며 사람들이 모르는 가운데 십자가를 지고 가는 정신적인 고통으로 늙는 사람이 목사인데, 그 수고가 얼마나 크겠습니까? 교회는 이 수고를 알아서 그를 가장 귀히 여겨야 합니다.

바울의 수고를 알아 드린 브리스가와 아굴라는 바울을 건지기 위해서는 자기들의 목이라도 내어놓기를 아까워하지 않는다고 하였습니다 롬 16:4. 바울의 목숨을 건지기 위해서 그들이 저희 목이라도 내놓겠다고 한 것은 결단코 인본주의의 사랑이 아닙니다. 단순히 그들이 바울과 같은 집에 살았다고 해서, 혹은 직업이 같아 교제가 깊어서 그렇게 한 것이 아니었습니다. 단순한 동지애를 가지고 그렇게 할 수 있는 것이 아닙니다. 그야말로 이것은 소자 중 한 사람에게 냉수 한 그릇이라도 주면 그 상을 잃지 않는다는 하늘의 법칙과 그리스도의 고난에 동참하는 귀한 진리에 순종한 결과입니다. 주님을 위해서 고난을 당하는 것, 주님을 위해서 고생을 하는 것, 이것이 얼마나 귀하다는 것을 알았기 때문에 취하여진 믿음의 행동이었습니다. 브리스가와 아굴라는 바울이 주님을 위해서 고생하고, 주님을 위해서 모든 것을 생각하며 애쓰는 분임을 잘 알고 그 역사가 귀하므로 고난에 동참하는 의미에서 과연 목이라도 내대는 결의를 가지고 있었던 것입니다. "너희 가운데서 수고하고 주 안에서 너희를 다스리며 권하는 자들을 너희가 알고 그들의 역사로 말미암아 사랑 안에서 가장 귀히 여기라."

교회는 또 화목해야 됩니다. 이것이 주님의 종을 잘 받드는 방법입니다. 화목하는 것으로 하나님의 은혜를 받으며 힘을 받아서 크게 발전하며 또 지속적으로 성장하는 것입니다. 원컨대 이 말씀이 우리 교회의 초석이 되기를 바랍니다.

17.
평화의 나라, 하늘의 영광

⁶ 그 때에 이리가 어린 양과 함께 살며 표범이 어린 염소와 함께 누우며 송아지와 어린 사자와 살진 짐승이 함께 있어 어린 아이에게 끌리며 ⁷ 암소와 곰이 함께 먹으며 그것들의 새끼가 함께 엎드리며 사자가 소처럼 풀을 먹을 것이며 ⁸ 젖 먹는 아이가 독사의 구멍에서 장난하며 젖 뗀 어린 아이가 독사의 굴에 손을 넣을 것이라 ⁹ 내 거룩한 산 모든 곳에서 해 됨도 없고 상함도 없을 것이니 이는 물이 바다를 덮음같이 여호와를 아는 지식이 세상에 충만할 것임이니라. (사 11:6-9)

저는 이 본문을 읽을 때 늘 마음이 평안해집니다. 언제든지 읽을 때마다 은혜를 받습니다.

평화의 나라

하나님이 계신 곳을 여기 모형으로 보여 주셨습니다. 이런 영광의 세계, 평화의 세계는 우리 주님께서 재림하신 후에야 완전히 나타날 세계입니다. 그렇지만 우리가 복음을 믿으며 성령님의 은혜를 받을 때에 그 세계의 얼마를 맛보기도 합니다. 이 놀라운 세계, 즉 하나님이 계신 세계에는 첫째 맹수 같은 성질이 없어집니다. 그 사납고 잔인한 성질이 다 없어집니다. 인간에게도 역시 그런 맹수 같은 성질이 있습니다. 사납고 잔인하고 무서운 성질입니다.

이 성질을 한마디로 말하면 미움의 성질이라고 할 수가 있습니다.

미움이 없는 곳에 하나님이 계십니다. 미움이라는 것이 어떠한 것인지 우리는 잘 압니다. 얼마나 무섭고 끈질긴가요. 참으로 영원토록 없어야 할 만한 악 아닌가요? 미워하는 사람들도 얼마 동안은 잘 지내다가 기회가 되면 맹수의 성질이 나오게 됩니다. 먹는 문제에서도 짐승의 성질이 발작합니다. 사람이 친구같이 생각하는 아주 좋은 개도 먹이를 먹을 때 건드리면 물려고 합니다. 동물의 세계에서 먹이라는 것이 이렇게 신기하게 짐승을 격동시킵니다. 저도 먹는 것에 대해서 흥분하는 성향이 있습니다.

'분육전' 分肉戰 이란 말이 있습니다. 고기를 나누는 전쟁이라 말입니다. 사람들이 사슴을 잡을 때는 합심하여 잡습니다. 사슴을 잡을 때 동고동락 하면서 같이 뛰어다닙니다. 친구가 꺼꾸러질 때 붙들어 일으키기도 하고 같이 먹고 마시며 사슴 한 마리 잡으려고 서로 의좋게 단합합니다. 그렇지만 사슴을 잡은 다음에는 분위기가 달라집니다. 그 때는 분육전이 일어난다는 말입니다. 고기를 나눠 먹는 데서 누가 많이 가지느냐를 두고 싸움이 일어납니다. 이 점에서는 사람이 짐승과 같더라는 말입니다.

영혼이 있으니 사람이고 하나님의 형상으로 지음을 받았으니 사람이지, 그 속에도 영원토록 싫어해야 할 나쁜 성질이 있는데 그 핵심이 미움입니다. 인간 사이에 서로 물고 찢으며 해하고 미워하는 지옥의 사태가 벌어지는 것입니다. 우리가 영광의 내세, 평화의 세계를 맛보려면 이 맹수의 성질을 완전히 죽여야 합니다. 미움이라는 것을 깨끗이

처리하여 없애 버리고 하나님을 모시는 상태에 있어야 합니다.

우리가 이사야 11장을 읽은 가운데서 볼 수 있는 세계가 바로 그런 세계입니다. 이리가 어린 양과 함께 살며 표범이 어린 염소와 함께 누우며 송아지와 어린 사자와 살진 짐승이 함께 있어 어린 아이에게 이끌리는 세계입니다. 이 세상에서도 그런 영광의 세계, 평화의 세계를 우리가 조심하며 힘쓸 때에 얼마라도 맛볼 수가 있습니다. 얼마나 그리운 세계입니까?

서로 사랑하라

요한일서 4장 12절 보면 "하나님을 본 사람이 없으되 만일 우리가 서로 사랑하면 하나님이 우리 안에 거하시고"라고 말씀했습니다. 사람들이 눈으로 하나님을 보기를 원하나 그것은 불가능한 일이고, 또 그것이 그렇게 요긴한 것도 아닙니다. 하나님이 우리 속에 오셔서 계셔 주시는 것이 더 귀한 일입니다. 그것이야말로 천하보다 귀한 일이지요. 하나님을 본 사람이 없고 볼 사람이 없으되 우리가 서로 사랑하면 하나님께서 우리 속에 계신다 했습니다.

우리가 서로 사랑을 잃어버리지 않을 때 얼마나 귀한 축복을 받습니까? 그런데도 사람들이 특별히 신자들끼리도 서로 사랑하라는 문제에서 너무도 쉽사리 이 명령을 헌신짝같이 버리고 미움을 왕같이 모십니다. 우리 인생은 그렇게 어리석고 신자까지도 어리석은 일들을 잘 저지릅니다. 우리 형제들이 서로 사랑하는 것이 참 얼마나 귀합니까? 지난번에 우리 학우들 중 한 분이 자기를 위해서 기도해 달라고 하기보다 자기의 처가의 사람, 위험한 상태에 있는 이를 위해서 기도해 달라고 부탁했는데 내가 그대로 실행을 하지 못했습니다. 그러나 사랑하는 학우들이 그 문제로 몇 날 동안 기도하신 것이 얼마나 감사한 일입니까? 이것은 참 희귀한 일이라고 생각을 합니다.

이것을 본보기로 해서 서로 위하여 기도할 수 있는 생활을 우리가 유지할 때에 하나님이 우리의 마음 가운데 계셔 주신다고 하셨습니다. 목마른 자가 물을 사모하는 것처럼 우리가 이것을 사모해야 하겠습니다. 우리 형제들 가운데 누가 어려움을 당하고 있는지 이것을 생각하고 머리에 떠오르는 대로 서로 연락하며 사랑을 베푸는 아름다운 풍토를 우리가 이루어 가야 하지 않겠습니까? 우리가 이와 같이 할 때 하나님이 계셔 주시는 은혜 속에서 우리의 심령 속에 깊이 숨어 있는 맹수의 성질을 녹여낼 수 있고, 이 맹수의 성질을 없애 버릴 수 있다고 생각합니다.

우리는 지금 우리 신앙의 인격을 세우는 것이 더욱 중요하다고 진실하게 생각해야 하겠습니다. 하나님이 계셔 주시는 장소, 하나님이 계셔 주시는 심령, 말로 형용할 수 없는 영광의 세계에서 누릴 그 분위기를 미리 당겨서 소유하게 된다는 것이 얼마나 위대합니까?

겸손한 인도자들

둘째로, 하나님이 계시는 세계는 어린아이들이 지도자가 되는 세계입니다. 여기 본문에 말씀했습니다. "그 때에 이리가 어린 양과 함께 살며 표범이 어린 염소와 함께 누우며 송아지와 어린 사자와 살진 짐승이 함께 있어 어린 아이에게 끌리며." 저 영광의 세계, 평화의 세계, 미움이라는 것은 털끝만치도 없는 그 세계는 아이들이 다스리는 세계입니다. 아이들이 인도자가 되어 있다면 그것은 무슨 말입니까? 아이들과 같은 자들이 지도를 합니다.

예수님께서는 누가복음 18장 17절에 말씀하기를 "누구든지 하나님의 나라를 어린 아이와 같이 받아들이지 않는 자는 결단코 거기 들어가지 못하리라" 하셨습니다. 천국을 어린 아이같이 받아들인다는 것은 어린 아이가 부모를 믿는 데서 모범이 되는 점을 생각하라는 것입니다. 어린 아이가 부모를 믿는 일에는 아무런 힘도 안 쓰고 믿습니다. 부모를 믿어야 하겠다고 결심도 안 하는데 부모를 믿으며 의지하고 의뢰하더라 말입니다. 예수님께서는 그것을 가지고 신앙생활의 모범으로 가르치는 것입니다.

어린 아이들은 염려할 줄도 모릅니다. 부모가 다 맡았으니까 걱정이 없습니다. 가정에 어떠한 어려움이 있다 하더라도 문제로 생각지 아니하고 마당에 나가서 뛰놀고 있습니다. 우리 주님께서 이런 어린 아이 모습을 두고 가르치신 것입니다. 우리가 주님을 믿는 데서도 바로 이렇게 믿자 하는 것입니다. 우리가 주님을 믿는 데서도 이렇게 유쾌하고 재미있게 믿으며 천국을 받아들여야 합니다. 어린 아이의 신뢰심을 가지고 하나님의 나라를 받아들이라. 어린 아이는 겸손한 것이 특징이

기도 합니다. 그런 겸손함 탓에 늘 마음을 열고 사는 존재입니다.

시편 131편을 읽어봅시다. "여호와여 내 마음이 교만하지 아니하고 내 눈이 오만하지 아니하오며 내가 큰 일과 감당하지 못할 놀라운 일을 하려고 힘쓰지 아니하나이다 실로 내가 내 영혼으로 고요하고 평온하게 하기를 젖 뗀 아이가 그의 어머니 품에 있음 같게 하였나니 내 영혼이 젖 뗀 아이와 같도다 이스라엘아 지금부터 영원까지 여호와를 바랄지어다" 1-3. 시인은 어린 아기의 모범을 중심 소재로 이 시를 지었습니다. 마음이 교만하지 않은 것이 어린 아이의 심리와 같다는 말씀인데, 시인이 교만한 마음을 버리고 젖 뗀 아이가 그 어미 품에 있는 것같이 마음이 평온하고 고요하다는 것입니다.

어린 아이는 겸손하기 때문에 무슨 허영기를 가지고 일을 다루려 하지 않습니다. 남을 해하면서라도 자기가 잘되 보려는 꾀를 품지 않기 때문에 언제든지 마음의 문을 열고 있는 존재입니다. 겸손한 자는 마음을 여는 것이올시다. 그러기에 겸손한 자는 계속 배웁니다. 어떠한 일에 있어서든 배움에 흥미를 가집니다. 어린 아이들이 노는 것을 보면 그런 것을 배울 수 있습니다. 그저 대수롭지 않은 것 가지고도 하루 종일 잘 놀아요. 우리가 볼 때에 참 별 것 없는 것 가지고 그렇게 잘 놉니다. 여러 시간 동안 놀지요. 놀다 자고 또 깨서 다시 집어요. 얼마나 마음이 열려 있는지 놀랍습니다. 하나님이 지으신 세계에 대해서도 계속 흥미를 가지고 있다는 것도 우리가 볼 수 있는 사실입니다.

그러기에 시편 8편에 있는 말씀 보면, 하나님의 영광에 대해서 젖먹

이와 어린 아이들로 말미암아 권능을 세운다 하였습니다. "여호와 우리 주여 주의 이름이 온 땅에 어찌 그리 아름다운지요 주의 영광이 하늘을 덮었나이다 주의 대적으로 말미암아 어린 아이들과 젖먹이들의 입으로 권능을 세우심이여 이는 원수들과 보복자들을 잠잠하게 하려 하심이니이다" 1-2. 하나님께서 원수들, 그 강퍅한 자들 때문에 하나님의 영광을 드러내지 못하게 되니까 이 어린 아이들을 통해서 그 영광을 알아보게 하고, 하나님이 만물을 지으신 그 권능을 느끼도록 해서 영광을 받으신다는 말씀입니다.

우리는 마음 문을 열고 하나님의 세계에 늘 접해야 합니다. 진리의 세계를 향하여 계속 갈증을 느껴야 합니다. 우리는 눈에 보이는 모든 것을 볼 때에 이미 본 것들도 새로 본 것처럼 생각을 해야 합니다. 오늘날까지 살아오면서 많이 본 것들이라 심상해졌다고 할지 몰라도 거기에 대해서 계속 생각을 끊어버리지 아니하고 하나님의 영광을 느끼며 거기에 나타난 하나님의 능력을 보아야 합니다. 이것들을 통해서 많은 사람들이 주님을 알도록 하는 무슨 깨달음은 없겠는가, 하는 것도 계속 생각을 해야 합니다. 우리가 하나님에 대해서 배울 때에 우리 심령의 문을 열고 계속 묵상하는 이런 진지한 마음의 자세가 늘 있어야 한다고 생각합니다.

이렇게 어린 아이가 될 때에 그것이 바로 저 영광의 세계에서 지도자가 되는 것입니다. 이 세상에서 지도자가 되는 것과는 질이 크게 다른 비결입니다. 사자와 곰을 끌고 다닐 수 있는 자격인데, 우리는 지금부터 이것을 배워 가야 하겠습니다. 어린 아이가 좀 되어 보자는 말입니다. 왜 그렇게 계획이 많고 무슨 정치가 그리 많습니까? 왜 그렇게 음흉하고 강퍅합니까? 왜 그렇게 쉽게 단념합니까? 우리는 욕심 없이 모든 것을 계속 보고 느끼던 세계에서 다시 살되, 늘 새롭게 느껴 보려는 생각으로 살아가야 하겠습니다. 하나님께서 지으신 모든 것이 무궁무진한 뜻을 가지고 있기 때문입니다. 성경을 대할 때에도 이미 아는 것이 있다고 해서 우리가 마음의 문을 닫을 것입니까? 마음의 문을 열고 그 말씀에 대해서 다시 음미하며 거기에 새로운 진수를 찾으려는 어린 아이의 마음이 있어야 하겠습니다. 이제 충분히 알아서 더 볼 것도 배울 것도 없으니 이제는 흥미가 없다는 태도는 잘못된 것입니다.

여호와를 아는 지식의 세계

셋째는 지식 충만의 세계입니다. 저 평화의 세계, 사랑의 세계, 영광의 세계는 여호와를 아는 지식이 충만한 세계입니다. 본문 9절을 보십시다. "내 거룩한 산 모든 곳에서 해 됨도 없고 상함도 없을 것이니 이는 물이 바다를 덮음같이 여호와를 아는 지식이 세상에 충만할 것임이니라." 다시 말하면 그 때 사람들은 하나님을 아는 지식으로 가득할 것이라 말입니다. 주님을 아는 지식 충만의 생활을 해 보셨습니까? 여기서 지식은 우리 본문이 말한 것처럼 여호와를 아는 지식입니다. 여호와를 아는 지식에는 두 가지 종류가 있는데 하나는 이론적 지식입니다. 제대로 알지 못하는 사람들은 가볍게 말하기를 이론적 지식은 쓸데없다고 합니다. 머리만 아프게 하고 지루하면서 생명을 주지 못하는 건조한 지식이라고 생각하면서 이론적 지식에 대해서 외면하려는 경향이 있습니다. 그렇지만 이론적 지식도 하나님이 지어내신 것이고 우리의 배움에서 긴요합니다. 이론적 지식도 하나님께서 우리에게 필요하게 여기셔서 주신 것입니다.

자유주의 신학자들의 표어가 있습니다. "Christianity is not Doctrine but life." 기독교는 교리가 아니고 생활이라는 주장입니다. 교리 문제를 가지고 머리 아프게 하고 서로 다투며 시끄럽게 시간을 보낼 필요가 무엇인가, 하면서 교리에 염증을 내는 경향도 있습니다. 이런 것은 자유주의자들의 주장 가운데 하나입니다. 기독교는 생활이 중요하다, 매우 좋은 말이올시다. 당연히 생활이 중요하지요. 백 번 말해 놓고도 그대로 행하지 않고 그대로 살지 않는다면 그에게는 아무 소용이 없습니다. 헛되이 말했던 것입니다.

그러나 헛되이 말한 그 사람이 헛되게 말한 것이지 그 진리 자체가 틀린 것은 아닙니다. 교리가 틀린 것이 아니며 진리의 규범이 틀린 것이 아니라 말입니다. 진리에서 어디만큼만 가고 그 이상은 가지 말라는 규범은 하나님이 지어내신 것입니다. 규범이 없다면 얼마든지 미신으로 떨어집니다. 이론적 지식의 규범성이라는 것은 그렇게 우리 죄로 인하여 잘못되기 쉬운 사람들을 미신으로 떨어지지 않도록 막아 주는 역할을 합니다. 결국 이론적 지식은 그렇게 중요합니다.

진리의 모든 규례들, 성경이 전하는 말씀 내용에서 보이는 어떤 한계들, 곧 우리가 알 수 없는 것들이 존재한다는 것을 모르지 않습니다. 그러나 저 영광의 세계에는 하나님을 아는 지식에서 충만하다고 하였습니다. 여호와의 지식으로 가득합니다. 하지만 이 땅에서 우리에게 필요한 지식으로서의 이론적 지식, 이 규범적 지식이라는 것을 어떻게 무시합니까? 이 규범을 무시하는 신학은 결국 낭만주의의 신학, 로맨티시즘 신학이 되고 마는 것입니다. 헤르만 바빙크 Herman Bavinck 1854-1921 는 이러한 낭만주의에 대해서 다음같이 정의했습니다. "이것은 용도 usage 보다 아름다움을 숭상하고 산문 prose 보다 시문학을 주장하고 노동보다 유희를 소중히 여긴다." 낭만주의의 일면을 본보기로 말해 주었습니다.

신학자 슐라이어마허 Schleiermacher 1768-1834 는 낭만주의의 신학자입니다. 그는 규범적 진리에 속박을 받지 않으려고 한 신학자입니다. 그야말로 직접적 의식을 주장한 사람입니다. 그의 직접 의식이란 어떠한 규범을 경유할 필요 없이 영원무한에 대해서 직접적으로 내 의식이 접촉해야 한다는 주장입니다. 그는 규범을 무시하고 무한에 대한 인간의 직접적인 접촉을 중시함으로써 결국 기독교 진리에 대하여 바로 깨닫지 못하고 삐뚤어져 나갔습니다. 자율주의의 선봉이 된 것입니다.

적잖이 힘들지만 우리가 전심전력하여 이론적 지식에서도 내용이 풍부해지고 명확해지도록 많이 채워야 합니다. 많이 채워야 우리가 오류에 떨어지지 않고 올바른 길로 더욱 전진해갈 수 있습니다. 그러노라면 기쁨의 세계도 만나게 되는 것입니다. 기쁨의 지식 세계는 영적 지식 세계입니다. 이론적 지식만 가지고 되는 것이 아니기에 우리는 영적 지식으로 들어가야 합니다.

복된 길

마르티 K. Marti 라는 사람의 주석을 읽어 보면 이사야 11장 9절의 "여호와를 아는 지식이 세상에 충만할 것임이니라"고 한 구절에서, 지식의 성격을 밝히고 있습니다. 그것은 하나님의 능력과 영광에 의하여 생긴 지식이라, 곧 하나님의 능력과 영광을 체험하고 얻은 지식이라 하였습니다. 농부가 무더운 여름날 김매느라고 고생하고 가을에는 또 추수하면서 정신없이 땀 흘리며 기쁨을 누리지 못하는 것처럼 연구 생활에서 남모르는 수고가 많습니다. 그 이론적인 지식, 규범적인 지식을 섭취하느라고 애를 씁니다. 그러나 그런 노력이 결코 열매가 없는 것은 아닙니다. 우리가 그 규범에 의하여 내 몸을 거기 던져 넣을 때 즉 그 말씀을 깨달은 대로 자신을 희생해서 그대로 순종해 나갈 때에 하나님의 능력과 영광을 맛보게 됩니다. 하나님의 능력과 영광을 맛보는 것이 얼마나 보람된 일입니까?

우리는 이 세상에 대한 여러 지식도 탐구하지만 무엇보다 천지 만물을 창조하신 그분에 대해서, 진리의 지식을 탐구하는 이 일에 열성을 보여야 합니다. 거기에는 일정한 순서가 있으며 또한 각기 다른 차원이 있다는 것도 명심하는 것이 좋습니다. 이런 때 우리가 수고하는 일이 있는가 하면 또 저런 때에는 평안과 기쁨과 찬송과 힘이 넘치는 삶을 즐기는 일도 있음을 생각해야 하겠습니다. 나 자신을 이 진리에 다

내주고 이 진리로 말미암아 내가 호흡하며 참 음식을 먹는 것처럼 살아갈 때에 주님의 능력과 영광이 우리에게 나타날 것입니다. 주님의 임재하심으로 큰 기쁨과 즐거움과 생명의 약동을 누릴 수 있다는 것을 명심해야 하겠습니다.

저 평화의 세계는 여호와를 아는 지식이 세상에 충만할 것입니다. 이런 충만함, 가득함을 우리가 지금은 전부를 소유하지 못한다 하더라도 부분적으로 맛보며 부분적으로 누릴 것입니다. 그리고 장차 여호와의 지식이 가득한 거기에서 살게 되고 그 세계의 충만한 영광을 보게 될 터이니 사랑하는 여러분, 우리가 얼마나 길을 바로 잘 잡았습니까? 이런 복된 길이 어디 있습니까? 하나님이 계시는 저 영광의 세계의 일면을 생각하면서 이 귀한 말씀을 받게 되었으니 우리는 더 힘을 내어 달음질하며 불철주야로 이 진리의 길을 따라서 힘껏 뛰어야 한다는 것을 명심하시기 바랍니다.

기도

하나님 아버지 감사하옵나이다. 은혜 가운데서 평안히 지내며 주의 말씀을 우리가 연구했습니다. 하나님 아버지, 아직도 깨닫지 못하는 것이 많지만 주님이 우리에게 이 모든 오묘한 것들을 알게 하여 주실 것을 믿사옵니다. 우리가 이미 알고 있는 대로 살아서 하나님의 능력과 영광을 체험해야 하겠사오니 저희를 불쌍히 여기셔서 우리가 그 길을 갈 때에 힘을 다하여 행진해 갈 수 있게 하여 주옵소서. 게으름뱅이가 되어 배운 바 귀한 진리대로 살지 못하고 도리어 잘못된 데 떨어지는 일이 없도록 은혜 주시기를 바랍니다. 모든 말씀을 예수 그리스도 이름으로 비옵나이다. 아멘

18.
한국 교회가 개혁해야 할 과제[*]

우리는 16세기 종교개혁의 길을 걷고 있습니다. 그러므로 첫째로 종교개혁의 열매가 상실되었을 때에 그것을 되찾는 운동이 우리의 작업 목표입니다. 둘째로, 종교개혁이 직접 간접으로 목적했던 것을 완성하도록 노력하는 것이 우리의 작업이기도 합니다. 특히 성경을 그대로 보수하자는 주의 主義 주장과 위배되는 교회의 풍토를 과감히 고쳐 나가자는 것입니다.

물량주의物量主義 의 폐단

물량주의는 성경적이 아닙니다. 성경은 거짓 스승을 삼가라고 하였고,1) 경솔히 안수하지 말라고 하였습니다.2)

---

* 이 글은 박윤선, 『성경과 나의 생애』(서울: 영음사, 1992), pp. 241-251에 실려 있으며, 의미의 손상을 가하지 않는 범위 내에서 표현을 약간 수정하고 참고 서적과 성경 참고 구절은 각주로 처리함.

16세기 종교개혁 직후에 장로교회는 목사 안수를 매우 엄격하게 행하였음을 알 수 있습니다. 그 당시의 안수 받을 자에 대한 자격 심사 내용을 살펴보면, 목사 고시 과목이 20여 종이나 됩니다. 그 중 몇 가지 예를 들어보면 이렇습니다. 후보자의 생활의 성결 여부를 면밀히 확인할 것, 후보자의 소명의 확실성을 검토할 것, 후보자의 원어 실력(히브리어와 헬라어로 성경을 읽을 수 있는지의 여부)을 시험할 것, 정통 신학을 변증하는 시험, 노회 앞에서 진리를 변론하는 시험, 후보자가 그 임지 任地에 적합한 여부를 검토할 것 등입니다.[3]

그런데 현대 한국 교회는 목사 후보생에 대한 자격 심사를 엄격하게 실시하지 않고 무자격 교역자라도 대량 배출하는 데 있어서 두려움과 주저함이 없습니다. 이런 현상은 종교개혁의 열매인 웨스트민스터 헌법도 엄금한 바입니다.[4]

물량주의의 결과로 교계에 탕수와 같이 쏟아져 나온 교역자들 중에는 복음 전도의 사명감이 없이 육신의 생계를 위하여 교역을 희망하는 사람도 다수 섞여 있어서 그들이 교회를 맡는 경우에, 그들은 주님의 교회를 자기의 종교 업체 業體로 만들 가능성이 짙습니다. 그들은 결국 교회를 희생시켜서라도 자기의 유익을 도모하고자 할 것입니다. 누구든지 주님의 교회를 맡은 자로서 생계를 목적으로 하고 목회를 수단으

---

[1] 마 7:15; 행 20:29
[2] 딤전 5:22.
[3] *The Form of Presbyterian Church-Government*, pp. 70-73.
[4] 같은 책, pp. 67-73.

로 삼는다면 그것은 삯군의 행동 원리입니다.5)

그뿐 아니라, 때로는 삯군 이하로 떨어진 교역자들도 있습니다. 다시 말하면, 마땅히 감당해야 할 목회의 책임을 다하지 않는 것은 고사하고, 교우들의 영혼을 병들게 하고 죽어가도록 만들면서도 도리어 큰 소리를 치며 물러가지 않으니, 이런 자들은 도적입니다.6)

오늘날 많은 신학교들이 세워졌고, 그 대부분의 학교들이 학생들을 다수 입학시키고 있는 실정인데, 교수진이 부족한 형편에서 어떻게 그 많은 학생들을 자격 있는 교역자로 양성할 수 있겠습니까? 신학교들이 이렇게 운영되고 있는 것은 유감입니다. 그러나 일면 이것이 역사적 실정임을 감안할 때에 그 누구에게 책임을 전가하는 것은 아닙니다. 어쨌든 신학교들은 개혁되어야 합니다.

사제주의 司祭主義 Sacerdotalism 의 부당성

구약시대에는 특정인들, 즉 제사장들이 제사의 권리, 축복의 권리를 독특히 가졌고, 제복 祭服 도 특수하게 착용하였습니다. 그것은 물론 하나님의 명령대로 실행한 것이었으며, 그 모든 제도와 의식은 어디까지나 그리스도에 대한 예표였던 만큼, 그리스도께서 오심으로 말미암아 그에게서 영적으로 실현 또는 성취되었습니다.7) 다시 말하면, 구약시대의 제사 제도와 모든 의식 儀式 들은 그리스도로 말미암아 모두

---

5) 요 10:12; 빌 3:18-19 참조.
6) 요 10:10 참조.
7) 히 9:9-10, 10:1상반절.

완성되었고, 그 후에는 그것이 폐지되었습니다.8)

　16세기의 종교개혁은 만인 제사장주의를 주장하였습니다. 만인 제사장주의는 성경적이요,9) 참된 기독교의 특징입니다. 그런데, 오늘날 교회는 목사만이 제사장인 듯, 목사만이 축복권을 가진 듯이 그들을 특수 계급의 성직자로 신성시합니다. 여기에서 기복 사상 祈福思想 의 폐단도 생기게 되었습니다. 사제주의자들은 자신들도 모르게 일면 그리스도를 무시한 것입니다. 그런 의미에서는 이교의 제사장들과 유사합니다.

　목사가 교회의 인도자가 되는 것은 성경적입니다.10) 그는 주님의 몸 된 교회의 한 지체로서 다른 신자들과 함께 교회를 섬기는 자이며, 받은 은사대로 말씀 증거에 수종 드는 입장입니다. 그러므로 그는 어디까지나 봉사자이고 명령자는 아닙니다. "인도자"란 것은 교회에서는 안내자이고 지배자는 아닙니다.

　그런데 목사들 중에는 그들의 수종적 隨從的 인 위치를 깨끗이 지키는 이가 많지 않습니다. 그것은 그들의 무지의 소치이거나, 혹은 참람된 권세욕의 산물입니다. 그들은 "주의 사자"란 칭호를 은근히 환영하거나, 혹은 당연하게 받아들이고 있습니다.

　바른 지식이 없는 교인들이 목사를 가리켜 "주의 사자" 또는 "하나님의 사자"라고 부르기도 하는데, "주의 사자"란 칭호는 "그리스도의

---

8) 히 7:11-25.
9) 벧전 2:9 참조.
10) 엡 4:11-12; 히 13:17 참조.

사도"란 말과 같습니다. "주의 사자"란 칭호에 있어서 "사자"란 말의 형식은 '보냄을 받은 자'(ἀπόστολος)란 말과는 다르지만, 이 둘이 '부림이 되는 자'란 점에 있어서는 같습니다. 성경에서 "사자"란 말이 때로는 '천사'(ἄγγελος)를 의미하기도 하는데, 어떻게 목사를 천사라고 할 수 있겠습니까? 목사를 목사라고 부르는 것이 자연스럽고 합당합니다.

신학교 교수들은 강의시간에 사도직의 성격에 대하여 밝히 설명하는 기회를 갖습니다. 목회자들도 교인들로 하여금 사도직의 우월성과 그 권위에 대한 바른 지식을 가지도록 그들을 가르쳐야 합니다.

사제주의는 비성경적이고 마귀의 역사입니다. 마귀의 역사는 궤계詭計를 그 전술로 삼습니다.11) 그러므로 오늘의 사제주의가 종교개혁 이전의 사제주의와는 다른 모습으로 나타나고 있기는 하지만 본질적으로는 같은 것입니다. 즉 교역자로서 일반 신자들 위에 군림하는 그 마음 자세야말로 종교개혁 이전의 사제주의와 다름이 없는 것입니다. 이런 행동은 하나님께 대한 반역입니다. 일반 신자 이상 특수 제사장은 예수님밖에 없습니다.12)

사역상 평등의 원리 상실

목사는 교직의 대표이고 장로는 교회의 대표입니다. 양자 兩者의 치

---

11) 요 8:44 하반절; 고후 2:11, 11:13-15; 엡 6:11.

12) 히 4:14, 7:20-22.

리 治理 사역은 동등합니다.13) 이 교리는 장로교의 원리입니다. 그런데, 오늘의 현실은 어떠합니까? 목사는 장로보다 우위인 것처럼 자처하는 경향이 있고, 또한 목사나 장로는 집사에 대해서 역시 그 직분(집사직)이 하급 下級 인 것처럼 잘못 생각합니다. 그러므로 제직회는 거의 모든 일들에 있어서 자율적으로 일하지 못하고 목사, 장로의 결재를 받도록 되어 있습니다. 제직회가 당회에서 아주 독립된 것은 아니지만 성질상 어느 정도의 자율성은 지니고 있습니다. 그 이유는, 그리스도께서 집사직을 세우셨기 때문입니다.14) 집사직은 헌금 관할 또는 헌금을 취급하는 데 있어서 자율적으로 행해야 하며, 다만 그 일의 난제에 대해서는 당회와 의논함이 옳습니다.

교회에서 수종 드는 문제에 있어서는 목사도 그리스도에게 수종 드는 자이고 장로도 마찬가지입니다. 참으로 목사와 장로와 집사 사이에는 형제애가 확실히 있어야 한다고 할 뿐입니다.15) "사역상 평등"의 원리는 성경에서 나온 개혁주의 교리입니다.16) 베드로는 일반 장로들에게 말하기를, "나는 함께 장로된 자요"17)라고 하였고, 바울은 집사들을 가리켜 "나의 동역자들"18)이라고 하였습니다.

---

13) 『대한예수교장로회 헌법』, 제5장 제2조.
14) *Church Order Commentary*, p. 118.
15) 마 23:8 참조.
16) I. V. Dellen & M. Monsma, *Church Order Commentary* (1964), pp. 80-81.
17) 벧전 5:1.
18) 롬 16:3.

교회 행정의 부조리

오늘 교계의 교직자들 중에는 교회 행정을 성경적으로 시행하려는 노력보다는 자기 자신의 영달榮達을 목표하고 행하는 실례들이 너무 많습니다. 즉 교역자들의 정치성을 들 수 있으니, 그 정치성이란 것은 성경이 가르치는 "지혜"와 반대되는 것입니다. 성경적 지혜는 하나님을 두려워하는 동기로 일을 처리하는 것입니다.[19)]

오늘날 교회 정치를 하는 사람들은 인간적인 책략으로써 사람들로 하여금 자기 편이 되도록 공작합니다. 옛날 중국의 춘추 전국시대에 맹상군孟嘗君이라는 정치인의 집에는 "식객이 삼천 명"食客三千이라고 했으니, 그들 삼천 명이 모두 다 맹상군을 지지하는 정객들이었습니다. 이것이 이 세상 정계에서 이루어지는 일, 곧 '먹여주고 받는' 일의 표본이 아니겠습니까! 이 같은 일과는 반대로 종교개혁시대의 개혁자들은 고난을 각오하고 진리 운동에 동조하였던 것입니다. 그 시대의 순교자의 수효가 무려 70만 내지 80만 명이라고 역사가는 말합니다.

현대 교계의 복잡상은 무엇을 말해 줍니까? 그것 역시 종교개혁의 열매와 반대되는 현상입니다. 교계가 복잡하다는 것은 교회의 지도 체계의 동질성이 결여되어 있다는 것입니다. 한 교단 안에서도 동질성이 없는 원인은 교역자 양성 기관이 아직도 부실한 데 있습니다. 다시 말하면, 교훈의 체계가 명실공히 아직 성경 중심의 단일화로 정립되지

---

19) 잠 1:7 참조.

않았고, 교육의 정신도 아직 그리스도 중심으로 참되이 영화靈化, spiritualization 되어 가지 못하기 때문입니다. 리더십의 동질성을 확보하지 않고 다수 영입 多數迎入 의 일변도로 흘러간 교단들이 있다면, 그 교단들은 별 수 없이 복잡해집니다. 이 같은 현상은 400년 전 종교개혁 당시의 교회 행정 원리를 지키지 아니한 물량주의의 결과입니다. 종교개혁의 열매였던 웨스트민스터 교회헌법 표준을 읽어보면, 교역자를 엄선하여 리더십의 동질성을 확보했던 것을 알 수 있습니다. 그 때에 목사장립 후보자 시취를 매우 엄격하게 시행한 것이 그 일례입니다.

교회보다 교회의 조직을 과대평가하는 오착

근년에 한국 장로교회는 교단의 "총회"를 교회 자체인 양 지나치게 존중하여 "교단"과 혼동하는 것 같습니다.

"총회"는 전체 교단의 일부 행정건과 치리건을 처리하기 위하여 목사들과 장로들이 1년에 한 번 모여서 회의를 하는 회집입니다. 총회는 그 회의가 필한 후에는 파회 罷會 를 선언하고 없애버리는 기관 organ 에 불과합니다.

그뿐 아니라, 총회 회원들은 그가 속해 있는 지교회로부터 선출된 임직자들로서 그들은 교회의 사신 使臣 들입니다. 다시 말하면, 그들은 지교회가 부탁한 일들을 수행하는 일꾼들입니다.[20]

---

20) 고후 9:3-5 참조.

교회관의 문제성

교회란 무엇입니까? 오늘날 신자들의 교회관은 어떠합니까? 신자들의 예배처소인 건물이나 신자들의 수효 문제를 가지고 교회를 평가하는 정도가 아닙니까? 건물에 의해 교회의 명분을 유지하려 한다든지, 모이는 자의 수효에 의해서 힘을 낼 수 있다고 생각하는 것은 올바른 교회관이 아닙니다.

교회는 보이지 않는 하나님의 택한 백성, 곧 주님의 이름을 부르는 신자 또는 그들의 단체 즉, 하나님의 말씀을 바로 깨닫고 그대로 믿으며 고백하는 성도입니다. 그러므로 예배당이나 다른 시설이 없어도 신자들의 경건한 교통으로 말미암아 회집되면 그것은 참 교회입니다.

나는 여기서 신자들의 예배 모임을 위한 특수 건물이 필요치 않다고 말하는 것이 아닙니다. 각 지교회가 그 형편에 따라 예배당을 마련할 수 있습니다. 그러나 교회로서는 선교와 진리 교육, 그리고 구제 활동을 더 중요시하여 이 일을 우선적으로 감당해야 한다는 것입니다. 그리고 주님의 교회에 있어서 본질적으로 중요한 것은 "화평과 성결"[21]입니다. 복음에 대한 다른 표현은, "평안의 복음"[22], 또한 "평안"[23]이라고도 합니다. 교회의 참된 화평은 성결에서 옵니다. 성결은 하나님이 주시는 지혜의 첫 열매입니다.[24] 위로부터 성결의 지혜를 받은 신자는 영적

---

21) 히 12:14.
22) 엡 6:15.
23) 엡 2:17.
24) 약 3:17.

허욕을 버리게 되고, 모든 일에 있어서 하나님 제일주의로 행하며 하나님이 함께 해 주시는 평안을 누리게 됩니다.[25]

오늘날 신자들이 흔히 예배당을 "성전"이라고 부르기도 하는데, 이러한 표현은 삼가야 할 줄 압니다. "성전"은 구약시대에 예루살렘에만 오직 하나 있었으며, 그 성전의 모든 양식들은 사람의 생각대로 설계된 것이 아니었고, 하나님께서 친히 기록하셔서 다윗에게 계시해 주신 것이었습니다.[26] 하나님께서 그 성전을 이처럼 중요시하신 것은, 영적 의미에 있어서 그 건물은 장차 오실 메시아(예수)와 참된 교회의 예표이었기 때문입니다.

예수님께서는 구약의 성전이 자기 자신의 "몸"을 예표하는 것으로 암시하여 가르쳐 주셨습니다.[27] 그러므로 그가 죽었다가 다시 살아나심으로 말미암아 건물 성전은 필요치 않게 되었습니다. 신약에서는 성도들의 단체인 "교회"를 예수님의 "몸"으로 비유하였고,[28] 신자들을 가리켜 "하나님의 성전" 또는 "성령의 전"이라고 하였습니다.[29]

그러므로 예배당을 가리켜 "교회" 또는 "성전"이라고 부르는 것은 신자 자신의 성전 된 거룩한 자격을 포기함이요, 또한 신자 자신의 성별생활(헌신)보다 물체 봉헌을 더 중요시하여 그것으로 위로를 얻으려

---

[25] 시 131:1-2 참조.
[26] 대상 28:11-12, 19.
[27] 요 2:19-21 참조.
[28] 엡 2:20-22; 벧전 2:4-5.
[29] 고전 3:16-17, 6:19.

는 과오를 범하는 것입니다.

신자들의 진리 지식 문제

신자들은 진리 지식에서 장성해야만 신자의 자격을 제대로 발휘합니다. 신자로서 진리 지식이 저급하면 그는 선악을 바로 분별하지 못하므로,30) 별 수 없이 "육신에 속한 자"의 처지를 면치 못합니다.31)

이 문제에 있어서 신자들이 혹시 잘못 생각하기를, '성경에, 누구든지 주의 이름을 부르는 자는 구원을 얻으리라32)고 말씀했으니, 내가 예수님을 나의 구주로 믿기만 하면 구원을 받는 것이지, 나의 진리 지식이 저급하다고 하여 내가 구원을 못 받겠는가?' 할지도 모릅니다.

그러나 만일 누구든지 그렇게 주장한다면 그것은 착각입니다. 물론 우리의 구원은 오직 예수님의 공로로만 가능한 것이 사실입니다. 그렇지만 우리가 여기서 명심해야 할 것은, "주의 이름을 부르는 자"라는 이 말은 매우 간추린 표현이라는 사실입니다. 누구든지 "주의 이름"을 효과적으로 부르려면 그 이름을 분명히 알고 불러야 하므로 그는 바른 진리 지식을 소유해야 합니다. 진리 지식이 풍부한 신자일수록 주님의 이름을 참되이 부르게 되고, 따라서 그는 구원에 대한 확신을 갖게 됩니다. 천하보다 귀한 구원을 받는 문제에 있어서 우리는 확실성과 안전성이 보장되어야 하지 않겠습니까!

---

30) 히 5:13-14.
31) 고전 3:1-3 참조.
32) 롬 10:13.

그뿐 아니라, 신자는 하나님을 영화롭게 함이 그 삶의 목적이기 때문에 그는 이 사명을 바로 감당하기 위해서도 바른 진리 지식이 있어야 합니다. 그러므로 신자들의 성경 지식 수준을 높이기 위해서는 먼저 교역자 자신이 성경을 깊이 알아야 하며, 그는 교우들에게 성경 진리를 바로 깨닫도록 가르치는 일을 백방으로 힘써야 합니다.

성구색인

창세기
2:25   118

출애굽기
20:8   49, 52
20:11   54, 57

레위기
23:8   51
23:36   51

민수기
29:35   51

신명기
16:8   51

사무엘하
6:3-11   221

열왕기하
6:1   77
6:1-7   89
6:3   78
6:5   84

6:6-7   86, 87

역대상
12:7-14   221
28:11-12   283
28:19   283

욥기
1:21-22   64

시편
8:1-2   266
51:6   44
56:8   138
131:1-2   283
131:1-3   265

잠언
1:7   280
16:32   248
26:14   42

이사야
11:9   267, 270

예레미야
17:9   42
20:9   215

에스겔
2:6-7   186
34:16   158

아모스
5:4,6   42
5:4-6   33
8:11   156

마태복음
5:14-16   162
7:15   275
10:28   233
18:19-20   79
22:37   73
23:8   279
25: 15   149

누가복음
14:12-14   230
15:5   181
15:7   182
18:17   264

21:3-5   68
21:4   68
23:46   219

요한복음
1:1   106
1:14   106
2:19-21   283
3:16   137
8:44   278
10:10   276
10:12   276
10:41   170
21:15   155

사도행전
11:23   92
11:24   95
11:26   97
14:22   39
20:17-19   236
20:19   236, 239
20:20-21   240
20:20-35   158
20:24   241
20:27   240
20:29   275

20:29-30　158
20:35　69

로마서
3:26　168
8:18　41
10:13　284
10:17　128
12:12　32, 33
14:8-9　72
16:3　279

고린도전서
3:1-3　284
3:16-17　283
6:19　283
9:1　152
10:12-13　41
10:31　96
13:6　35
15:19　230, 233
15:31　247
16:13　41

고린도후서
2:11　278
4:16　195

6:6　222
8:1　62
8:2　64
8:3-4　67
8:5　73
9:3-5　281
11:13-15　278

에베소서
2:17　282
2:20-22　283
4:11　145
4:11-12　277
4:12　142
5:2　163
5:8-9　162
5:9　163
5:11　163
5:13　163
5:14　163
6:11　278
6:15　282
6:18　196

빌립보서
3:4-9　242
3:18-19　276

4:14　254

골로새서
1:24　247

데살로니가전서
5:8　37
5:12　246, 249, 252
5:12-13　246
5:13　252

디모데전서
5:22　275
6:6-7　83

디모데후서
1:3　130
1:5　135
1:12　241
3:14　214
4:2　240, 249

히브리서
4:3-11　58
4:4　57
4:8　57
4:10　57, 58

4:14　278
5:11-14　156
5:13-14　284
7:11-25　277
7:20-22　278
9:9-10　276
10:1　276
12:14　282
13:8　45
13:17　210, 232, 277
13:20　155

베드로전서
1:3　32
1:8　227
2:1　19
2:2　18
2:4-5　283
2:9　277
2:20-21　39
2:25　155
4:19　219
5:1　279
5:4　154

야고보서
1:12　32

2:5   63
2:12-13   200
3:17   282

요한일서
4:12   166, 262

유다서
1:20   192

1:21   194, 199
1:22   200
1:23   200, 201, 202

요한계시록
2:2   105
2:4   109
2:5   114
3:4   118